中学化学教学设计

黄 梅 主 编
李远蓉 卢一卉 副主编

化学工业出版社
·北京·

本书结合国内外最新的教育学、心理学以及脑科学的研究成果对化学教学设计进行了深入的研究与实践，内容包括化学教学背景分析、化学教学目标设计、化学教学策略设计、化学教学媒体设计、化学教学评价设计等，书中穿插丰富的教学案例。

本书适合教育人员及师范类大专院校师生参考。

图书在版编目（CIP）数据

中学化学教学设计/黄梅主编．—北京：化学工业出版社，2013.1（2023.7重印）
ISBN 978-7-122-16238-0

Ⅰ．①中… Ⅱ．①黄… Ⅲ．①中学化学课-教学设计 Ⅳ．①G633.82

中国版本图书馆 CIP 数据核字（2013）第 002163 号

责任编辑：曾照华　　　　　　　　　装帧设计：刘丽华
责任校对：蒋　宇

出版发行：化学工业出版社（北京市东城区青年湖南街13号　邮政编码100011）
印　　装：天津盛通数码科技有限公司
787mm×1092mm　1/16　印张10¾　字数257千字　2023年7月北京第1版第8次印刷

购书咨询：010-64518888　　　售后服务：010-64518899
网　　址：http://www.cip.com.cn
凡购买本书，如有缺损质量问题，本社销售中心负责调换。

定　　价：39.00元　　　　　　　　　　　　　　　　　　　版权所有　违者必究

本书编写人员

主　　编　黄　梅
副 主 编　李远蓉　卢一卉
编写人员　（以汉语拼音排序）

　　　　　柏成松　邓中亚　黄　梅　蒋　瑞　李冰芝
　　　　　李远蓉　刘汉文　刘　丽　刘　阳　卢一卉
　　　　　田露露　汪红伶　王　丹　王新功　韦彩琳
　　　　　温　馨　肖信武　杨亚华　周伟华

前言

落实新课标,重点在教学设计。教学设计是指在教学之前,运用系统的观点和方法,遵循教学过程的基本规律,对教学过程中各个环节、各种教学方法及教学步骤等方面,进行预先筹划,安排教学情境,以期达成教学目标的系统性设计。通过教学设计,教师对教学活动的基本思路与框架有了整体把握,可以对教学的基本活动过程进行系统的规划与安排,能够做到心中有数、有的放矢,使教学活动得以顺利进行。忽视教学设计,不仅造成教学过程中教师穷于应付、事倍功半,而且影响教学任务的完成。有效实用的教学设计既是减少教学的随意性和盲目性以达到有效教学过程的前提,又是教学理念转向实际操作的关键。它要求教师理性地多角度地思考和把握教学,包括教学目标的确定,学生学习状况分析,策略制定,教学进程安排,方法选择,内容取舍,重点难点把握,资源利用,时间有效分配等内容,是一个交叉网状的立体思考。

本书结合国内外最新的教育学、心理学以及脑科学的研究成果对化学教学设计进行了深入的研究与实践,对于促进我国化学教学的科学化、现代化、人文化,培养优质的化学教学师资有着重要的作用。同时也立足于教学设计的坚实地基,充分结合、融会贯通了化学学科的特色,系统地梳理了中学化学学科中的高效教学设计,案例充分,分析透彻。

本书能深入教师的日常教学生活之中,坚持从教学实践出发进行教学研究,提取和积累了大量鲜活的数据资料,在总结分析基础教育教学现状问题和已有研究的基础上,通过理论分析与教学实践的研究,提出了化学教学设计方法,同时用鲜活的案例进行理论分析与说明,增强了成果的科学性、实践性和可读性。本书对于提高化学教学效率,培养全面发展的人才,促进教师专业发展具有重要指导作用,对基础教育的化学教育教学具有较强的实用价值。同时,本书可为新课程化学教学提供一些基本的操作方法,也可为基础教育课程改革的新理念在化学课堂教学中的实施提供相应的指导。

在本书的编写过程中参考了许多化学优秀教师的教学案例,在此对这些教师表示衷心感谢!同时,感谢在本书编写中给过我们意见和建议的老师们和朋友们!感谢关注、支持此书出版的有关单位、部门和领导、专家们!

由于作者知识面有限,本书尚有不足之处,敬请专家、同仁、读者批评指正。

作者

2013 年 2 月

目 录

第一章　化学教学背景分析——不可忽视的教学准备 …………………… 1

第一节　学习需要分析 ………………………………………………………… 1
一、学习需要分析的含义 ……………………………………………… 1
二、学习需要分析的方法分类 ………………………………………… 1
　（一）内部参照需要分析法 ………………………………………… 1
　（二）外部参照需要分析法 ………………………………………… 2
　（三）内外结合学习需要分析法 …………………………………… 4
三、学习需要分析的地位 ……………………………………………… 5

第二节　学习对象分析 ………………………………………………………… 5
一、学习者一般特征分析 ……………………………………………… 6
　（一）学习者的认知发展特征分析 ………………………………… 6
　（二）学习者智力和情感发展的一般特征分析 …………………… 7
二、学习者起点能力的分析 …………………………………………… 8
　（一）学习者认知起点能力的分析 ………………………………… 8
　（二）学习者技能起点的分析 ……………………………………… 9
　（三）学习者态度的分析 …………………………………………… 10
三、学习者的学习风格分析 …………………………………………… 11
　（一）学习风格的定义 ……………………………………………… 11
　（二）学习风格的特征 ……………………………………………… 11
　（三）学习风格的构成要素 ………………………………………… 12
　（四）学习风格的分类 ……………………………………………… 13
　（五）不同学习风格的学习者在化学学习中的表现 ……………… 13

第三节　学习内容分析 ………………………………………………………… 16
一、学习内容的选择与组织 …………………………………………… 16
　（一）学习内容的选择步骤 ………………………………………… 16
　（二）学习内容的组织 ……………………………………………… 18
二、学习内容分析的基本方法 ………………………………………… 19
　（一）归类分析法 …………………………………………………… 19
　（二）图解分析法 …………………………………………………… 20
　（三）层级分析法 …………………………………………………… 21
　（四）信息加工分析法 ……………………………………………… 21

第四节　案例分析 ……………………………………………………………… 22
一、学习需要分析 ……………………………………………………… 22

二、学生分析 ………………………………………………………… 22
　　三、教学内容分析 ……………………………………………………… 23
　　三、教学重点、难点 …………………………………………………… 23
　　四、教学背景分析图示 ………………………………………………… 23
　参考文献 …………………………………………………………………… 24

第二章　化学教学目标设计——不能遗忘的教学设计起点与归宿 …… 26

第一节　教学目标的内涵 …………………………………………… 26
　　一、目标 ………………………………………………………………… 26
　　二、教学目标 …………………………………………………………… 27
　　三、三维目标 …………………………………………………………… 28
　　四、"三维目标"下教学目标的内涵 …………………………………… 28

第二节　教学目标的特点与功能 …………………………………… 29
　　一、教学目标的特点 …………………………………………………… 29
　　二、教学目标的功能 …………………………………………………… 30

第三节　从"三维目标"内容理解教学目标要求 ………………… 31
　　一、化学课程标准中的"三维目标"目标体系、分类框架以及内容 …… 31
　　　（一）知识与技能 ……………………………………………………… 32
　　　（二）过程与方法 ……………………………………………………… 32
　　　（三）情感态度与价值观 ……………………………………………… 32
　　二、化学课程的"三维学习目标"与学习行为动词 …………………… 33

第四节　教学目标设计的理论依据与分类理论 …………………… 34
　　一、广义知识观下的三维目标 ………………………………………… 34
　　二、建构主义下的三维目标 …………………………………………… 34
　　三、以目标分类学为基础的布鲁姆教育目标分类理论 ……………… 35

第五节　基于三维目标的教学目标分类框架、目标模型与流程 … 35
　　一、基于三维目标的教学目标分类框架 ……………………………… 35
　　二、基于三维目标的教学目标分类框架模型 ………………………… 36
　　三、从课程标准到具体的教学目标设计与叙写流程 ………………… 37

第六节　教学目标叙写主张以及 ABCD 目标叙写模式 …………… 37
　　一、叙写的主张：人本主义与科学主义的融合 ……………………… 37
　　二、教学目标叙写方式：ABCD 目标叙写模式 ……………………… 38

第七节　案例分析 …………………………………………………… 39
　参考文献 …………………………………………………………………… 43

第三章　化学教学策略设计——其实教学可以更优化 ………………… 45

第一节　教学策略设计定义及内容 ………………………………… 45
　　一、定义 ………………………………………………………………… 45
　　二、内容 ………………………………………………………………… 46

第二节　不同知识类型的化学课堂导入策略 ……………………… 46
　　一、化学知识的分类 …………………………………………………… 46

  （一）陈述性知识 …………………………………………………………… 46
  （二）程序性知识 …………………………………………………………… 47
  （三）策略性知识 …………………………………………………………… 47
 二、不同知识的导入策略 ………………………………………………………… 47
  （一）陈述性知识的课堂导入策略 ………………………………………… 47
  （二）程序性知识的课堂导入策略 ………………………………………… 52
  （三）策略性知识的课堂导入策略 ………………………………………… 55

第三节 不同类型知识的教学策略设计 ………………………………………… 55
 一、陈述性知识的教学策略设计 ………………………………………………… 55
  （一）化学陈述性知识及其特点 …………………………………………… 55
  （二）陈述性知识的学习心理机制和学习条件 …………………………… 56
  （三）一般陈述性知识的教学策略 ………………………………………… 56
  （四）化学概念的教学策略 ………………………………………………… 57
 二、程序性知识的教学策略设计 ………………………………………………… 59
  （一）化学程序性知识及其学习心理机制和学习条件 …………………… 59
  （二）化学程序性知识的教学策略 ………………………………………… 60
 三、策略性知识的教学策略设计 ………………………………………………… 62
  （一）化学策略性知识及其特点 …………………………………………… 62
  （二）策略性知识的学习心理机制和学习条件 …………………………… 62
  （三）策略性知识的教学策略 ……………………………………………… 62

第四节 教学内容人文性加工 …………………………………………………… 65
 一、人文、人文精神及人文教育的内涵 ………………………………………… 65
  （一）人文、人文精神的内涵 ……………………………………………… 65
  （二）人文教育的内涵 ……………………………………………………… 66
 二、中学化学课堂教学渗透人文教育的必要性 ………………………………… 66
  （一）人文教育是学生学习化学知识的催化剂 …………………………… 67
  （二）人文教育培养学生对真善美的追求 ………………………………… 67
  （三）人文教育促进学生素质的全面发展 ………………………………… 67
 三、中学化学课堂教学渗透人文教育的有效途径 ……………………………… 67
  （一）充分挖掘化学史实中的人文素材渗透人文教育 …………………… 68
  （二）充分挖掘化学学科的哲学思想进行辩证唯物主义教育 …………… 70
  （三）充分利用化学实验教学培养学生的创新精神 ……………………… 71
  （四）注重挖掘化学学科的美学要素进行审美教育 ……………………… 72
  （五）联系生产生活在化学课堂教学中渗透环境教育 …………………… 73
 四、幽默故事进入教学设计 ……………………………………………………… 74
  （一）趣味故事妙引入（聆听玄秘趣闻，走进化学殿堂）……………… 74
  （二）幽默艺术话新知（笑谈科学原理，揭开化学面纱）……………… 77
  （三）学科交融巧结课（博采众家之长，领悟科学的真谛）…………… 80

第五节 案例分析 ………………………………………………………………… 83
 一、教学设计案例 ………………………………………………………………… 83

二、教学设计策略分析 ·· 86
　参考文献 ·· 87

◆ 第四章　化学教学媒体设计——让教学如虎添翼 ·· 89

　第一节　中学化学教学媒体 ·· 89
　　一、中学化学教学媒体的含义 ·· 89
　　二、中学化学教学媒体的分类 ·· 89
　　　(一) 传统教学媒体 ·· 90
　　　(二) 现代教学媒体 ·· 90
　第二节　现代化学教学媒体的功能 ·· 92
　　一、模拟功能 ·· 92
　　　(一) 模拟化学实验 ·· 92
　　　(二) 模拟抽象理论 ·· 95
　　二、素质教育功能 ·· 97
　　　(一) 方法功能——有利于学生化学科学方法的形成 ·· 97
　　　(二) 培养功能——有利于学生化学科学能力的培养 ·· 97
　　　(三) 塑造功能——有利于学生化学科学观的塑造 ·· 98
　　　(四) 渗透功能——有利于学生的思想品德及科学品德教育 ·· 99
　　　(五) 美学功能——有助于提高学生的审美能力 ·· 99
　第三节　化学教学媒体的应用 ·· 100
　　一、教学媒体教学特性表 ·· 101
　　二、化学教学媒体选择——矩阵式模型 ·· 101
　第四节　案例分析 ·· 102
　参考文献 ·· 106

◆ 第五章　化学教学评价设计——为你的课堂打高分 ·· 108

　第一节　中学化学教学评价的新理念 ·· 108
　　一、中学化学教学评价的现状 ·· 108
　　　(一) 评价功能的甄别化 ·· 109
　　　(二) 评价目的的功利化 ·· 109
　　　(三) 评价主体的单一化 ·· 109
　　二、中学化学教学评价的新理念 ·· 109
　第二节　中学化学教学评价的特点 ·· 110
　　一、开放性 ·· 110
　　二、过程性 ·· 111
　　三、评判性 ·· 111
　　四、可控性 ·· 112
　第三节　中学化学教学评价的功能 ·· 113
　　一、激励与导向的功能 ·· 113
　　　(一) 促进学生发展 ·· 113

（二）激励学生前进 ………………………………………………… 113
　　　（三）引导学生成长 ………………………………………………… 113
　二、调控与管理的功能 …………………………………………………… 114
　　　（一）调整教学方向 ………………………………………………… 114
　　　（二）调控教学过程 ………………………………………………… 114
　　　（三）管理教学过程 ………………………………………………… 114
　三、增强改进与增值的功能 ……………………………………………… 115
　　　（一）提高学习效率 ………………………………………………… 115
　　　（二）提升教师素质 ………………………………………………… 115
　　　（三）促进教育改革 ………………………………………………… 115

第四节　中学化学教学评价的设计 …………………………………………… 116
　一、中学化学教学评价的对象 …………………………………………… 116
　　　（一）学生是教学评价的核心 ……………………………………… 117
　　　（二）教师是教学评价的关键 ……………………………………… 117
　二、高中化学教学评价设计的步骤 ……………………………………… 119
　　　（一）确定评价的理由和内容 ……………………………………… 119
　　　（二）确定评价的标准和类型 ……………………………………… 120
　　　（三）设计教学评价的方案 ………………………………………… 120

第五节　案例分析 ……………………………………………………………… 121

参考文献 …………………………………………………………………………… 126

第六章　化学教师素质与专业成长——让教学锦上添花 …………… 127

第一节　优秀化学教师具备的素质特征 ……………………………………… 128
　一、化学教育理念先进 …………………………………………………… 128
　　　（一）科学的育人观 ………………………………………………… 128
　　　（二）合理的学生观 ………………………………………………… 128
　　　（三）先进的教学观 ………………………………………………… 128
　二、化学专业知识扎实 …………………………………………………… 129
　三、教学基本功深厚 ……………………………………………………… 129
　四、教学风格独特 ………………………………………………………… 130
　五、教学的机智彰显 ……………………………………………………… 131
　六、意志品质良好 ………………………………………………………… 132

第二节　化学教师素质的结构 ………………………………………………… 133
　一、知识素质 ……………………………………………………………… 134
　　　（一）人文知识 ……………………………………………………… 134
　　　（二）教育理论知识 ………………………………………………… 134
　　　（三）化学专业知识 ………………………………………………… 135
　二、情感素质 ……………………………………………………………… 136
　　　（一）爱岗敬业 ……………………………………………………… 136
　　　（二）爱学生 ………………………………………………………… 137

（三）爱自己 …………………………………………………………………… 138
　三、心理素质 ……………………………………………………………………… 139
　　　（一）坚定的意志品质 ……………………………………………………… 139
　　　（二）良好的性格特征 ……………………………………………………… 140
　　　（三）稳定的情绪表现 ……………………………………………………… 141
　　　（四）清晰的自我意识 ……………………………………………………… 141
　四、能力素质 ……………………………………………………………………… 143
　　　（一）教学组织能力 ………………………………………………………… 143
　　　（二）语言表达能力 ………………………………………………………… 144
　　　（三）教学科研能力 ………………………………………………………… 145
　　　（四）实验创新能力 ………………………………………………………… 145
第三节　影响化学教师提升素质的因素 …………………………………………… 146
　一、社会因素带来的影响 ………………………………………………………… 146
　　　（一）公众的舆论评价 ……………………………………………………… 146
　　　（二）教育行政政策 ………………………………………………………… 146
　　　（三）家庭的支持 …………………………………………………………… 147
　二、化学教师所在学校的影响 …………………………………………………… 147
　　　（一）学校内部的组织文化 ………………………………………………… 147
　　　（二）化学教师所在的教研组 ……………………………………………… 148
　　　（三）学校主管领导 ………………………………………………………… 149
　三、化学教师自身因素 …………………………………………………………… 150
　　　（一）工作过程中的动机、态度和需要 …………………………………… 150
　　　（二）化学反思性教学的要求 ……………………………………………… 150
　　　（三）终身学习的要求 ……………………………………………………… 151
第四节　成为优秀化学教师的途径和方法 ………………………………………… 152
　一、成为优秀化学教师的一般阶段 ……………………………………………… 152
　　　（一）职前师范教育阶段 …………………………………………………… 152
　　　（二）适应阶段 ……………………………………………………………… 152
　　　（三）练就教学基本功阶段 ………………………………………………… 152
　　　（四）形成经验和技能阶段 ………………………………………………… 152
　　　（五）徘徊阶段 ……………………………………………………………… 153
　　　（六）成名阶段 ……………………………………………………………… 153
　　　（七）成家阶段 ……………………………………………………………… 153
　二、优秀化学教师素质提升的途径 ……………………………………………… 153
　　　（一）岗前悉心学习 ………………………………………………………… 153
　　　（二）入职初期接受有经验老师的指导 …………………………………… 153
　　　（三）在整个教学期间接受继续教育 ……………………………………… 154
　三、优秀化学教师素质提升的措施 ……………………………………………… 155
　　　（一）外部支持 ……………………………………………………………… 155
　　　（二）内在动力 ……………………………………………………………… 157
第五节　案例分析 …………………………………………………………………… 159
参考文献 ……………………………………………………………………………… 160

第一章

化学教学背景分析
——不可忽视的教学准备

> 小李在某重点中学实习,其指导老师是全国优秀化学教师,教学经验非常丰富,小李观摩了该老师的一堂优质课,然后在一个班上进行模仿教学,效果却大打折扣。当他就此询问指导老师时,指导老师反问他,两个班的学生一样吗?能采用同样的教学方法吗?小李无言以对。

面对不同的教学对象,要想取得好的教学效果,同样的教学内容,应该采用不同的教学策略与方法。采用什么样的教学方法,取决于你对教学对象和教学内容的科学分析,这就是教学前必要的准备工作——化学教学背景分析。

第一节 学习需要分析

一、学习需要分析的含义

学习需要是学生追求学业成就的心理倾向,是社会、学校和家庭对学生的客观要求在学生头脑中的主观反映。学习需要是学习动机产生的基础,是激发学生进行各种学习活动的内部激活动力。而学习需要分析是指通过系统化的调查研究过程,发现教学中存在的问题,通过分析问题产生的原因,确定问题的性质,论证解决该问题的必要性和可行性。学习需要分析也称"前端分析"、"学习需要的评价"。

二、学习需要分析的方法分类

学习需要分析的类型可根据教学目标的不同而不同,即取决于学习需要所要达到的层次。以不同的期望值作参照系来分析学习需要,由此便形成了三种不同的确定学习需要的方法:内部参照需要分析法、外部参照需要分析法以及内外结合学习需要分析法。

(一) 内部参照需要分析法

内部参照需要分析法是指学习者所在的组织机构内部已经确定的课程目标(要达到的成绩)与学习者学习现状进行比较,找出学习者目前现状与课程目标之间的差距,从而鉴别学习需要的一种分析方法。这种分析方法的前提是将既定的教学目标作为预期要达到的目标来分析学习需要,在我国普通学校教育中运用得非常普遍。而学校的培养目标体现在各科教学大纲和标准教材当中,因此往往以大纲作为对学生的期望标准,这就存在一个内部目标是否合理的问题。如果教学目标的制定完全体现了机构内、外环境对它的要求，结合了学生自身发展的要求和特点，那么内部参照需要分析法是有效的，否则它就不能揭示真正的需要，这是在内部参照需要分析法中需注意的问题。

由于目标存在于机构内部，所以关于期望的状态只需查阅机构内部目标方案和访问内部目标决策者就可得到（但应注意的是把所期望的状态用学习者的行为术语描述出来），因此收集数据的重点就是关于学习者目前状态的信息。具体做法是将期望（包括知识、技能和态度等方面）的目标具体化，形成完备的指标体系，作为收集目前状况数据的依据。

以下的数据收集方法可供参考。

① 按照形成的指标体系来设计测验题、问卷或观察表，然后通过分析试卷和问卷以及观察记录直接从学习者处获取信息。

② 根据指标体系，分析学习者近期的测试成绩、行为评价等相关的现成材料。

③ 召开教师等有关人员的座谈会或对他们作问卷调查，按形成的指标体系询问学习者目前的状况。

各种方法均具特色，在实际进行时可结合使用。关于学习者现状的信息也应以学习者的行为术语描述出来。

案 例

班级成绩分析

两个班的化学入学成绩如下：

班级	人数/人	最小值	最大值	平均值	及格率	优秀率
高一1班	47	47	97	75.04	94%	38%
高一2班	32	22	60	37.00	3%	0%

通过两个班的化学入学成绩可以看出高一1班的化学成绩明显比高一2班的化学成绩好，那么在进行教学设计时我们要以不同班级的实际情况，设计不同的教学策略，当然对他们的期望也会不同，也就是对教学目标设计上也会不一样，尽量符合每个班的实际情况与水平。

（二）外部参照需要分析法

外部参照需要分析法是社会（或职业）对学习者的期望值，以此为标准来衡量学习者学习的现状，找出差距，从而确定学习需要的一种分析方法。这种方法揭示的是学习者目前的状况与社会实际要求存在的差距，特点是把社会目前和未来发展的需要（超前性，需科学预测）为准则和根本价值尺度发现教育、教学中存在的问题，从而制定教育、教学的目标。因此，外部参照需要分析法是对机构内部目标合理性进行论证的有效方法。

由于期望值是根据社会需要而制定的，所以首先要收集和确定与期望值相关的社会需求的信息。收集信息主要有以下途径。

① 对毕业生跟踪访谈、问卷调查，听取他们对社会需求的感受，以及工作后对学校教育或培训教学的意见和建议，从中不仅获得关于社会期望的信息，也获得学习者现状的信息。

② 分析毕业生所在单位对毕业生的工作记录，了解他们对职工的要求和对毕业生的评价，获得工作需要和对教学的改进信息。

③ 设计问卷发放到与所学专业相关的工作岗位，得到社会对人才能力素质的要求信息。

④ 现场调查，深入到工作第一线，获得对人才能力素质要求的第一手信息。

⑤ 专家访谈，了解专家对社会目前及未来发展对人才需求的信息。

关于期望值的确定，我们曾提到要反映社会未来对学生的期望信息，这需要做科学预测。关于预测，我们在这里介绍一种方法即特尔菲方法。特尔菲方法是最负盛名的方法，它是美国兰德公司首先开发使用的定性预测的方法。是利用多轮匿名函调查来得到有关部门未来事件的判断信息。具体做法如下。

① 在专家访谈等以上方法的基础上形成一般性的未来信息调查表。

② 让专家对调查表中的项目做重要性程度的判断和预测。

③ 组织者对收回的调查表作统计分析，并把含上一轮统计分析结果和说明的调查表再返给专家，征求预测意见。

继续调查下去，直到专家意见趋于一致，就可获得社会发展的未来对学习者的期望值。有关学习者现状的信息收集方法与内部参照需要分析法相同，不再重复。

案例

外部需要调查问卷——毕业生社会评价调查问卷

1. 贵单位在毕业生招聘中的首选因素是：（　　　）
   A. 党员　　　　B. 学生干部　　　C. 奖学金获得者　　D. 特殊才能者
   E. 复合型人才　F. 实践经验丰富者

2. 贵单位最看重的个人能力是：（　　　）
   A. 独立工作，分析解决问题的能力　　B. 科研能力
   C. 组织管理能力　　　　　　　　　　D. 人际交往协调能力
   E. 突发事件应变能力　　　　　　　　F. 语言表达能力

3. 贵单位认为我院毕业生应首先加强哪方面能力的培养：（　　　）
   A. 学习能力　　B. 组织、协调管理能力　　C. 外语、计算机能力
   D. 人际关系公关能力　　　　　　　　　　E. 提出问题、解决问题的能力

4. 您认为学院在人才培养规格方面应加强哪些工作？（　　　）
   A. 基础知识、基本功能力的培养　　B. 专业知识的培养
   C. 动手能力和专业技能的培养　　　D. 人生观、职业道德的培养
   E. 处理人际关系的能力及协作精神的培养
   F. 加强实习实践锻炼

5. 对我院毕业生发展潜力的评价：（　　　）
   A. 发展潜力大　　B. 发展潜力较大　　C. 发展潜力一般　　D. 发展潜力较小
   E. 发展潜力小　　F. 没有发展潜力

6. 贵单位对我校人才培养中的建议和意见是什么？

摘 http://wenku.baidu.com/view/effc7f46b307e87101f696e4.html

上述案例从用人单位的角度分析对人才的要求与期望，这是社会对学校教育的要求，学校培养的人才要符合社会的用人标准，也就是说，学校在培养人的过程中要以社会需要来制定培养计划，只有这样，从学校出来的学生才能被社会所认可，才能从事社会工作，社会对

人才的要求就是学校教学的培养目标与教学目标。

(三) 内外结合学习需要分析法

内外结合学习需要分析法是将上述两种分析法结合在一起进行研究分析的一种学习需要分析法。比较内部参照需要分析法和外部参照需要分析法，不难发现其主要区别是期望值的参照系不同，所以二者在信息的收集方法上也有不同之处。相对而言，内部参照需要分析法容易操作，省时省力，但却无法保证机构目标的检测；而外部参照需要分析方法，操作上比较难，要耗费大量的精力和时间，但却使系统与社会需求直接发生联系，从而保证系统目标的合理性。在实际运行时，可采取内外结合的方法，如图1-1所示，也就是根据外部社会要求调整修改已有的教学目标，并以修改后目标提出的期望值与学习者现状相比较找出差距。

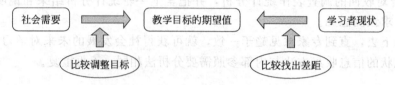

图1-1 内外学习需要的确定

案 例

内外部需要调查问卷——毕业生就业跟踪调查问卷

姓名：_____ 性别：（男/女）年龄：_____ 岁；族别_____ 毕业时间：_____
工作时间：_____ 所学专业：_____ 学历层次：（本/专科）
工作单位：_____ 联系电话：_____ 邮编_____

1. 您认为所学专业的社会适应度如何？（　　）
   A. 非常适应　　　B. 基本适应　　　C. 不太适应　　　D. 很不适应
2. 您认为"专业对口"影响就业吗？（　　）
   A. 影响大　　　　B. 影响一般　　　C. 没有影响　　　D. 没有直接关系
3. 您在工作中取得了哪些成绩？
   A. 国家级荣誉　　B. 省部级荣誉　　C. 地区级荣誉　　D. 本单位荣誉
4. 从个人能力上看制约就业的因素是什么？

因　素	非常重要	比较重要	不太重要	不重要
个人学习能力				
个人实践能力				
所学专业				
学校的评价				
外地生源				
求职技巧				
家庭背景				
社会关系				
其他				

5. 如果您对学校教学管理、学科建设、专业设置以及毕业生就业指导工作有什么其他意见和建议，欢迎您写在下面。

摘自 http://wenku.baidu.com/view/effc7f46b307e87101f696e4.html

上述案例通过毕业生就业跟踪调查客观地分析个人学习需要与社会需要的关系，从毕业生的亲身体会看待学校教育与社会需要的关系，从毕业生参加工作后的工作需要反射学校教育的需要，两者是相辅相成的。一方面，学习者需要提高自身的综合素质修养，培养基本的社会适应能力与工作能力；另一方面，社会对人才的要求，要求学习者通过学校学习后能直接进入社会参加工作，从内部需要和外部需要综合分析，对教学提出要求，为我们制定教育目的、教学目标、课程目标提供指导。

三、学习需要分析的地位

学习需要分析是组成教学设计过程的要素，它是教学设计过程的重要开端，它和这一系统过程的其他元素，如内容分析、教学策略等相互联系，共同完成教学设计，优化教学效果。同时，作为整个系统过程的一部分，学习需要分析具有自身的特殊作用，在日益发展的教学设计中占有的地位越发重要。

学习需要分析是一种差距分析，其结果是提供尽可能确切可靠和有代表性的"差距"资料和数据，从而形成教学设计项目的总目标，而这个总目标是指导教学设计控制下进行的一系列步骤如内容分析、目标编写、策略制定、媒体选择以及评价等的重要依据，所以学习需要分析的成功与否，总目标是否优化，直接影响到教学设计各部分工作的方向和好坏，甚至关系到整个教学设计过程的成败。

学习需要分析的结果论证了教学设计的必要性和可能性，即解决了教学设计是否是解决问题的必要途径，以及在现有资源和约束条件下是否可行的问题。这就避免了投入大、效果差的情况；也避免了动用大量人力、物力设计的教学在现有条件限制下不能实施，甚至设计的是学生已经具备而不需要的情况。所以，通过学习需要分析可以让教师、教学设计人员、学生的精力、时间以及其他资源被有效地利用，去解决教学中真正的问题，从而提高整个教学效益。

综上所述，学习需要分析确实是教学设计过程中不可缺少的基础。教学设计以学习需要分析开始，这本身就理顺了问题与方法、手段与目的的关系，即从问题的分析和确定作为出发点，形成总的教学目标（解决"为什么"和"是什么"），然后寻找相应的解决问题的方法即达到目的的手段，从而最终解决问题。如果没有搞清楚真正的问题所在，就是说如果教学的目标脱离教学的实际需要，甚至是错误的时候，无论所采用的方法是多么科学，后继工作必然陷入盲目，那么为实现这样的目标而采取的努力必然付诸东流。

第二节 学习对象分析

新课程改革强调要以学生为主体，促进学生的全面发展。传统教学存在的问题之一就是过多地强调知识的灌输而忽视了学生的主体性。教学设计以学生为起点，充分挖掘学习者的内在潜能，切实调动学习者学习的积极性，突出学习者在学习过程中的主体地位，促进教学过程的最优化。在教学过程中，要达到教学目标，完成教学任务，很大程度上依赖于教师对学习者情况的掌握程度。因此，要使得教学具有较强的针对性和实用性，必须重视在教学设计的准备过程中对学习对象的分析。

教学设计中对学习对象进行分析，主要目的是为了了解学习者的一般特征、学习准备状态和学习风格等方面的情况，进而为教学目标的确定、教学内容的选择和组织、教学活动的设计及教学策略和媒体的选择等提供科学的依据和指导。

一、学习者一般特征分析

学习者的一般特征主要是指其身心发展状况，是学习者自身具有的生理、心理和社会发展等方面的特点，其特征的差异来源于个体的年龄、日常生活经验、学习经历、社会背景等因素。学习者的一般特征虽与具体的学科内容无直接联系，但却对学习材料、教学策略、教学媒体及教学活动安排等方面的选择具有一定的决定作用。

中学化学的学习主体是中学生，其一般特征分析主要是讨论其认知、智力和情感发展的一般特征。

（一）学习者的认知发展特征分析

对于学习者认知发展的研究成果，最为著名的是心理学家皮亚杰（J. Piaget）关于认知发展阶段的学说，它将儿童个体认识发生和发展的过程划分为四个阶段。

① 感知运动阶段（0～2岁）。这一阶段是智力与思维的萌芽阶段，主要靠知觉和动作感知和认识世界。

② 前运算阶段（约2～7岁）。在这一发展阶段中，儿童头脑中有了事物的表象，开始运用简单的语言符号从事思考，具有表象思维能力，但在他们的认知结构中，知觉表象占优势，所以他们的判断仍受直觉调节的限制，主要运用形象思维和直觉思维。

③ 具体运算阶段（约7～11岁）。这个阶段的儿童思维水平有了质的变化，认知结构中出现抽象概念，借助具体事物和形象以及实际经验的支撑可以进行逻辑推理。

④ 形式运算阶段（约11～15岁）。随着认知发展从具体逐渐向抽象过渡，日益趋于认知成熟的儿童逐渐摆脱具体实际经验的支持，假设-演绎思维和逻辑推理能力日益增强，是认知发展的最高阶段。

皮亚杰关于认知发展阶段的学说对教学设计具有重要的指导意义。从皮亚杰的学说中可看到，儿童认知发展过程经历了从具体认知到抽象认知的过渡，它对学习内容和教学策略的选择具有决定性的作用。因此，在教学设计中，以具体事物作为认识抽象事物的基础，才能很好地将学习者的思维逐渐向抽象的逻辑思维过渡。由此可见，了解学习者的认知发展特征，可以为学习内容的确定、教学方法和教学媒体的选择提供理论依据和指导。

案 例

待定系数法配平化学方程式

某一老师在讲授化学反应方程式的时候，介绍了待定系数法。

思路　① 以不同的未知数代表化学方程式中各化学式系数。

② 根据在反应过程中各元素的原子种类和数目不变的原理列出相应的方程。

③ 解各代数方程式，并以最小整数代表其中任一未知数而求出其他未知数的数值。

④ 将各未知数的数值代入原方程式中。

配平反应方程式：$C_2H_2 + O_2 \xrightarrow{\text{点燃}} CO_2 + H_2O$

从反应式可知，若设上式 C_2H_2、O_2、CO_2、和 H_2O 的系数分别是 a、b、c、d，则配平的方程式为：$aC_2H_2 + bO_2 == cCO_2 + dH_2O$

$$a=\frac{1}{2}c$$

$$a=d \quad \text{解之得} \quad a=\frac{1}{2}c=\frac{2}{5}b$$

$$b=c+\frac{1}{2}b$$

令 $b=5$，则 $a=2$，$c=4$，$d=5$。则 $2C_2H_2+5O_2 \xrightarrow{\text{点燃}} 4CO_2+2H_2O$

初三学生的认知正处在形式运算阶段，该阶段的儿童可以利用语言文字，甚至可以根据概念、假设等为前提，进行假设演绎、推理，得出结论。因此，形式运算也往往称为假设演绎运算。当然，处于形式运算阶段的儿童，不仅能进行假设演绎思维，皮亚杰认为他们还能够进行一些科学技术所需要的最基本运算。这些基本运算，除具体运算阶段的那些运算外，还包括以下基本运算：考虑一切可能性；分离和控制变量，排除一切无关因素；观察变量之间的函数关系，将有关原理组织成有机整体等。案例中的老师的做法是可行的，并没有超出该阶段儿童的认知能力，同时这样的方式有利于学生科学思维方法的锻炼。

（二）学习者智力和情感发展的一般特征分析

在中学阶段，随着年龄的增长，学习者的知识经验日益丰富，智能发展也日趋成熟，在观察、想象、记忆等方面的能力逐渐完善的同时，思维能力迅速提高，其中逻辑思维的发展又处于优势地位。思维作为智力的核心部分，其发展水平直接影响个体的智力状况，而逻辑是思维的一面镜子，通过了解学习者抽象逻辑思维的发展特征，就可以了解到学习者智力发展的一般特征。

中学阶段，学习者抽象逻辑思维的发展特征主要表现在以下几个方面。

① 思维的假设性。中学阶段，学习者运用假设进行思维活动的能力不断增强，因而通过提出问题、明确问题、提出假设、检验假设的途径和一系列抽象逻辑的过程达到解决问题的目的的能力也不断增强。

② 思维的预计性。在思维假设性形成的基础上，学习者的思维更具预计性。在解决问题之前，能事先形成打算、计划、制定方案以及策略等。思维活动中，自我意识或监控能力明显增强。中学生能反省和自我调节思维活动的进程，使思路更加清晰、判断更为正确。

③ 思维的内省性。思维活动得以顺利开展的一个重要条件就是要对思维活动进行自我调节，中学阶段，学习者思维活动的自我意识或监控能力更加明显化，即思维活动具有内省性。具体表现为学习者能够对思维活动的过程加以反省和调控，使解决问题的思路更加清晰，判断更加明确。

④ 思维的形式化。中学阶段形式逻辑思维发展逐步完善，并在思维活动中占据主导地位。

中学阶段学习者的智力发展基本定型，思维的发展基本上完成了由经验型向理论型的转化，敏锐性、深刻性、独创性、批判性等智力品质日趋成熟，从整体上讲，思维的可塑性大大降低。

在情感方面，从表现形式上看，情感表现来得快，去得也快，人们常形容为"暴风骤雨"时期，对于外界易表现出强烈的情绪反应，也趋向于采用一种"火山爆发式"的处理方法，即不满情绪可能会酝酿很久不让其发作，而一旦发作，则如火山爆发一般，"一发而不可收"。而从另一方面讲，中学阶段是青少年生理和心理逐渐趋向成熟的阶段，在待人处事方面，喜欢以成人的方式表现自己，而在心理上又不愿轻易透露自己的真实情感，表现出强烈的成人感。

在情感的内容上，自我意识不断增强，产生了与社会评价和自我评价相关的情感；各种高级社会情感逐渐成熟，道德意识逐步增强，会在自己的思想中形成一套道德评判体系，其中正义感尤为突出；理智感方面，表现出强烈的求知欲，随着学习内容的丰富和个体意识的增强，逐渐发现自己的学习兴趣所在，有可能与自己以后的目标和理想相联系，并为之而努力奋斗；在美感方面，中学生对美的体验多指向具体的事物，并拥有了一定的艺术鉴赏能力，在欣赏和评价其他事物的同时，也关注自身的穿着打扮、言行举止等，并希望得到好的评价。

二、学习者起点能力的分析

起点能力一般是指学习者对从事科学的学习已具备的有关知识、技能的基础，以及对有关学习内容的认识与态度。学习者的起点能力是教学的出发点，学习者起点能力的确定正确与否，决定了一节课的教学是否具有针对性和可行性。若将学习者的起点能力定得太低，学习者在低水平的学习内容上做无效学习，不仅会导致时间、精力及学习资源的浪费，降低学习效率，长此以往，还会降低学生学习的积极性；相反，若起点能力定得太高，学习者无法理解和吸收高难度的学习内容，也会导致教学效果的低下。因此，在进行教学设计时，较准确地分析和确定学习者的起点能力，可以为教学做好更充分的准备。

（一）学习者认知起点能力的分析

美国著名的心理学家奥苏伯尔提出的有意义学习理论中指出，学习者要进行有意义的学习，学习者认知结构中已有的相关概念需与教学内容联系起来，学习者认知结构中新旧知识的相互作用会使新旧知识得以同化，即新知识获得意义的同时又使旧知识得到修饰而形成新的知识。此外，奥苏伯尔还提出了要进行有意义学习必须具备的三个条件。

① 学习材料本身必须具备逻辑意义。
② 学习者必须具有有意义学习的心向。
③ 学习者认知结构中必须具有适当的能与新知识进行联系的知识。

只有同时具备上述三个条件，学习者才可能将具有逻辑意义的学习材料进行转化，使学习者理解和内化新知识。其中，影响学习者有意义学习最重要的因素是来源于学习者自身的认知结构。

认知结构是指"学习现有知识的数量、清晰度和组织方式，它是由学生眼下能回想出的事实、概念、命题、理论等构成的"。要使教学新知识与学习者的认知结构联系起来，促进学习者对新知识的学习和理解，形成意义学习，分析学习者的认知结构就有其必要性。那么，我们该如何分析和确定学习者的认知起点呢？

皮亚杰的认知发展理论可以为学习者认知水平的确定提供参考和借鉴，具体的理论分析见于学习者的认知发展特征分析部分，在此不做详细叙述。

对于学习者原有认知结构的判断，美国著名学者约瑟夫·D.诺瓦克为我们提供了判断学习者认知结构的技术，即绘制"概念图"。概念图是一种用节点代表概念、连线表示概念间关系的图示法。由于学习者学习上的差异，不同学习者绘制的概念图不同，根据学习者绘制的概念图可以判断学习者掌握知识的水平，即学习者已有认知结构的状态。一幅概念图一般由"节点"、"链接"和"文字标注"组成，其中，每个节点表示一个概念，概念的形式可以是文字、图片、几何图形等；链接为不同节点间的连线，可反映出构图者对知识的理解程度；文字标注可以是对各节点的说明，也可以是对整个概念图的阐述，也可体现各节点上不同概念间的关系。绘制概念图的一般步骤如下。

① 确定并列出概念。根据已学过的某个知识点，梳理出关键概念并列出。

② 将列出的概念按照金字塔结构进行排列。最一般、包含最广的概念置于顶端，具体的概念按顺序排在较低的层次上。

③ 确定不同概念间的关系，用连线加以连接，并用连接词标明概念间的相互关系，连接词必须能够清晰地表明连接概念间的关系。

④ 经过一段时间的学习，学习者对概念间的关系可能会有新的认识，因此可以考虑重新绘制或修改概念图。

案例

钠的性质概念图

以钠的性质这一知识点为例，按照上述步骤绘制钠的性质的概念图（如下图所示）。

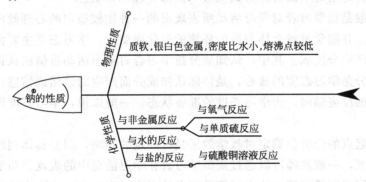

相应的化学反应方程式：$4Na+O_2 = 2Na_2O$ $2Na+O_2 \xrightarrow{\triangle} Na_2O_2$

$2Na+S = Na_2S$ $2Na+2H_2O = 2NaOH+H_2\uparrow$

$2Na+CuSO_4+2H_2O = Cu(OH)_2\downarrow + Na_2SO_4 + H_2\uparrow$

通过上述"鱼"概念图，一方面可以激发学生的学习兴趣，另一方面可以形象地给学生呈现知识思维导图，帮助学生理解、掌握钠的物理性质和化学性质，并用化学用语对钠的主要化学性质进行表达，但缺少有关性质的实验、用途等方面的梳理，说明学习者对概念间的关联仍有欠缺。教师通过这些分析进而确定教学起点，为下一步教学设计做好准备，进而逐步完善学生理解基础上的概念图。

（二）学习者技能起点的分析

分析学习者的技能起点，就是要了解学习者在学习任务开始前所具备的从属技能。在教学设计中，分析和判断学习者的技能起点水平，常用的方法为加涅和布里格斯等人提出的"技能先决条件"的分析方法。此方法一般是从终点能力着手，运用逆推的方法，逐步分析达到终点能力所需要的从属知识和技能，直到能够判断学习者的技能水平起点。

案例

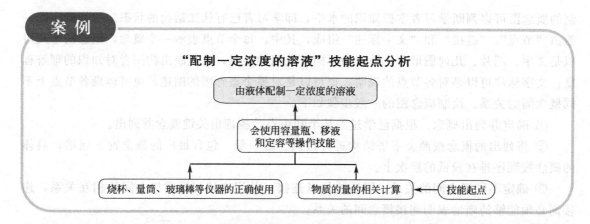

"配制一定浓度的溶液"技能起点分析

经过分析,要配制一定浓度的溶液,就要学会容量瓶的使用和物质的量的相关计算,在此之前,学习者已学习了物质的量的相关计算并掌握了一些简单的实验操作技能,那么学习就可从容量瓶的使用开始,据此可确定教学的起点。

(三) 学习者态度的分析

我国著名教育心理学家邵瑞珍认为,态度往往表现为趋向与回避、喜爱与厌恶、接受与排斥等。态度是特定情况下以特定方式反应的内部心理准备状态。

学习态度一般是指学习者对学习活动所表现出的一种比较稳定的心理倾向,在学习实践中不断积累形成,并随学习者个体与所处环境的变化而变化。学习态度主要由认知、情感和行为意向三种心理成分组成。其中,认知成分指学习者对学习活动价值的认识,是学习态度的基础;情感成分是学习态度的核心,是伴随认知成分而产生的情绪或情感;行为意向指学习者对学习活动的反应倾向,为学习态度的准备状态。一般来说,学习态度同时受到三种成分的相互制约。

学习者态度起点的分析和确定对教学效果具有一定的影响,而要具体判断学习者的态度又具有一定的难度,一般教师可以通过观察学习者在学习活动中的表现、与学习者谈话、进行问卷调查、使用态度量表等方法来了解学习者的态度。表1-1为一份关于化学学习态度的量表。

表1-1 学习化学的态度量表

以下每一种陈述表现了对化学学习的一种态度。请认真评估并表达你的感受。你对这些陈述的态度有以下五个选项:A 非常同意;B 基本同意;C 无法确定;D 不同意;E 强烈反对。 请在各陈述意见前的括号内填写 A、B、C、D 或 E。
( )1. 我对化学很感兴趣。
( )2. 我不喜欢学习化学,化学学习很枯燥。
( )3. 化学是有趣的,令人惊奇的。
( )4. 化学课上,我感到很自在,很喜欢上化学课。
( )5. 化学使我感到不安、没有耐心。
( )6. 我在学校里一直喜欢学习化学。
( )7. 我不明白学习化学有什么目的。
( )8. 想到要做化学实验,我就感到很兴奋。
( )9. 学习化学没有什么用处。
( )10. 上化学课时,我总是感到很紧张,很吃力,提不起精神。
( )11. 总的来说,我喜欢学习化学。
( )12. 当我听到"化学"两个字时,我感到厌恶。

三、学习者的学习风格分析

(一) 学习风格的定义

关于学习风格的定义,可谓是众说纷纭,各研究者因研究的角度不同,得出的定义也不一样。虽然到目前为止,学术界还没有统一的界定,但各研究者得出的定义可以归结为从信息加工方式、学习方式、行为反应以及学习方法和学习策略四个角度加以描述。

1. 从信息加工方式的角度描述

Reid (1987) 认为"学习风格是指学习者自然地、习惯地吸收,处理和储存新信息,掌握新技能的方式。"

Kinsella (1995) 认为"学习风格是学习者个体在接受信息和信息加工过程中所采用的自然习惯的偏爱方式,这些偏爱方式具有一定的持久性。每个人都有其独特的学习风格,就像各自的签名一样与众不同,它既反映出个体独特的生理特征,又反映出个体受环境影响的痕迹。"

2. 从学习方式的角度描述

南京师范大学谭顶良先生对学习风格的界定为学习风格是学习者持续一贯的带有个性特征的学习方式,是学习策略和学习倾向的总和。

3. 从行为反应的角度描述

Keefe 从认知因素、感觉因素和生理因素出发,将学习风格界定为学习者对学习环境的感知和认知方式,以及对学习环境做出的反应和与学习环境相互作用时所表现出来的一种经常的、稳定的、具有倾向性的行为。

4. 从学习方法和学习策略的角度描述

Renzuui 和 Smith 认为,学习风格是在特殊且被认定的学习活动中,学生个人与课程、教材结构的交互作用过程中,可能偏好一种或多种教学策略的学习方法。

由此可知,对学习风格定义的研究其本质是相同的,具有一些共同的特征:第一,学习风格受外界环境、个体的影响;第二,学习风格是学习者习惯使用的学习偏好或倾向;第三,学习风格因个体的不同具有个性差异即具有独特性,且持有一定的稳定性。

(二) 学习风格的特征

根据研究者对学习风格的研究以及得出的不同定义可知,学习风格具有独特性、稳定性、可塑性、多维性、稳定性等特征。在我国学者中,谭顶良先生对于学习风格特征的研究最具有代表性,他认为学习风格具有三个特征:独特性、稳定性及兼有活动和个性两种功能。

① 独特性。学习风格具有鲜明的个性特征,并反映出个体差异,其差异性主要源于个体神经组织结构及其机能、个体特定的家庭背景、学校和所处的社会文化。

② 稳定性。学习风格是学习者在长期的学习过程中逐渐形成的,作为学习者习惯使用的一种学习方式或偏好,一经形成,很少会因学习内容和学习环境的改变而改变,即具有持久稳定性。此外,谭顶良先生在对稳定性的分析中还指出,学习风格的稳定性并不表明它是一成不变的,需要注意其可塑性。

③ 兼有活动和个性两种功能。学习风格作为直接参与学习活动个性特征,在使学习活动顺利进行的同时,又受到其鲜明个性特征的影响。

> **资料卡**
>
> **学习风格构成的三个主要部分**
>
> 学习风格
> - 心理性层面
>   - 认知成分（具体型和抽象型、冲动型和沉思型等）
>   - 情感成分（学习兴趣、态度、焦虑、价值等）
>   - 意动成分（坚持性、是否善于语言表达、善于动手操作等）
> - 生理性层面——生理性倾向成分（对声音、光线、温度、学习时间及不同感觉的偏差等）
> - 社会性层面——社会性倾向成分（喜欢独立或结伴学习、竞争和合作学习等）

（三）学习风格的构成要素

各国学者对学习风格的构成要素进行广泛研究的同时，也提出了各自的理论，其中研究较早且影响最大的为邓恩夫妇提出的相关理论。邓恩夫妇提出了包含 21 种成分的学习风格模式，并将其分为四大类，如表 1-2 所示。

表 1-2 学习风格模式

要素	内容
环境类要素	光线的强弱、环境的静闹、温度的高低等
情感类要素	学习的动机、学习的兴趣、对学习的信念等
社交类要素	独立学习、合作学习、与不同年龄段的人学习等
心理类要素	分析与整合、沉思与冲动、大脑左右半球的喜好等

凯夫则把学习风格要素划分成三大类：认知风格、情感风格和生理风格。其中认知风格包括了接受性风格、概念化与保持风格等；情感风格包括注意风格、期望与动机风格；生理风格则包括学习者自身状况和差异、学习环境的刺激等。

邓恩夫妇和凯夫对学习风格构成要素的多角度剖析，有许多地方值得借鉴，但也存在一些问题，如剖析面太宽、划分层次不够分明等。谭顶良在借鉴了邓恩夫妇理论的基础上，再根据我国有关心理现象、教育制度和文化背景，将学习风格的构成要素从生理、心理和社会性三个层面进行划分。

① 生理要素。包括学习者对光、热、声等外界环境的刺激，最佳学习时段的偏好及接受和处理外界信息时的感觉偏好等。

② 心理要素。包括认知、情感和意动三个方面。认知要素主要包括辨别、归类、在认知过程中的信息加工、分析和整合等；情感要素包括理性水平、学习兴趣与好奇、成就动机、控制点、抱负水准、焦虑水平等；意动要素包括坚持性、言语表达、冒险与谨慎、动手操作等。

③ 社会性要素。包括独立学习与结伴学习、竞争与合作。

胡斌武则从学习者在进行学习活动过程中对自身生理、心理状况、学习内容和学习情景的需要，将其划分为生理性要素和心理性要素两大类。其中生理性要素包括学习者对学习环境和学习时间的偏好，心理性要素包括认知、情感和意志品质要素。

学习风格的构成要素作为学习风格理论研究的重要组成部分，众多学者对其划分大致都包括了心理、生理和社会层面，并作为学习风格的理论基础运用于指导实践活动。

（四）学习风格的分类

根据不同性质和维度，国内外研究者对学习风格的分类也各不相同。

20世纪80年代初，大卫·柯勒（David Kolb）提出经验学习理论。他认为学习者主要依靠四种学习策略：具体经验、抽象概括、沉思观察和主动实验。学习者对不同学习策略偏爱程度的不同，就表现出不同的学习风格，即发散型、聚合型、调节型和同化型。

20世纪80年代中叶，瑞德深入调查研究感知学习风格，设计了一套感知学习风格偏爱调查表后，将学习风格分为视觉型、听觉型、触觉型、小组型、个人型和动觉型。此外，瑞德还指出，为了语言学习者更好地感知、接收、内化所学知识，应在充分发挥与感官偏爱有关的风格优势的同时，多感官、多渠道地接受信息。

20世纪90年代末期，席尔瓦和汉森通过借鉴心理学家荣格对个性划分所得的相关理论，形成了以下四种学习风格类型：感官-思考型（掌握型ST）、感官-感受型（人际型SF）、直觉-思考型（理解型NT）、直觉-感受型（自我表达型NT）。

我国学者根据我国教育的实际和中国学生的特点，对学习风格的分类也做了较全面的分析。如廖泽英通过实验和理论研究将学习风格从感觉通道、生活方式、认知方式和大脑单侧化四个维度进行分类，如表1-3所示。

表1-3 学习风格分类

维度	类型
感觉通道	视觉型、听觉型和动觉型
生活方式	正规型、社会中心型和个人人格至上型
认知方式	场依存型、场独立型、反思（沉思）型、冲动型、整体型、系列型、聚合思维型、发散思维型、内倾型、外倾型等
大脑单侧化	左侧大脑半球优势型、右侧大脑半球优势型

谭顶良先生的《学习风格论》一书，从影响学习者学习风格的内外部因素的角度如大脑功能、个性特征、心理发展水平等对学习风格进行分类。

（五）不同学习风格的学习者在化学学习中的表现

学习风格理论可以为教学设计者在学习者的分析方面提供理论依据和指导，要向学习者提供适合各自风格的个性化教学，做到因材施教，有必要了解不同学习风格的学习者在化学学习中的表现。

1. 不同感知风格的学习者在化学学习中的表现

感知是一切知识的来源，是人类认识客观事物、认识世界的开始，是一切心理活动的基础。根据学习者感觉通道即感知方式的不同，可分为视觉型、听觉型和触动型三类学习者。

（1）视觉型学习者——通过"眼睛"来学习

视觉型学习者主要通过视觉刺激接受、加工信息，善于将直观形象的视觉材料转换成自身脑海中的视觉表象，喜欢通过对图片、图表、流程图、电影、表演等直观体现的材料的观看、观察获取信息。在学习过程中，喜欢将知识在脑海中构建视觉化的图式，促进自身记忆和理解。例如在学习晶体结构时，学习者喜欢通过晶体模型来观察、理解晶体结构；在加成反应的学习中，能够想象出微观过程中各原子相互结合生成新物质的视觉化情景。

（2）听觉型学习者——通过"耳朵"来学习

听觉型学习者主要通过听觉来学习，喜欢通过听觉刺激进行学习，当信息以语言的形式呈现时，他们学得最好。在学习过程中，老师多讲而学生听的教学模式对他们很适用，且当教师语言不失幽默、形象生动、富有艺术性时，他们的学习热情和学习兴趣会大大提高。此外，这类学习风格的学生听讲的效果远大于自行阅读，喜欢与人辩论，通过交流、讨论的方式进行学习，因而个人的口头表达能力较好。

（3）触动型学习者——通过"手"来学习

触动型学习者主要通过动手进行操作、亲身体验来直接参与学习活动。他们喜欢动手尝试，通过做和多感官的经验学习来感受和体验知识过程，进而促进自身对知识的理解和掌握，因而他们的动手能力很强，在操作技能性的学习中表现突出，在学习过程中喜欢通过实验操作、角色扮演、实地考察等形式来理解和运用化学知识。

心理学研究表明，人们在接受外界信息时，通过感官传入大脑皮层的通路是不同的，记忆的保持率也会因所参与感觉通道的不同而不同。在学习知识的三个小时后，记忆的保持率分别是：视觉72%，听觉70%，视听觉并用85%以上。如果在两天之后再测查，三种情况的保持率都会明显下降，而要是视觉、听觉、触动觉同时并用，则能保持在70%以上。这就说明了多感官协调活动，能够提高大脑皮层对记忆的保持率。

在进行教学设计时，对于不同感知风格的学习者，可以采取同时兼顾三种不同学习风格的教学策略，即多感官表征协同教学。多感官表征协同教学的基本模式为：动脑思考（明确问题，提出假说）→动手实验（验证假说）→动口说出实验操作的步骤及注意事项（明确实验步骤，纠正实验操作习惯）→动眼观察实验现象（思考反应原理）→动脑思考（得出科学结论）→动笔练习、运用（交流解释与应用）。

案 例

多感官表征协同教学下的实验教学

（1）将学生分成小组，安排每组的探究任务；
（2）各小组阅读课本相关知识，思考讨论并提出假说；
（3）按照提出的假说，动手进行验证实验，并得出实验结论；
（4）各小组分享实验成果，学生代表进行演示实验时，要边操作边向其他同学说出自己操作的步骤及注意事项，本组同学可在讲台下口头协作，提出问题并指导纠错；
（5）根据学习内容，布置随堂练习。

多感官表征协同教学模式下的实验教学，可使学生同时进行思考、操作、讲解、观察和练习，实现了动脑、动手、动口、动眼、动笔的多感官结合，提高了课堂教学的实效性。

2. 不同思维风格的学习者在化学学习中的表现

学生的思维风格体现为学生对信息的联系、组织方式上的偏好，在此主要讨论的相应学习风格为整体型和序列型。

整体型学习者倾向于从整体上把握，总揽全局，把问题视为一个整体，注重问题解决的全面性，在课堂上喜欢教师先进行总体分析和讲解，然后再逐步进行各知识点的学习。此类学习者对知识的整体把握较好，能够很快地将知识组合起来，但对于细节上的知识关注不够。

序列型学习者则不同，他们通常把重点放在一系列的问题上，并一步一步进行解决。将问题联系在一起的过程中，十分注重其逻辑顺序，等到学习完成后才对知识具有一个整体的认识；在学习过程中喜欢教师条理分明地逐个讲解知识点，注重细节，通过逐步掌握达到整体的认识。此类学习者在学习过程中思路清晰，分析问题的能力较强，对于问题的成因和理解也较为透彻，但有时会因没有关注到整体而出现以偏概全的现象。

> **案 例**
>
> 将 pH＝3 的盐酸溶液和 pH＝11 的氨水等体积混合后，溶液中离子浓度关系正确的是（　　）。
>
> A. $c(Cl^-)>c(NH_4^+)>c(H^+)>c(OH^-)$
> B. $c(Cl^-)>c(NH_4^+)>c(OH^-)>c(H^+)$
> C. $c(NH_4^+)>c(Cl^-)>c(OH^-)>c(H^+)$
> D. $c(Cl^-)>c(H^+)>c(NH_4^+)>c(OH^-)$
>
> 在解题过程中，整体型学习者的解题思路大致可归结如下：根据题意可知氨水过量，则混合后溶液呈碱性得出，$c(OH^-)>c(H^+)$；再由电荷平衡 $c(NH_4^+)+c(H^+)=c(OH^-)+c(Cl^-)$，推知 $c(NH_4^+)>c(Cl^-)$。而序列型学习者的解题思路大致如下：根据题意可知氨水过量，那么剩余的氨水电离生成的 NH_4^+ 会发生水解，而氨水的电离倾向大于 NH_4^+ 的水解倾向，所以得出 $c(NH_4^+)>c(Cl^-)$，$c(OH^-)>c(H^+)$。由此可看出，整体型学习者解题的关键为"混合后溶液呈碱性"，而序列型学习者的突破口在于"氨水的电离程度大于 NH_4^+ 的水解程度"。

了解了不同风格学习者在学习时的大致思路，就可以推测出学习者在做题时出现错误的原因，不仅能依此为学习者在学习方面提出建议和指导，而且教学行为也能做到有的放矢。对学习风格的把握也能提高教师教学设计的预见性。

3. 不同问题解决风格的学习者在化学学习中的表现

学习的目的之一就是将所学知识加以应用，在应用的过程中，不同问题的解决方式就表现出不同的风格。这里主要讨论沉思型与冲动型两种学习风格，它们反映了学生在信息加工、形成假设和解决问题过程的速度和准确性。

沉思型学习者在遇到问题时往往会先进行一番思考，认真考虑之后才拿出自认为最好的解决方案，因而在做题过程中错误率较低，但所花时间较多；冲动型学习者则一碰到问题就快速作出反应，形成自己的看法，在没有全面掌握问题信息的情况下就作出决定，容易因粗心大意掉入题设的陷阱，所花时间少，但相同难度的题相对沉思型学习者错误率要高。

> **案 例**
>
> 对于反应 $2SO_2(g)+O_2(g) \rightleftharpoons 2SO_3(g)$，能增大正反应速率的措施是（　　）
>
> A. 移去部分 SO_3　　B. 增大容器容积　　C. 通入大量 O_2　　D. 降低体系温度
>
> 这一题难度不大，但冲动型学习者往往会一看到答案 A 就做出决定，忽视了 A 答案是使平衡向右移动，而不是增大正反应速率。沉思型学习者在做题时往往对每个答案都做出判断，最后得出正确答案。

针对不同问题解决风格的学习者，在教学设计时，就要考虑好应采取哪些教学策略让学习者的学习既有针对性，又不会做无用功。在化学知识的训练中，常会出现信息阅读、概念的辨析、信息推断等题型，这就需要学生在做题过程中认真读题，注意搜集题目所给的信息。然而冲动型学习者往往粗心大意而忽略细节问题，因此对冲动型学习者，可针对性地让他们多练一些题中设有陷阱、需要进行细节分析的习题，训练他们做题时有条不紊、注重细节的能力，提高做题的准确度。对于沉思型学习者，要提高做题速度，布置任务让他们在规定的时间内完成并逐步加大任务难度，锻炼快速思维能力。

根据不同学习风格的学习者在化学学习中的表现，就可以准确地采用教学策略，科学地处理学习内容，恰当地选用教学媒体，合理地安排教学活动，促进学习者的有效学习，提高教学效率。

第三节 学习内容分析

学习内容是指学生为了实现终点能力，要求学习者系统学习的知识、技能和行为经验的总和，即新课标规定的知识与技能、过程与方法、情感态度与价值观三方面的内容。在分析学生的学习内容时，要以学习需要和目标为依据，结合学习主体的客观现实，对学习内容进行选择与组织，明确学习内容相互间的关系以及对于学习主体的意义和作用。

一、学习内容的选择与组织

由于学习需要的范围、大小不同，学习内容分析就有了不同的层次。这里主要介绍学校领域微观层次的教学设计的学习内容分析。近 40 年来在教学内容组织编排的各种主张中，较有影响的主要有三种观点。

① 奥苏伯尔提出的渐进分化和综合贯通的原则。渐进分化是指学科的最一般和最概括的观念应首先呈现，然后按细节和具体性逐渐分化；综合贯通是强调学科的整体性，因为学科内容不仅包括一个学科的各种概念和规则，同时也包括学科本身的特定结构、方法或逻辑，不掌握这部分内容，就不可能真正理解这门学科。

② 加涅提出了线性编排教学内容的主张，他从学习层级理论的观点出发，把教学内容转化为一系列习得的能力目标，然后按这些能力目标之间的心理学关系，即从较简单的辨别技能的学习到复杂的问题解决技能的学习，把全部教学内容按等级来排列。

③ 布鲁纳提出了螺旋式编排教学内容的主张，即根据学生的智力发展水平，让学生有机会在不同程度上去接触和掌握某门学科的基本结构。随着学生在智力上的成熟，围绕基本结构不断加大内容深度，使学生对学科有更深刻和有意义的理解。

（一）学习内容的选择步骤

学习内容有一定的结构体系，要根据前面的学习需要分析对学习内容进行有目的的选择。学习内容选择是有一定步骤的，按照这些步骤可以保证教学设计者完成具体的学习内容分析，这些步骤如下。

（1）组织和选择单元

设计一门课程，必须考虑学习者需要学习哪些内容，对这个问题的考虑一般是从单元层次开始的。单元是一门课程的划分单位,不同的学科进行不同的单元划分,例如化学课程的一个单元是一组体裁相同的课文。通过单元的选择可以确定一门课程的基本框架。

(2) 确定单元目标

单元目标是指通过学习本单元后学生所能获得的知识、技能、行为经验的总的要求。确定了单元目标,课程体系就开始了具体化过程。

(3) 确定学习任务

学习任务是学习的具体内容,在确定的单元内进行学习任务分析有效地保证了单元目标的完成。确定了明确的学习任务之后,还要对学习任务进行分类。如许多教师习惯上把学习内容分成认知、情感、动作技能三大领域。

(4) 分析学习任务

对列出的学习任务进行更加详细的分析,对不同的任务选择不同的任务分析方法。如确定学习内容的层次、难易程度、需要显现的方式等。

(5) 评价

对上面的所有分析过程进行评价,找出不足,删除与学习需要无关的内容,增补不足的内容。

案 例

"水"复习课学习内容的选择

我们的教学对象是某九年级强化班的学生,学生普遍思维敏捷、知识基础扎实。对于化学特长生的研究多关注高中生,对于九年级却鲜有研究,对于学有余力的他们,如何复习不落入俗套?如何满足他们对化学知识的渴望?如何借复习提升学生的学科素养?我们做了有益的尝试。

"水"在九年级化学教材几乎每个章节都出现,它是如此普遍,自然与很多化学物质以及化学反应密切联系。在中考总复习中,"自然界的水"应该体现与其他章节的联系,体现总结阶段的综合性、问题设置的串联性。在大部分的总复习设计中,水常常与溶液综合,笔者则尝试以"水"为主题,既关注净化水的常规方法,也兼顾酸碱废水的处理;整合各地的中考和竞赛试题,不单纯讲解例题,而是将题目以"情景+提问"形式呈现,补充课外信息资料卡片,设置系列新闻情境,体现化学图表的分析。在问题的揭示和解决过程中,培养学生从化学视角观察和分析生活中问题的能力,激活、调用、强化、丰富学生在初中上下册教材里与水相关的各类知识和技能,同时促使学生的情感态度与价值观得到升华。本节课的设计充分体现了"化学从生活中来,又回到生活中去"的思想,力求在复习课中提升学生的学习兴趣,并引导学生综合应用知识分析新闻中的化学。

该案例是针对学习能力、问题解决能力较强的九年级化学特长生设计的复习课,为增强他们的学习动机,提高其科学素养,在复习内容的选择上颇为用心,不落俗套。通过将中考内容与现实生活问题相融合,提升问题实际意义,使问题的环境更为开放。通过资料卡的形式来弥补学习者在解决问题时的知识不足,既提供了足够知识的支持,也扩大了信息量,弱化知识"记忆",强调学习者对知识的整理、分析和运用。以中心问题为主线,教师将"身边的化学物质"、"物质的化学变化"、"化学与社会发展"、"科学探究"等4个模块与水相关的内容进行了整合,促进学习者知识网络的形成。正是这样的复习内容处理使得这堂复习课具有了信息容量大、问题综合性强、思维要求高的特点,既能温故而知新,又无陈旧乏味之感。

但值得注意的是,这样的内容处理对于一般的学生而言,可能存在信息过多,问题开放性太强而造成的难度过高,反而打击其信心。因此在学习内容的选择上,我们依然要尊重客观事实,从实际学情出发,来选择学习内容。

(二) 学习内容的组织

学习内容分析一般由学科教师、学科专家、教学设计师等负责确定。教学设计师在学习内容的选择上不能代替学科教师、学科专家等的作用,他们的主要任务是通过"提问题"来帮助学科教师和学科专家来确定具体的学习内容,如"这门课程主要讲述什么"、"这个单元主要由哪些项目构成"。教学设计师尽管不能决定"教什么",但是能够通过所学的心理学、教学设计知识等帮助学科教师和学科专家来确定具体的教学内容。

组织学习内容需要注意以下几个方面。

1. 由整体到部分

由一般到个别,不断分化。如果学习是以掌握科学知识为主的,则基本的科学原理和概念应放在中心位置。根据这个特点,首先陈述学科中最一般、最概括的观点,然后就具体内容和特殊要点不断进行分化。这是因为人们在遇到一个完全不熟悉的知识领域时,只有阐明了理论思想,才能借助这种思想进行分类和系统化。一般来说,从已知的、较一般的整体中分化出细节要比从已知的细节中概括整体容易些。例如,掌握了动物的概念后,就有利于对飞行动物、爬行动物等包容性较小的概念的掌握。

2. 确保从已知到未知

如果学习的内容在概括程度上高于学习者原有的观念,要学习的新的命题与学习者认知结构中已有的概念不能产生从属关系时,就应由浅入深、由易到难、由具体到抽象,排成一个有层次的、从较简单的先决技能到复杂技能的序列或有关联的系统,使前一部分的学习为后一部分的学习提供基础,这特别表现在层级性学科的领域。因为这类学科的知识结构在序列上极为严密,如果不掌握前一个结构就不可能进入下一个结构,不懂得前一个概念就不可能懂得后一个概念。

3. 按事物发展的规律排列

如果学习内容是连续的、线性关系的,可以通过向前的、进化的、按年代发展或从起源出发的方法来编排。这样的组织方式与研究的社会现象、自然现象本身发展的顺序相一致,符合事物辩证发展的规律。能使学习者对自然和社会现象的发展有比较客观、历史、完全的认识。

4. 注意学习内容之间的横向联系

安排学习内容时,不仅要注意概念纵向发展之间的联系,还要从横向方面加强概念原理、单元课题之间的联系以及知识、技能、情感各部分内容之间的协调,以促进学习者有效的学习。有些单元内容虽然是相对独立的,但绝不能忽视横向的联系。因为学习者要理解一种新的知识就必须要同已有的认知结构中的知识进行比较。学习内容的安排中忽视对知识进行横向联系,学习者就不能有效辨别相似概念之间的差异,新的内容容易含糊不清,就会容易遗忘,不利于学习的迁移。

案 例

围绕教学重点组织教学内容

在确定了"相对原子质量"的教学重点是"借助相对原子质量比较氧原子与铁原子等质量"之后,理解这个教学重点的核心问题包括"为什么使用相对原子质量来比较不同原子的质量"、"什么是相对原子质量"、"如何获得某原子的相对原子质量"。围绕这些核心问题,教师需要选择哪些教学内容来解决问题?结合教科书中的内容与素材,首先让学生通过比较不同原子实际质量的大小,体会到书写及使用的不便,引出用相对原子质量来实现原子实际质量比较的转换需求,继而为学生介绍相对原子质量的表达式或是教科书中提供的"常见原子的相对原子质量"的数据,指导学生学会如何获得某原子的相对原子质量。具体框架如下图所示。

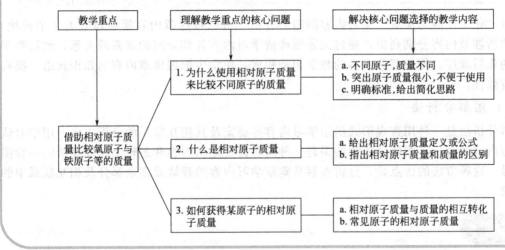

二、学习内容分析的基本方法

学习内容分析的基本方法是根据学习内容的相关特点进行归纳总结而来的,在目前的研究学习中主要采取以下方法。

(一)归类分析法

归类分析法主要是对相关信息进行分类的方法,旨在为实现教学目标而将需要学习的知识典故分类,将一些相近或相似的学习内容、知识点归纳在一起,以方便学习者快速学习、掌握。例如,人教版化学新教材相对于以前的老教材,就使用了归纳分析法。新教材在教学内容的安排上比老教材合理多了,尤其是将选修分为:化学与生活、化学与技术、物质结构与性质、化学反应原理、有机化学基础、实验化学。将繁琐无章的高中化学知识合理地归纳到不同的板块,更有利于学生系统地学习。

案 例

"化学反应与能量"归类分析法

```
                    ┌ 反应热的定义
                    │ 焓变与反应热的关系
                    │    焓变的符号
                    │    焓变数值的符号
                    │ 焓变的宏观理解
          焓变反应热 ┤ 焓变的微观理解
                    │ 燃烧热
                    │ 中和热
                    │    中和反应的中和热的测定实验
                    │ 热化学方程式
                    │    意义
化学反应与能量 ─────┤    书写要求
                    │         ┌ ΔH 大小的比较
          有关 ΔH 的│ 计算 ──┤ 键能与 ΔH 计算
                    │         │ 盖斯定律
                    │         └ 几种典型的图像
                    └ 能源
```

通过"化学反应与能量"学习内容的归类分析，可以将这章内容简单地分为3个板块，每个板块所涉及内容分别列出，通过关系图理清学习内容各部分间的联系或关系，理清教学过程中的先后顺序，使各部分内容的教学相辅相成，使学生把握该章内容的知识脉络，提高教学的有效性。

（二）图解分析法

图解分析法是一种用直观形式揭示学习内容各要素及其相互联系的分析方法，用于对认知类学习内容的分析。图解分析的结果是一种简明扼要地从内容和逻辑上高度概括的一套图表或符号。这种方法的优点是，分析者容易觉察学习内容的残缺或多余部分及相互联系中的割裂现象。

案 例

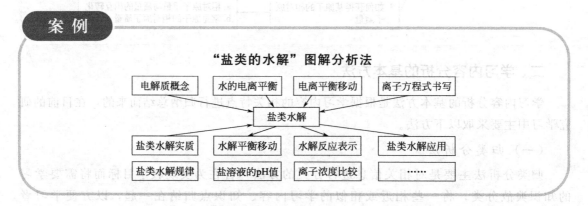

"盐类的水解"图解分析法

在"盐类的水解"新知识教学中教师要通过复习已学习过的知识对知识间进行结构化处理，生成学生建构知识的"支架"。因此，在教学中，教师要认真分析并明确教材内容所要实现的课程目标，在此基础上紧密联系或补充具体的教学内容，并对教材内容进行必要的调整，或增加，或替换，或重组，以促进学生积极主动地建构化学知识。

(三) 层级分析法

层级分析法是用来揭示为了实现教学目标所要掌握的从属技能的分析方法。这是一个逆向分析的过程，即从已确定的教学目标开始分析，要求学习者获得教学目标规定的能力，他们必须具有哪些次一级的从属能力；要培养这些次一级的从属能力，又需具备哪些更次一级的从属能力。

层级分析方法看起来简单，但其过程逆向且繁琐复杂，需要参加教学设计的教学设计师和学科专家、学科教师一起来设计。

案例

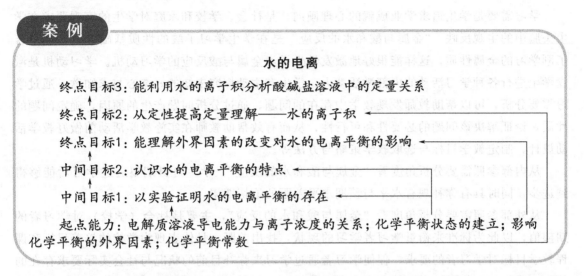

从上述案例的分析中教师可以把握学习内容彼此之间的内在联系，本部分学习内容与前面的关系使教师在教学设计时能做到承前启后，融会贯通；同时也能有助于教师在学生遇到学习困难时，迅速分析出需要提供帮助的环节。

(四) 信息加工分析法

信息加工分析法是以信息加工心理理论为基础建立的，是在教学目标的创建过程中将教学目标要求的心理操作过程揭示出来的一种内容分析法。用该法进行分析时需要明确因学习内容产生的心理活动以及能力要求；在完成复杂内容的学习时，需指明完成学习内容的上下部分关系以及关键点操作条件和可供选择的路线。

案例

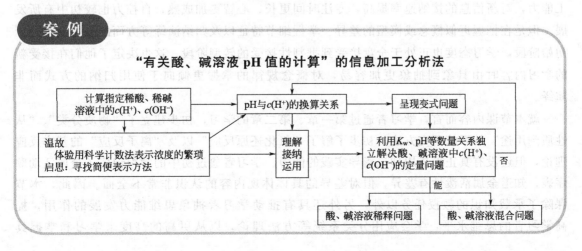

以"有关酸、碱溶液pH值的计算"中的一部分学习内容为例，简略呈现了信息加工分析法涉及的主要环节。揭示出呈现的材料是否符合学习者的心理目标要求时，也能帮助教师在教学设计时反思对学习材料的选择是否恰当。

第四节 案例分析

一、学习需要分析

学习需要是学生追求学业成就的心理倾向，是社会、学校和家庭对学生的客观要求在学生头脑中的主观反映。"金属与酸和水的反应"是在学生学习了酸的性质基础之上，并结合了刚学习的金属性质，这样能很好地激发学生学习金属与酸反应的学习动机。学习动机是激发学生进行各种学习活动的内部激活动力，学生有主动探究未知的好奇心与求知欲。通过学习需要分析，可以帮助教师发现教学中存在的问题，通过分析问题产生的原因，确定问题的性质，论证解决该问题的必要性和可行性，从而有效帮助教师在实施教学活动前做好教学活动设计，制定教学目标与选取教学策略与方法等。

从内部参照需要分析角度看"金属与酸和水的反应"，学生自身期望通过学习后能够得到进步，同时具有弥补现有水平与预期水平差距的迫切期望。

从外部参照需要分析角度看"金属与酸和水的反应"，主要是社会（学校）对学习者的期望值，以此为标准来衡量学习者学习的现状，找出差距，具体表现为学校的培养目标和课程教学目标对学习者的要求，促使学习者通过学习来弥补目前的状况与社会实际要求存在的差距。我们可以依据社会目前和未来发展的需要（超前性，需科学预测），为准则和根本价值尺度发现教育、教学中存在的问题，从而制定教育、教学的目标。

综合内部参照需要和外部参照需要，二者共同作用于我们的学习者，更能增强学习者的学习动机与主观能动性，让学习者更能明确学习的目标与方向，也可以帮助学习者制定学习计划等。

二、学生分析

学生从初三进入高一，认知发展水平逐渐由具体向抽象转化，初步具有对学习内容的加工能力，对新信息的接纳速率提高，专注时间更长，心智更加成熟，自控力也较初中有所发展。但是在把握近似概念或模型的差异、掌握细节特征以及归纳演绎等方面的能力上均处于初始阶段，学习态度也正处于全盘接受到批判性接受的转型阶段。这也决定了他们在接受新的学习内容时由具象到抽象更加容易，对概念规律的掌握更倾向于使用归纳的方式而非演绎。

就本节课内容而言，学习者通过第一章、第二章的学习，初步建立了"物质分类"、"从性质到用途"的系统研究方法，初步了解了"氧化还原反应"以及"离子反应"的基本反应理论，但还没有真正形成用理论指导实践的能力。学习者通过初中的学习记住了金属活动顺序表，知道金属活泼性有差异，但对差异的具体体现内容的认识非常不全面。因此，本节课除了承载知识的教授任务以外，另外还具有推动学习者抽象思维能力发展的作用，提高学习者的思维水平，学会应用分类系统等方法理论，以从更高的高度来学习和掌握具体的内容。

三、教学内容分析

1. 对教材知识体系的分析

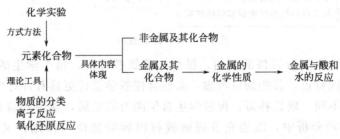

图 1-2　人教版高中教材《化学（必修1）》教材知识体系

人教版高中教材《化学（必修1）》第一章安排了化学实验、物质的量等内容，这些是从化学角度认识事物常用手段的学习，第二章则安排了物质分类、离子反应与氧化还原反应的理论学习，为后面元素化合物的学习奠定了方法与理论基础。在第一章、第二章的内容学习中，目标要求低，第三章、第四章中金属与非金属的具体内容则是这两章加深认识和理解的载体。在第三章金属及其化合物的内容安排上，教材采用了由简单到复杂——先单质后化合物、由性质到用途的顺序，符合本阶段学生思维的特点，如图1-2所示。

2. 本节教学内容的地位与作用

通过"金属的化学性质"的学习，学习者能从分类的角度整合初中关于金属零散的知识，并容纳高中新的内容，主动对学习内容进行系统化处理，完善金属知识结构的建构，同时巩固氧化还原反应和离子反应理论，通过具体内容加深了对化学反应本质的认识。

3. 本节教学内容与社会实践的联系

金属材料的使用对于人类社会的发展有重大意义，至今仍发挥着重要作用。"金属与酸和水的反应"不仅是教材的知识，同时在生产生活中也有广泛的应用。如金属容器的使用范围，钢铁防腐的"发蓝"工艺等都与之有密切联系。充分挖掘其生产生活应用价值，能促进我们的教学设计做到从"生活走进化学，从化学走进社会"，让学生能体验到知识的应用价值，增强学生的学习动机。

三、教学重点、难点

教学重点：根据理论预测铁与水反应、钠与水反应的产物并验证，掌握对应的化学方程式书写。

教学难点：学会从分类的角度系统认识和掌握物质的性质，学会从离子反应与氧化还原反应的角度理解反应的本质；初步了解探究实验的设计方法与步骤，体验利用实验对理论分析作出验证。

四、教学背景分析图示

在本案例的教学背景分析中（如图1-3所示），教师对学生基本特征和能力起点有准确

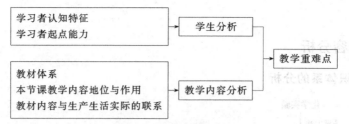

图 1-3 教学背景图示

的认识，但缺少对学生学习风格的分析。虽然在班级教育中，每个学生的学习风格不尽相同，但仍然存在共同特点，若能加以考虑，必然会使教学设计更具有针对性，甚至能做到利用学生学习风格的不同，取长补短，促进学生自学能力的发展，或者使合作学习更为有效。教师在对教学内容的分析中，既能充分理解教材内容的地位与作用，又能为三维教学目标的达到选择与之相关的社会生产实践的内容，在不脱离主线的前提下将两者融合，提升学生科学素养。

参 考 文 献

[1] 杨玉东．从学习内容分析入手做教学设计［J］．教学研究，2010（3-4）：76-78．

[2] 乌美娜．教学设计．北京：高等教育出版社，1994：101-107．

[3] 徐上海．王峻梅．以学生为中心重视分析学习需要分析［J］．教学研究，2008（04）：15-16．

[4] 陈晓慧．教学设计［M］．北京：电子工业出版社，2005：102．

[5] 张倩苇．概念图及其在教学中的应用［J］．课程与教学探索，2002：25-27．

[6] 徐英俊．教学设计［M］．北京：教育科学出版社．2001：106．

[7] 喻萍，饶振辉．学习风格研究的动态及其存在的问题［J］．景德镇高专学报，2008，23（01）：80-81．

[8] 高永亭．学习风格与教学策略的选择［J］．教育理论与实践，2008（11）：48-49．

[9] 于晓燕，杨承印．化学教学中关注学生的学习风格［J］．中学化学教学参考，2005（06）：24-26．

[10] 张瑶．学习风格研究综述［J］．重庆职业技术学院学报，2007，16（01）：31-33．

[11] 刘春玲．国内外有关学习方式的研究综述及对我国教学发展的启示［J］．教育理论研究，2004（02）：3-5．

[12] 吉春华．高中生化学学习风格的研究与教学实践［D］．河北：河北师范大学硕士学位论文，2007．

[13] Steven R. & Terrell. The effect of learning style on doctoral course completion in a Web-based learning environment ［J］．Internet and Higher Education，2002（05）：345-352．

[14] 安会云．中学生化学学习中学习风格的诊断及表现研究［D］．江苏：扬州大学硕士学位论文，2006．

[15] 苗深花，曹继莲．化学教育高师生学习观现状的调查研究［J］．曲阜师范大学学报．2011（37）：126-128．

[16] 勒玉新．自主学习［M］．成都：四川出版社，2005：8-9．

[17] 钟启泉．为了中华民族的复兴，为了每位学生的发展——基础教育课程改革纲要（试行）解读［J］．华东师范大学出版社 2001 年版：260．

[18] Hyang Jin Jung．Learning to be an individual：emotion and person in an American junior high school［M］．Peter Lang，2007：35．

[19] 杨慧娟．论教师对学生学习情绪的关注及学习兴趣的培养［J］．湖南物理中学·教学前言．2008（10）：87-88．

[20] 何克抗，李文光编著．教育技术学［M］．北京：北京师范大学出版社，2002：119．

[21] 李发杨．试论教学设计中的学习需要分析［J］．中学教师论坛，2009（02）：84．

[22] 舒聪胜．例谈化学新课程难点的突破．现代中小学教育，2005（06）：

[23] 彭豪. 运用"反应图"促进学生化学知识与核心观念建构的探索研究. 中学化学教学参考. 2012 (05)：18.

[24] 廖小燕. 谢祥林. 基于学习条件的原电池教学策略. 化学教育，2012（08）：35-36，37.

[25] 李瑞平. 新课改背景下信息技术与高中化学的整合有效性研究——以《金属的化学性质》为例［M］. 内蒙古师范大学，2011.04（10）：10，31-33，35-36.

[26] 甘晓. 中国科学报, 2012 年 03 月 26 日 http://www.stdaily.com.

[27] http://wenku.baidu.com/view/effc7f46b307e87101f696e4.html.

[28] 姚远远，陈凯，龚颖潮. 基于新闻中化学的问题解决——如何给化学特长生复习"水"［J］. 中学化学教学参考，2012（10）：29.

[29] 卢姗姗，毕华林. "相对原子质量"教学重点的确定与课堂教学研究［J］. 化学教育，2012（09）：61.

第二章

化学教学目标设计
——不能遗忘的教学设计起点与归宿

> 在一堂化学课上,老师给同学们讲"氧化还原反应"的相关知识。在讲到电子转移是氧化还原反应的本质时,为了形象表达"有得就有失、得失有强弱"等基本规律,该老师话锋一转,转到中日钓鱼岛事件,同学们顿时兴趣高涨。该老师因势利导,给同学们讲解钓鱼岛的历史以及当前局势,同学们聚精会神地聆听该老师的讲解,并且课后同学们也主动上网搜索钓鱼岛事件相关信息并与该老师一起探讨钓鱼岛事件。

在这堂化学课上,该老师灵活地将时事融入化学课堂教学,形象地表达了电子转移基本规律,同时也培养了学生的爱国主义精神。这节课不仅重视学生的知识技能学习,而且也融入情感态度价值观的培养,很好地实现了教学目标。那么,究竟什么是教学目标?怎么设计教学目标呢?

新课程改革首先是文化观念的一种引领,是教学方式的一种改进,是教育生活方式的一种更新,是对师生活动的一种关注,去唤醒、去发现、去培植、去实现、去积淀课程标准的教学指导思想与价值追求。新课程改革首先应该从课堂教学开始,以教学目标为指南,即把课程标准的教学指导思想与价值追求落实在教学目标设计与实践上。

教学目标设计是教学设计中的核心环节之一,是教育教学实践中的极为重要的部分,是教师进行教学设计首要的"必修课"。教学目标是实现教学优化的重要前提,是教学方法的选择、教学媒体运用和教学评价的依据,是教师教、学生学的行动指南。教学过程则是围绕着怎样有效地达到教学目标而展开的系列活动。因此,教学目标设计是教学设计的起点与归宿。

第一节 教学目标的内涵

一、目标

"目"、"标"在《汉字源流字典》字典中的释义如表2-1所示。"目标"、"目的"这两个概念密切的词汇在《现代汉语词典》(2002年增补本)中的释义如表2-2所示。

在英文中主要有 Aim,Goal,Purpose,Target,Object(Objective),这些词汇可以表示"目标"、"目的"。它们之间的释义辨析如表2-3所示。

表 2-1　词汇"目"、"标"在《汉字源流字典》中的释义

词汇	来源	释　义
目	《汉字源流字典》	人眼,用眼去看,网眼,注视,要目,条目,事物的名称,计数单位,重要的,有指领的作用等
标	《汉字源流字典》	树梢,标志,标出,提出,榜样,标致,美好,规格,竞赛的奖品,目的、标准、规格等

表 2-2　词汇"目标"和"目的"在《现代汉语词典》中的释义

词汇	释　义	区别与联系
目标	①射击、攻击或寻求的对象 ②想要达到的境地或标准	有一个共同的表达,即"境地";差异主要是一个是"标准",一个是"地点",两者似乎不是同一类的表达,也没有方法加以区分。
目的	①想要达到的地点或境地 ②想要得到的结果	

表 2-3　词汇 Aim, Goal, Purpose, Target, Object（Objective）释义辨析

词　汇	释义辨析
Aim	本义"靶子",引申为比较具体而明确的目标,但常指短期目标
Goal	指经过考虑和选择,需经坚持不懈的努力奋斗才能达到的最终目标
Purpose	目的;宗旨;意向。既指以坚决、审慎的行动去达到的目的,又指心中渴望要实现的目标
Target	由靶子、标记引申指被攻击、批评的目标。也引申指需要精确定位的目标、人群。书面用词
Object(Objective)	强调个人因需求而决定的目标、目的。书面用词。两者基本同义,但后者语义更广泛,指具体或能达成的目的

归纳总结

目　标

"目的"和"目标"都表示"预期的目的或结果"。目标,用作名词时,既包括"目的"又包括"标准",意味着人们所预期的目的（结果）以及达成预期目的（结果）的标准。目标,用作动词时,意味着为人们所预期的目的（结果）提供可测量、可调控、可达成的判断标准。

二、教学目标

教学目标是学校教育目标的具体化,是教育活动要达到的预期结果,可以分为三个层次。第一,是学校的培养目标,是相对抽象的、宏观的目标,是学校教育的总目标,是学校进行教学活动的依据。第二,是课程目标,是某一门课程要实现的目标,以行为目标的形式把抽象的培养目标具体化,作为课程标准。第三,是课堂教学目标或学习目标,具体到一个单元或一节课,是可操作的具体目标。在 20 世纪 80 年代之前,"教学目标"的代名词一直是"教学目的"、"教学要求"。直到 20 世纪 90 年代才正式提出"教学目标"。从学生的学习这个角度出发,"教学目标"有时被称为"学习目标"、"学习要求"。

教学目标是指预期的学习结果,是教师根据课程标准的要求,结合学习者的实际情况,科学地制定学习者在教学活动中通过有计划的教学活动所要达到的学习标准或者结果。与"教学目标"密切相关的概念是"教学目的",这两者概念上的差异如表 2-4 所示。

表 2-4 "教学目标"与"教育目的"概念对比

对比要素	教学目的	教学目标
行为主体	以教师为主	以学生为主
可操作性	笼统,难以具体操作	比较具体,容易操作
层次性	层次不明显	层次明显
可测量性	难以测量	可测量
时间	长期的	短期或者中期的

三、三维目标

"三维目标"是 2001 年 7 月教育部颁布的《基础教育课程改革纲要》提出的基于科学素养的课程目标,至少应包括三个方面:知识与技能,过程与方法,情感态度与价值观。"至少应该包括三个方面"应该理解为三维目标中的"三",不应该简单地理解为是"三个",而应该理解为是多元的、多维度的、核心的。

> **资料卡**
>
> **《基础教育课程改革纲要》中三维目标内容表述**
>
> 课程目标至少应包括三个方面:知识与技能,过程与方法,情感态度与价值观。
>
> 知识与技能,即每个学科的基础知识和基本技能;
>
> 过程与方法,即了解科学探究的过程和方法,学会发现问题、思考问题、解决问题的方法,学会学习,形成创新精神和实践能力等;
>
> 情感态度与价值观,形成积极的学习态度、健康向上的人生态度、具有科学精神和正确的世界观、人生观、价值观,成为有责任感和使命感的社会公民等。

四、"三维目标"下教学目标的内涵

数字是一种文化形态,具有丰富的文化意蕴,不是简单的数值符号或者数学概念,而是各种哲学观、世界观、价值观、审美观等的总和以及交融。数字"三"是"事物发展的基本单位",因为它体现了事物起始、成长、终结三个完整阶段。数字"三"主要的内涵和释义如表2-5 所示。

表 2-5 数字"三"主要的内涵和释义

内涵释义	案 例
二加一、第三、事物发展的基本单位(本义)	如,"一鼓作气,再而衰,三而竭";"道生一,一生二,二生三,三生万物"
多次、数量多、关系复杂、结构稳定(引申义)	如,"三省吾身";"三角恋爱";"固若等边三角"
统一、全能、力量、强大(引申义)	如,希腊神话中的三兄弟——宙斯、波塞冬和哈得斯以其三种作用控制了世界
神圣、庄严、完美、完整(引申义)	如,《说文解字》对"三"的解释为:"三,天、地、人之道也"

从教学目标的名称变化来看,在 20 世纪 80 年代之前,"教学目标"的代名词一直是"教学目的"、"教学要求";直到 20 世纪 90 年代才正式提出"教学目标";2001 年 7 月,正

式提出"三维目标"。从学生的学习这个角度出发,"教学目标"有时被称为"学习目标"、"学习要求"。新中国成立以来的教学目标实践是以一个维度的"双基教学目标"为主导的,直到第八次基础教育改革,"三维目标"才纳入教学目标实践体系之中。

从"教学目的"到"教学目标"、从"双基教学目标"到"三维目标",不仅仅是教育观念的一种变革,也是文化的一种引领,也是对师生生命体验的一种关怀。

因此,"三维目标下的教学目标"应该理解为完整的、完善的、多维度的、多元的、整体的教学目标。即化学课程的三维目标也至少包括了"知识与技能"、"过程与方法"、"情感态度与价值观"三个维度目标。

第二节 教学目标的特点与功能

一、教学目标的特点

教学目标的特点概括起来有整体性、层次性、阶段性和时代性。

"教学目标"要体现着时代发展的愿景与需求,即教学目标具有时代性。三个教学目标维度的整体性、层次性、阶段性,体现在不同教学目标维度应该是基于科学素养的互相融合,有机统一体(图2-1和图2-2),而不是简单的包容与被包容的关系。

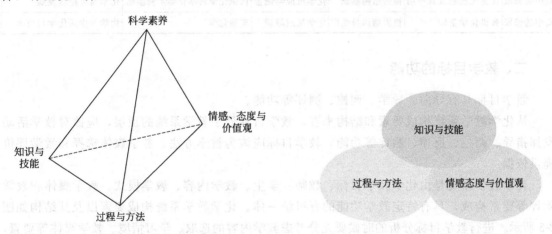

图2-1 三维目标与科学素养的关系　　图2-2 三个教学目标维度关系图

① 宏观上,教育目的、培养目标、课程目标等是与教育目标密切相关的概念,依据它们的层次性和相关性等,构成了一个教学目标体系(图2-3),当然这些目标都具有至少三个核心维度:知识与技能、过程与方法、情感态度与价值。

教育目的 →决定→ 培养目标 →决定→ 课程目标 →决定→ 教学目标
一级目标　　　二级目标　　　三级目标　　　四级目标

图2-3 教学目标体系

② 从课程模块的角度看,这些课程模块的教学目标也都至少包括了三个核心维度(核心目标):知识与技能、过程与方法、情感态度与价值。化学课程模块教学目标结构体系图如图2-4所示。

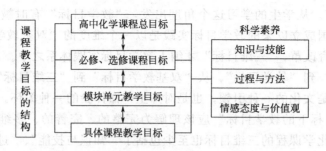

图 2-4 化学课程模块教学目标结构体系图

③ 从微观的课时来看，教学目标可以分为学期教学目标、单元教学目标、课时教学目标等，这些教学目标都是为教学服务的，而且层次明显，见表 2-6。

表 2-6 科学素养目标与化学课程模块构成

目标	知识与技能			过程与方法	情感态度价值观
内容主题	有关化学物质知识的内容			获得化学物质知识的内容	化学物质知识价值的内容
	性质	结构	变化		
义务教育段	身边的化学物质	物质构成的奥秘	物质的化学变化	科学探究	化学与社会发展
高中必修段	常见无机物及其应用	物质结构基础	化学反应与能量	认识化学科学化学实验基础	化学与可持续发展
高中选修段	有机化学基础	物质结构与性质	化学反应原理	实验化学	化学与生活化学与技术

二、教学目标的功能

教学目标具有导向、导学、调控、测评等功能。

从化学教学系统构成要素和结构来看，教学目标处于教学系统的顶层，应该对教学活动发挥指导、调控、反馈、测评等功能。教学目标应该为教学方法、教学媒体选择和教学评价提供依据。

化学教学系统是由化学教学目标、教师、学生、教学内容、教学模式、教学媒体和教学测评等要素构成，具有特定教学功能的有机统一体。化学教学系统构成要素以及其结构如图 2-5 所示。进行教学目标分析的时候要充分考虑教学内容的选取、学习情境、教学媒体等要素，根据选取的教学目标、教学内容选择匹配的教学模式、教学媒体，制定对应的教学测评。

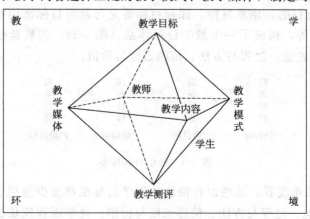

图 2-5 化学教学系统构成要素与结构

> **资料卡**
>
> 1. 目标具有很多形式，有不同的名称。
> 2. 对于形式各异的目标的价值和用途，人们持不同的观点。其他类型和形式的目标在别的方面也可能是有帮助的。
> 3. 我们要关注的目标是我们认为在辨认学校预期认知成果、在指导选择有效教学活动以及在选择或者设计适当的测评等方面认为有用的目标。
>
> ——《布鲁姆教学目标分类学：分类学视野下的学与教及其测评》

第三节 从"三维目标"内容理解教学目标要求

建构符合新课程理念的教育目标分类是真实课堂教学目标实践的前提，"基于课程标准"是真实课堂教学目标实践的基础，从化学课程中的"三维目标"内容理解教学目标要求很有必要。

一、化学课程标准中的"三维目标"目标体系、分类框架以及内容

从科学素养构成要素视角来看，化学课程标准中以提高学生科学素养为宗旨的课程目标体系已初具雏形。

借助分类框架，教师能够对各项教学目标的层次以及结构有更多的了解，有了更多的认识视角，使得教学目标分析与叙写变得有"次序"、有"标准"可循。

化学课程标准其实提供了多个目标分类框架，主要的目标分类框架有两个，如图2-6所示，两个目标分类框架的分类标准和分类维度不同。

从课程标准中的"三维目标"内容理解教学目标要求	
"学习行为主体"+"学习行为动词"+"学习目标内容要求"的形式叙写课程的三维目标	
分类标准1	分类标准2
知识与技能维度	认知性学习目标
过程与方法维度	技能性学习目标
情感态度与价值观维度	体验性学习目标

图2-6 从课程标准中的"三维目标"内容理解教学目标要求

其实，早在2000年2月颁布的《全日制普通高级中学化学教学大纲（试验修订版）》中（以下简称《2000年教学大纲》），提供了一个教学目标分类框架：知识、技能；能力、方法；情感、态度。该教学目标分类维度，也被称作"旧三维目标"，其具体内容表述如表2-7所示。

表 2-7 《2000年教学大纲》化学课程目标体系以及内容

目标的维度	目标内容
知识、技能	在义务教育初中化学基础上，使学生进一步学习一些化学基础知识和技能，了解化学与社会、生活、生产、科学技术等的密切联系以及重要应用
能力、方法	培养和发展学生的观察能力、实验能力、思维能力和自学能力，使他们能综合运用化学和其他学科知识、技能，解释和解决一些简单的实际问题。训练学生的科学方法，充分挖掘学生的潜能，培养他们的创新精神，发展他们的个性和特长
情感、态度	激发学生学习化学的兴趣，教育他们关心环境、能源、卫生、健康等与现代社会有关的化学问题。培养他们的科学态度。结合化学学科的特点，对学生进行唯物主义和爱国主义教育，培养他们的社会责任感以及勤奋、坚毅、合作等优良品德

《2000年教学大纲》对知识教学的要求分为"了解"、"知道"、"懂得"、"应用"四个逐渐上升的层次，从低到高依次如下。

a. 了解，对所学知识有大致的印象；b. 知道"是什么"，能够记住学习过的知识的要点，能够根据提供的材料识别是什么；c. 懂得"为什么"，能够领会概念和原理的基本含义，能够解释和说明一些简单的化学问题；d. 能够"应用"，能够分析知识的联系和区别，能够综合运用知识解决一些简单的化学问题。

在2003年颁布的《普通高中化学课程标准》中，对三维目标的叙述如下。

（一）知识与技能

1. 了解化学科学发展的主要线索，理解基本的化学概念和原理，认识化学现象的本质，理解化学变化的基本规律，形成有关化学科学的基本观念。

2. 获得有关化学实验的基础知识和基本技能，学习实验研究的方法，能设计并完成一些化学实验。

3. 重视化学与其他学科之间的联系，能综合运用有关的知识、技能与方法分析和解决一些化学问题。

（二）过程与方法

1. 经历对化学物质及其变化进行探究的过程，进一步理解科学探究的意义，学习科学探究的基本方法，提高科学探究能力。

2. 具有较强的问题意识，能够发现和提出有探究价值的化学问题，敢于质疑，勤于思索，逐步形成独立思考的能力，善于与人合作，具有团队精神。

3. 在化学学习中，学会运用观察、实验、查阅资料等多种手段获取信息，并运用比较、分类、归纳、概括等方法对信息进行加工。

4. 能对自己的化学学习过程进行计划、反思、评价和调控，提高自主学习化学的能力。

（三）情感态度与价值观

1. 发展学习化学的兴趣，乐于探究物质变化的奥秘，体验科学探究的艰辛和喜悦，感受化学世界的奇妙与和谐。

2. 有参与化学科技活动的热情，有将化学知识应用于生产、生活实践的意识，能够对与化学有关的社会和生活问题做出合理的判断。

3. 赞赏化学科学对个人生活和社会发展的贡献，关注与化学有关的社会热点问题，逐步形成可持续发展的思想。

4. 树立辩证唯物主义的世界观，养成务实求真、勇于创新、积极实践的科学态度，崇尚科学，反对迷信。

5. 热爱家乡，热爱祖国，树立为中华民族复兴、为人类文明和社会进步而努力学习化学的责任感和使命感。

义务教育阶段的化学教育课程标准也在不断修订、与时俱进。如 2001 年《化学义务教育课程标准》中课程目标内容部分，在"过程与方法"目标维度中增加"增进对科学探究的体验"；在"情感、态度、价值观"这个目标维度中增加"安全意识"、"可持续发展观念"和"敢于质疑"等文字。

二、化学课程的"三维学习目标"与学习行为动词

在课程标准中，根据教学目标的学习领域，提供了一个分类框架（表 2-8～表 2-10）：认知性学习目标、技能性学习目标、体验性学习目标。

表 2-8　认知性学习目标在课程标准规定的要求

年段	水平层次	认知性目标的学习行为动词
高中	低↓高	描叙、举例、列举、知道、说出、识别
		了解、辨认、区分、比较、认识、看懂、能说出
		理解、解释、说明、判断、预期、分类、归纳、概括
		应用、设计、评价、优选、使用、解决、检验、证明

表 2-9　技能性学习目标在课程标准规定的要求

年段	水平层次	技能性目标的学习行为动词
高中	低↓高	初步学习，模仿
		初步学会、独立操作、完成、测量
		学会、掌握、迁移、灵活运用

表 2-10　体验性学习目标在课程标准规定的要求

年段	水平层次	体验性目标的学习行为动词
高中	低↓高	感受、经历、尝试、体验、参与、交流、讨论
		认同、体会、认识、遵守、赞赏、重视、珍惜、关注
		形成、树立、建立、保持、发展、养成、具有、增强

新课程标准用了大量的学习行为动词来描述化学的三维学习目标，并且采取"学习行为主体"+"学习行为动词"+"学习目标内容要求"的形式叙写化学课程的三维目标。

课程标准中关于"盐类的水解"的课程目标内容（如表 2-11 所示），单纯从文字上并没有明确地表示哪些分属于知识与技能维度，过程与方法维度，情感态度与价值观维度；哪些目标内容分属于认知性学习目标、体验性学习目标、技能性学习目标、认知性学习目标。

表 2-11　普通高中化学课程标准中盐类的水解的课程目标内容

内容标准	活动与探究建议
认识盐类水解的原理，归纳影响盐类水解程度的主要因素，能举例说明盐类水解在生产、生活中的应用	实验：测定不同盐溶液的 pH，说明这些盐溶液呈酸性、中性或碱性的原因 实验探究：促进或抑制氯化铁的水解

建构符合新课程理念的教育目标分类是课堂教学目标实践的前提，基于课程标准是课堂教学目标实践的基础，最根本在于对课程标准准确地解读。从课程标准到具体的教学目标，从教学目标到教学设计，需要教师下很大的工夫。

"三维目标"背后的新课程理念已经得到了广大教师的认同，但是对"三维目标"内涵与价值的认识还存在争议。三维目标背后的教育教学的理念和价值取向，已经被众多教育研究者、教育工作者认同，这也应该成为已经进行十多年的新课程改革重新起航的起点和方向。

第四节 教学目标设计的理论依据与分类理论

一、广义知识观下的三维目标

认知心理学中的"广义知识观"把包括情感态度与价值观在内的一切学习结果都视为"知识"。布鲁姆等认知心理学家认为在广义的知识观下，需要从知识的类别和认知过程来解读知识。从知识的类别可以把知识分为四类：事实性知识、概念性知识、程序性知识、元认知知识。从广义知识观的角度讲，知识的加工就是知识库在元认知的控制下，通过从低级到高级的整合、区分和建构加工过程完成了陈述性知识向程序性知识、策略性知识的迁移。

基于广义的知识观，三维教学目标下的"知识与技能"、"过程与方法"、"情感态度与价值观维度"则分别代表了知识的客观属性、认知属性、动力属性（图2-7），三者互相融合，有机统一，共同构成整体的三维学习目标。

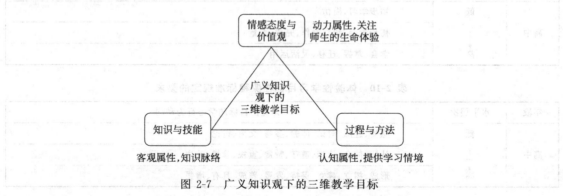

图 2-7 广义知识观下的三维教学目标

二、建构主义下的三维目标

建构主义（Constructivism），也称为结构主义，其最早提出者是认知发展领域最有影响的瑞士心理学家皮亚杰（J. Piaget）。建构主义的提出是当代学习理论的一场革命，在 20 世纪 90 年代开始日益流行，并成为主导我国基础教育教学改革的主要指导理论。

建构主义的一个重要的理论假设：知识和意义只能是学习者积极主动建构，知识只有在真实情境或与之相似的学习情境中建构才具有现实意义。建构主义在教学设计中的主张从教学活动设计转向学生学习活动设计，强调学习情境的重要性，强调学习要能够解决实际生活与社会中的问题。

结合化学教育教学中主流的课程教学取向——社会中心的课程、活动中心的课程、学科中心的课程，结合谈及到的广义知识观，即在广义知识观下，三维教学目标下的知识与技能、过程与方法、情感态度与价值观维度则分别代表了知识的客观属性、认知属性、动力属性。客观属性中提取出核心知识建构知识脉络、从认知属性中提供学习认知情境、从动力属性中提炼核心教学价值，三者共同建构知识结构，获取并赋予知识意义。再结合建构主义，学科中心取向的课程能够为我们分析、建构知识脉络提供依据；活动中心取向的课程，提供了知识建构的途径，进而能提炼出相匹配的接近现实的学习情境；从社会中心取向的课程可以获取知识建构的教学支撑环境，获取知识的动力价值（图 2-8）。

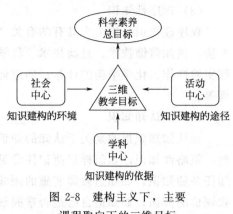

图 2-8　建构主义下，主要课程取向下的三维目标

三、以目标分类学为基础的布鲁姆教育目标分类理论

合理的目标分类框架对我们掌握教学目标分析与叙写是非常重要的，明确不同的目标分类框架背后的教育假设以及分类标准更为重要。

1956 年，由布鲁姆（B. S. Bloom）领衔众多认知心理学家、课程论、教学论以及测量与评价专家组成的研究团队出版了《教育目标分类学手册》，该书出版也是教育目标分类理论正式提出的标志之一。2001 年出版了《布鲁姆教育目标分类学（修订版）》，修订版强调在课程计划、教学和测评中应用分类体系，并保持目标、教学和评价的一致性。

从布鲁姆的教育目标分类理论出发，借鉴其目标分类框架和目标层次水平，结合中学化学学科特点，自行制定基于三维目标的教学目标分类框架与目标设计模型。

第五节　基于三维目标的教学目标分类框架、目标模型与流程

一、基于三维目标的教学目标分类框架

综合布鲁姆教学目标分类表以及其他论文中的分类表，说明三个核心的教学目标，并且以相应的图表和文字给予说明。其中知识与技能目标维度、过程与方法目标维度分别对应布鲁姆教育目标分类框架中的知识类别维度以及认知过程维度。在借鉴其目标分类框架和目标层次水平的划分上，结合化学学科特点调整了其部分分类框架和目标层次水平。

1. 化学知识类别及其亚类

化学知识分为事实性知识、概念性知识、程序性知识、元认知知识四个亚类。

（1）事实性知识

学生通晓化学学科或解决其中化学问题所必须了解的基础必要知识。知识亚类包括：化学术语，例如物质名称、化学仪器、元素符号等；具体细节和要素的知识，例如元素及化合物的性质、用途等。

（2）概念性知识

其知识亚类由三类知识组成：分类和类别的知识，如胶体的分类；原理和通则的知识，如氧化还原规律、强酸制弱酸原理；理论、模型和结构的知识，如原电池模型。

(3) 程序性知识

程序性知识是指个人具有的有关"怎么办"的知识，知识亚类包括：化学学科的技术和方法，例如蒸馏技术、过滤技术、科学探究方法；化学学科的技能和计算，例如气体的制备等实验操作、化学平衡的计算；确定何时使用适当方式解决问题的知识，例如化学平衡的计算等。

(4) 元认知知识

元认知知识指的是关于认知的知识，以及对认知的反思的知识。它包括以下三个知识亚类：策略性知识，如怎样迅速记住常见的元素符号、如何迅速解答某一类计算题等；关于认知任务的知识，如知道教师实施的测验类型、知道化学考试试题中的考察要求水平；关于自我评价的知识，如知道自己是否掌握氧化还原定律等。

2. 过程与方法目标维度的分类框架

认知过程包括有关知识的回忆，在布鲁姆目标分类的基础上，将认知过程维度分解为5个层次（记忆、理解、应用、分析、综合），每个层次又包含多个具体认知过程，如表2-12所示。

表 2-12 认知过程目标维度的 5 个层次说明

学习目标层次	学习行为动词	例 子
记忆/回忆	识别 记住	识别出氧化铜的化学式为 CuO 记住氧化铜的化学式为 CuO
理解	转化 解释 分类 总结 说明 比较	把概念和信息转化为自己的语言 用化学方程式表示下列反应事实 锌＋盐酸──→氯化锌＋氢气；把胶体进行分类 甲烷的化学性质和物理性质有哪些 说明生活中的氧化还原反应的例子 比较原电池和电解池模型的异同点
应用	运用、关联推断、解答	依据元素在周期表格中的位置，试推断 H_3PO_4 和 H_2SO_4 酸性的强弱；化学反应方程式的配平
分析	区别归因	S^{2-}, Cl^-, K^+ 三种微粒中，半径最大的是（ ）
综合	设计 制定 评价	现有 3 瓶无色气体，它们是 H_2、O_2、N_2，试设计一套实验方案，把其鉴别出来。O_2 可由多种途径得到，若工业上大量制取氧气，采用何种方法最好？

3. 情感态度与价值观目标维度分类框架

情感态度与价值观目标维度在某些研究中也被称为情意目标，其划分的标准也有很多，划分标准缺乏必要的实证。尽管这样，本研究中的情感态度与价值观维度在参考黄梅、宋乃庆于 2009 年提出的四个水平层次的基础上，增加价值评定这样一个水平层次，即情意目标维度可分为接受、反应、爱好、个性化、价值评定五个水平层次。

二、基于三维目标的教学目标分类框架模型

我国中学课程标准中的三维目标的分类框架与布鲁姆的教育目标分类理论有很大的关系，故在本研究中借鉴其目标分类框架和目标层次水平，结合中学化学学科特点，通过对三维目标的化学知识类别、认知过程、情意目标三个维度的层次水平进行界定说明，自行制定

了基于三维目标的教学目标分类框架模型（表 2-13）。

表 2-13 基于三维目标的教学目标分类框架模型

教学内容	核心目标	知识与技能				过程与方法					情感态度与价值观				
		事实	概念	程序	元认知	记忆	理解	应用	分析	综合	接受	反应	爱好	个性化	价值评定
教学目标																

值得注意的是，合理的目标分类对我们掌握教学目标分析与叙写是非常重要的，明晓不同的目标分类框架背后的教育假设以及分类标准更为重要。

三、从课程标准到具体的教学目标设计与叙写流程

一个完整教学目标设计与叙写流程应该包括以下方面，如图 2-9 所示。

1. 分析教学目标
2. 叙写教学目标
3. 呈现教学目标
4. 实施课堂教学目标教学
5. 根据教学效果，反思教学目标设计是否合理
6. 重新设计教学目标

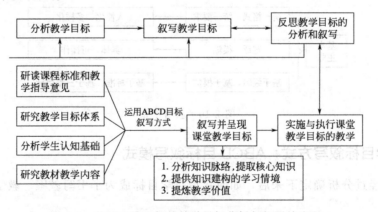

图 2-9 基于三维目标的教学目标分析与叙写的流程

第六节 教学目标叙写主张以及 ABCD 目标叙写模式

一、叙写的主张：人本主义与科学主义的融合

价值取向能让我们做出负责任的决策并指导我们行动的方向，直接或间接影响着对化学教学目标认识。人本主义理论重视人的潜力，逻辑前提为：相信人在正常情况下都具有积极向上的、自我肯定的成长潜力，主张"人文"、"人性"、"人性化"；而科学主义则主张"科学"、"知识和技术改变世界"、"理性"，这两种主要的化学教育观念比较如表 2-14 所示。

表 2-14　人本主义与科学主义教育观的比较

比较要素	人本主义	科学主义
学习取向	使学生受到化学的思想和方法的熏陶，了解化学与自己和社会生活的关系，适应个人和社会发展的需要。注重学生的个性、潜能的培养和自我价值的实现	让学生学习化学学科的基本要素和基本结构，获得智力上的发展，获得良好的知识结构，从而达到对化学知识的保持、检索和迁移
培养目标	公民的化学	精英的化学
教学目标设计	充分尊重教师的意愿与能力，不严格要求教学目标设计的格式化、具体化、细目化、可测量化	主要用预期的学生学习结果叙写具体的和可测量的教学目标，是良好教学设计的起点和归宿

关注师生的生命体验是课程改革、教学目标实践的原动力，我们认为在教学目标设计上，人文主义和科学主义应该融合。即在"统一的内容"、"统一的格式"与"人性化"之间，本研究选择后者；在"宽泛"、"模糊"和"具体"、"可测控"的教学目标之间，本研究主张后者，在基于"经验"和基于"课程标准"之间，本文提倡后者。同时，化学课程标准中规定的教学目标在叙写中需要落实。

① 合理的目标分类框架对我们掌握教学目标分析与叙写的技术是很有必要的，掌握具有可操控的分析与叙写教学目标的方法与模型是很有必要的。

② 教师作为课堂教学目标实践的主体之一，应该充分尊重教师的意愿与能力。

③ 在教学目标的叙写格式上，融合式陈述方式更能表达三维目标的整体特性。

④ 三维目标下的教学目标意味着多元、多维度的教学目标，而教学时间等教学支撑环境有限，故需要提炼核心教学目标，主张叙写具体的和可测量的教学目标，同时充分尊重教师的意愿与能力。反对照搬课程标准或者其他教学参考书，如图 2-10 所示。

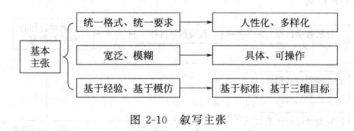

图 2-10　叙写主张

二、教学目标叙写方式：ABCD 目标叙写模式

教学目标经过分析确定下来后，如何叙写教学目标成为了书写教案、教学设计的关键问题之一。

教学目标的叙写有多种方式，主要的叙写方式为 ABCD 目标叙写方式。

1. ABCD 目标叙写方式

ABCD 目标叙写方式是梅杰（R. F. Mager）提出的，基于行为目标模式编写的基础上完善和发展的。该叙写方式的理论假设是：用预期的、具体的和可测量的学生学习结果来叙写教学目标，是良好教学设计的起点和归宿。一切学习结果都可以以特定的行为来表征。

ABCD 目标叙写方式一般包含四个要素：学习行为主体（Audience）、学习行为动词（Behavior 或 Capability）、学习行为条件或学习情境（Conditions）、学习程度标准或表现水平（Degree）。其叙写要求如表 2-15 所示。

表 2-15　ABCD 目标叙写要求以及例子

要素	要求	例子
学习行为主体	行为主体应该是学习者(学生)，一般叙写时省略，默认主体为学习者	"学生应该"初步学习观察……"，而不是"培养学生……"、"提高学生……"等词句
学习行为动词	尽可能选取那些意义确定、易于观察的行为动词，以描述可测量、可观察的具体行为	"记住"、"解释"、"比较"、"辨别"
学习情境	提供学生产生预期学习结果的学习情境或者学习条件	"根据周期表格……""给出一个催化剂的例子……"
学习程度标准	学习者对目标所达到的最低表现水准，用以测评预期学习结果(目标)所达到的程度	可以定性也可以定量，如"达到 90% 的正确"、"一分钟完成"

ABCD 目标叙写方式基本表达句式如下。

(学习情境)＋(学习行为主体)＋学习行为动词＋程度标准或表现水平
　　C　　　　　　A　　　　　　B　　　　　　D

一个完整的基于 ABCD 叙写方式的实例。

通过查阅资料，学生能够说明能源是人类生存和发展的重要基础，并列举生活中能源使
　　C　　　　　A　　　B　　　　　　　　D　　　　　　　　　　　　　B
用的现象，提出至少两条提高能源利用率的合理化建议。
　D　　B　C　　　　　　　D

第七节　案例分析

以人教版高中教材《化学（选修 4）》"盐类的水解"为例，通过对比分析说明分析与叙写不同的实例，说明如何运用基于三维目标的教学目标叙写方法和模型进行该课时教学目标的叙写。本课主要包括三课时内容，它们分别是第一课时：盐类的水解规律；第二课时：影响盐类水解的因素；第三课时：盐水水解的应用，本教学设计为第一课时。

表 2-16 所示为两个盐类的水解教学目标叙写案例，两个案例中的教学目标通过三个教学目标维度分项叙写，的确能够反映课程标准中的三维教学目标的要求与内容，但仍然存在着不足。如乙老师对教学目标的处理中"使学生"、"学生能"反映出了教学目标的主体是混乱的。甲老师对"盐类水解的原理"这一核心教学目标的处理是"认识"，而课程标准中的要求层次是"掌握"。

表 2-16　两个盐类的水解教学目标叙写案例

甲老师对教学目标的处理	乙老师对教学目标的处理
1. 认识盐类水解的原理（知识与技能） 2. 能从微粒间相互作用这一微观本质的角度去理解盐溶液呈现酸碱性这一宏观现象（过程与方法） 3. 能在分析盐类水解的本质过程中感受到抓主要矛盾分析问题的重要性（过程与方法） 4. 能在思考分析过程中倾听他人意见，互相启发，体会到合作交流的重要（情感态度与价值观）	1. 知识与技能：使学生能根据盐的类型判断溶液的酸碱性，使学生能理解盐类的水解对溶液酸碱性的影响 2. 过程与方法：学生能通过实验总结盐溶液显酸碱性的规律 3. 情感态度与价值观：使学生在学习中体验科学探究的基本方法，增强学生对学习化学的兴趣

该课时依据基于三维目标的教学目标设计的流程，其教学目标分析与叙写具体过程如下。

第一步，分析教学目标。

教学目标分析包括几个方面：课程标准、省市教学指导意见、学生认知基础、教学内容知识，并从知识脉络、学习情境、教学价值等角度建构知识。在此基础上提取出核心知识、提出学习情境、提炼教学价值。

① 查阅高中课程标准，课标中对盐类水解的教学要求和活动与探究（学习情境）的建议如表2-17所示。

表2-17 课程标准中盐类的水解的教学要求

内容标准	活动与探究建议
认识盐类水解的原理,归纳影响盐类水解程度的主要因素,能举例说明盐类水解在生产、生活中的应用	实验：测定不同盐溶液的pH值,说明这些盐溶液呈酸性、中性或碱性的原因。 实验探究：促进或抑制氯化铁的水解

② 查阅某省高中化学教学指导意见（以下简称意见），可以发现盐类水解的教学要求和活动与探究（学习情境）的建议如表2-18所示。

表2-18 盐类的水解的教学指导意见

章	节	指导意见
第三章 水溶液中的离子平衡	第三节 盐类的水解	1. 认识盐类水解的原理,归纳影响盐类水解程度的主要因素,能举例说明盐类水解在生产、生活中的应用。 2. 实验探究：促进或抑制氯化铁的水解。 3. 实验：测定不同盐溶液的pH值,说明这些盐溶液呈酸性、中性或碱性的原因

③ 分析教学内容。分析知识脉络，提取核心知识：从教材的内容主题可以看出知识脉络，盐类水解在教材中的内容主题依次为表2-19所示。

表2-19 盐类的水解内容主题体系

一级主题	二级主题
第一章 化学反应速率和化学平衡	第一节 化学反应速率；第二节 影响化学反应速率的因素；第三节 化学平衡
第二章 化学反应速率和化学平衡	第一节 弱电解质的电离平衡；第二节 影响化学反应速率的因素；第三节 化学平衡；第四节 化学反应进行的方向
第三章 水溶液中的离子平衡	第一节 弱电解质的电离平衡；第二节 水的电离和溶液的酸碱性；第三节 盐类的水解；第四节 难溶电解质的溶解平衡
第四章 电化学基础	第一节 原电池；第二节 化学电源；第三节 电解池；第四节 金属的电化学腐蚀与防护

盐类水解的知识属于水溶液中的离子平衡部分，在之前已经学习了化学反应速率和化学平衡、水的电离平衡以及弱电解质的电离平衡，以及溶液呈现酸碱性的原因，后续学习为电化学。从知识结构上讲，盐类水解平衡是继弱酸、弱碱及水的电离平衡体系之后的又一个电解质溶液的平衡体系，有利于学生形成完整的电解质溶液的平衡体系。主要包括三课时内容，它们分别是盐类的水解规律；影响盐类水解的因素；盐类水解的应用。本教学设计为第一课时。

学习情境 课程标准中建议的活动为测定不同盐溶液的pH值，说明这些盐溶液呈酸性、中性或碱性的原因,从而认识盐类水解的原理。

从教材的内容主题与活动栏目(表 2-20)来看,先是从 Na_2CO_3 作为一种盐而该物质的俗名却叫着"纯碱"这一点出发创设认知冲突,抛出问题"明明是盐,为什么叫碱"。通过实验测定不同盐溶液的 pH 值,发现这些盐溶液呈酸性、中性或碱性,酸碱性并不相同,再次抛出"盐溶液为什么酸碱性不同",引导学生分析原因,了解盐类的水解本质是打破了水的电离平衡,并从平衡移动的角度理解影响盐类水解的主要因素和盐类水解的应用。

表 2-20 "盐类的水解"内容主题与活动栏目

内容主题	活动栏目
一、探究盐溶液的酸碱性	科学探究
二、寻找盐溶液呈现不同酸碱性的原因	思考与交流、学与问、家庭小实验
三、影响盐类水解的主要因素和盐类水解的应用	科学探究、思考与交流

从课程标准、教学指导意见以及教材内容主题与活动栏目,我们可以将其学习情境提取出来,并具体化为将三种晶体 NaCl、NH_4Cl、CH_3COONa 各少许分别溶于三支试管中,用相应的指示剂检验三种溶液的酸碱性,从而认识盐类水解的原理,建立盐类水解的认知模型。

教学价值 盐类水解的教学价值之一在课标中表述为认识盐类水解的原理,归纳影响盐类水解程度的主要因素,能举例说明盐类水解在生产、生活中的应用。

一般地认为,教学价值在于能够迅速地做对高考题,而高考题考查内容是判断溶液的酸碱性、溶液中微粒的数量关系,因而对该课时的处理思路为表格中的思路1。

在"三维目标"下,知识不是灌溉,而是点燃火焰。教学价值不是告诉学生现成的结论,而是通过学习情境的体验与探索,获取盐类的水解的本质,掌握盐溶液或者溶液的认知模型,以实现知识与认知过程的匹配,更新与发展原来的知识结构。即除了掌握盐类的水解的实质外,更加重要的是通过真实的学习情境,掌握盐溶液体系微粒问题处理的方法,帮助学生建立起动态观、微粒观、平衡观。因而,对该课时的处理思路为表 2-21 中的思路 2。

表 2-21 两种不同教学价值观下处理教学思路对比

处理思路 1	处理思路 2
a. 通过实验,测定不同盐溶液的 pH 值,发现这些盐溶液呈酸性、中性或碱性,酸碱性并不相同。从生成盐的酸与碱的强弱进行归纳,分为强酸强碱盐、强酸弱碱盐、弱酸强碱盐、弱酸弱碱盐四大类。 b. 辅以口诀讲解记忆:有弱才水解,无弱不水解;谁弱谁水解,谁强显谁性,都弱双水解。 c. 根据物料守恒、电荷守恒、质子守恒分析溶液微粒间数量关系	a. 通过实验测定不同盐溶液的 pH 值,结合以下溶液体系的认知过程分析进行探究、验证,学生建立起微粒观、动态观、守恒观。 b. 首先分析溶液中微粒的来源,确定溶液中有哪些微粒,进而分析这些微粒间能否发生相互作用,有哪些化学性质。 c. 再确定微粒之间的数量关系,当条件改变时,能分析条件对微粒间数量关系的改变。 d. 最后分析这种现象的实际应用

④ 分析学生认知基础。教师可以根据自己的班级情况分析学生的认知基础,以及以往的学生在学习该课时遇到的问题。分析学生认知基础的方法与过程在此不详细叙述。

A. 提取出核心知识。盐类水解的实质，建立分析盐溶液酸碱性的认知模型。
　　B. 提出了学习情境。根据学校的教学资源，设计学习情境：将三种晶体 NaCl、NH_4Cl、CH_3COONa 各少许分别溶于三支试管中，用相应的指示剂检验三种溶液的酸碱性，从而认识盐类水解的原理，并且结合一系列的同主题问题步步深入，建立盐溶液酸碱性的认知模型（图 2-11）以突破盐溶液酸碱性的判断和盐类水解方程式的书写。
　　（a）体系中相关的电离方程式？
　　（b）盐溶液中存在哪些粒子？
　　（c）哪些粒子间可能结合（生成弱电解质）？
　　（d）对水的电离平衡有何影响？
　　（e）相关的化学方程式有哪些？

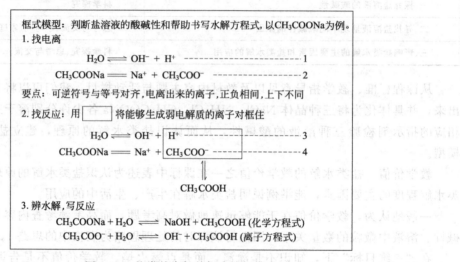

图 2-11　盐类的水解的框式认知模型

　　⑤ 提炼教学价值。通过学习情境建构盐类水解的概念，掌握解决盐溶液体系的酸碱性等判断方法，能够建立盐溶液酸碱性的认知模型，并能举例说明盐类水解在生产、生活中的应用，以解决生活中的实际问题。
　　第二步，将提取出来的核心知识、学习情境以及教学价值这三个核心目标放在目标分类框架模型里，打上"√"。
　　第三步、第四步分别对应流程图中的"叙写并呈现课堂教学目标"以及"反思教学目标的分析与叙写"，最后重新叙写教学目标。
　　首先，运用 ABCD 叙写方式叙写该课时教学目标。
　　把第一步分析得出的核心知识、学习情境以及教学价值，基于三维教学目标的模型，运用 ABCD 目标叙写方式进行教学目标的叙写，叙写后的教学目标如表 2-22 所示。
　　然后，把叙写得出的教学目标呈现给学生，可以以学案的形式或者课前阅读自主学习材料呈现给学生，师生共享教与学的目标。
　　最后，在执教之后，反思哪些教学目标得到了落实，哪些教学目标没有落实好，还有哪些目标具有实现的可能性。
　　经过笔者执教实验后，基于三维目标的盐类的水解的教学目标叙写的情况如下表 2-23 所示。

表 2-22　基于三维目标的盐类的水解教学目标叙写实例

教学内容	核心目标	知识与技能				过程与方法				情感态度				
		事实性	概念性	程序性	元认知	记忆	理解	应用	分析	综合	接受	反应	爱好	个性化	价值评定
盐类的水解	盐类水解的实质		√					√						√	
	盐类水解的认知模型		√	√				√					√		
	盐类水解的应用价值	√							√				√		√
教学目标	1. 80%的学生能够用自己的话阐释什么是盐类的水解，能够掌握判断盐溶液的酸碱性和常见的盐水解对应的方程式书写的认知模型，即把盐类的水解的认知融入到原来已经有的知识结构中去，能够清晰地说出盐类的水解与电解质的电离、pH 值、化学平衡的移动之间的内在联系。 2. 通过探究三种晶体 $NaCl$、NH_4Cl、CH_3COONa 水溶液的酸碱性，体验合作学习、实验操作的乐趣。 3. 通过实验探究的结果，并且结合同系列的问题深入思考，建立盐溶液酸碱性的认知模型，并能举例说明盐类水解在生产、生活中的应用														

表 2-23　基于三维目标的教学目标叙写实例

教学目标叙写实例（未基于三维目标）	教学目标叙写实例（基于三维目标）
1. 能够用自己的话阐释什么是盐类的水解，掌握判断盐溶液的酸碱性。（知识与技能） 2. 能够清晰地说出盐类的水解与电解质的电离、pH 值、化学平衡的移动之间的内在联系，学会迁移，了解并能解释相关现象。（过程与方法） 3. 能够表达自己探究并解决问题的思路和结论，体验自主学习的乐趣。 4. 逐步学会与他人合作，学会欣赏和评价他人，学会与他人分享感受。（情感态度与价值观）	1. 80%的学生能够用自己的话阐释什么是盐类的水解，能够掌握判断盐溶液的酸碱性和常见的盐水解对应的方程式书写的认知模型，即把盐类的水解的认知融入到原来已经有的知识结构中去，能够清晰地说出盐类的水解与电解质的电离、pH 值、化学平衡的移动之间的内在联系。 2. 通过探究三种晶体 $NaCl$、NH_4Cl、CH_3COONa 水溶液的酸碱性，体验合作学习、实验操作的乐趣。 3. 通过实验探究的结果，并且结合同系列的问题深入思考，建立盐溶液酸碱性的认知模型，并能举例说明盐类水解在生产、生活中的应用

参 考 文 献

[1] 余慧娟．十年课改的深思与隐忧［J］．人民教育，2012（2）：27-32．
[2] 黄梅．基于三维目标的化学教学策略研究［D］．2009：1-189．
[3] 谷衍奎主编．汉字源流字典［M］．北京：华夏出版社，2003，03：115，432．
[4] 宋乃庆，徐学福．教学设计［M］．重庆：重庆出版社，2008，02：85-90，97．
[5] 刘景．数字"三"在中西文化中的内涵比较［J］．科教文汇（上旬刊），2010（11）：59-77．
[6] 周颖ู．神话传说与宗教观念中的神奇数字三［J］．知识经济．2010（18）：154-155．
[7] 钱鲍华．汉语"九"和英语"三"的文化共性［J］．苏州教育学院学报，2007（4）：40-42．
[8] 张湘梅．数字"三"的中西文化解读及其翻译［J］．德州学院学报，2008（5）：23-26．
[9] 黄梅，宋乃庆．基于三维目标的教学目标设计［J］．电化教育研究，2009（5）：99-103．
[10] 李高峰．对课程标准中"行为动词"的质疑［J］．上海教育科研，2010（6）：54-56．
[11] 李建松．从课程目标到课堂教学目标——课堂教学目标叙写策略［R］．2009．
[12] 孙建新．新课程化学教学目标的设计研究［J］．重庆教育学院学报，2005（6）：89-92．
[13] 李远蓉主编．现代化学教学论［M］．重庆：西南师范大学出版社，2010（8）：2-4．
[14] 闫艳．课堂教学目标研究［D］．2010：3-12．192．
[15] 中华人民共和国教育部．全日制普通高级中学化学教学大纲（试验修订版）［S］．北京：人民教育出

版社，2000：6-10．

[16] 中华人民共和国教育部．普通高中化学课程标准（实验）[S]．北京：人民教育出版社，2003：1-10．

[17] 黄梅，李远蓉．三维目标的知识加工与教学策略 [J]．课程·教材·教法，2010（4）：22-27．

[18] 何克抗．建构主义学习环境的国际前沿研究述评述 [J]．中国电化教育，2010，3：8-14．

[19] 何克抗．对美国"建构主义教学：成功还是失败"大辩论的述评 [J]．中国电化教育，2010，10：5-25．

[20] 钟启泉，裴新宁主编．化学课程与教学论 [M]．杭州：浙江教育出版社，2003，9：190-192．

[21] Airasin, P. W. (1994). Impact on testing and evaluation. In L. W. Anderson & L. A. Soniak (Eds.), Bloom's taxonomy: A forty-year retrospective, Ninty-third Yearbook of the National Society for the study of Education. Chicago: University of Chicago Press, 82-102.

[22] L·W·安德森．学习、教学和评估的分类学：布卢姆教育目标分类学修订版（简缩本）[M]．皮连生主译，上海：华东师范大学出版社，2008：1-92．

[23] L.W. 安德森，D.R. 克拉斯沃尔，P.W. 艾雷辛等．学习、教学和评估的分类学：布鲁姆教育目标分类学修订版 [M]．皮连生，主译．上海：华东师范大学出版社，2008：100-102．

[24] 洛林．W. 安德森（Lorin W. Anderson）等．学习、教学和评估的分类学：布鲁姆教育目标分类学修订版 [M]．蒋小平，等主译．北京：外语教学与研究出版社，2009：92．

[25] 黄梅．基于三维目标的化学教学策略研究 [D]．2009：1-189．

[26] 钟启泉，裴新宁主编．化学课程与教学论 [M]．杭州：浙江教育出版社，2003，9：190-192．

[27] 保志明．《化学反应原理》模块中盐类水解的教学设计 [J]．化学教学，2007，10：30-31．

[28] http://www.pep.com.cn/gzhx/gzhxjs/0pl/kb/xx22/sj/201109/t20110906_1067610.htm．

[29] 陈晓慧．教学设计 [M]．北京：电子工业出版社，2005（11）：113．

第三章

化学教学策略设计
——其实教学可以更优化

> 某老师给学生讲物质的量及应用，物质的量相关内容比较抽象，教师难教，学生难学，几堂课下来，学生还是没搞懂什么叫物质的量、什么叫摩尔、什么叫摩尔质量、什么叫摩尔体积、什么叫物质的量的浓度。对这些概念混淆不清，当然更谈不上物质的量的计算应用了。这位老师很是苦恼，学生也感到化学学习太困难，学习积极性受到打击，整个教学进度在此难以前进，师生陷入教学困境。

这位老师为什么没能把学生讲懂，反而让学生陷入学习的困境呢？究其原因，就是方法不当，教学策略不当，没能把物质的量这个概念转化为学生易懂的概念，没能对化学知识进行教学策略的深加工。那么，什么是教学策略？怎么设计教学策略呢？

第一节 教学策略设计定义及内容

一、定义

国外对教学策略的研究起步较早，主要以心理学的研究成果为指导。瑞格鲁斯认为教学策略包括组织策略、传输策略和管理策略；还有一种说法是教学策略包括替代性教学策略和生成性教学策略。较早研究课堂教学策略的美国学者埃金等人认为，教学策略就是"根据教学内容的特点选择适当的方法"。

自 20 世纪 80 年代起，我国教育学者开始研究教学策略，对教学策略的概念有不同的见解。施良方教授认为"教学策略指的是教师为实现教学目标或教学意图所采用的一系列问题解决行为。"严振国教授认为"所谓教学策略，是在教学目标确定以后，根据已定的教学任务和学生的特征，有针对性地选择和组合相关的教学内容、教学组织形式、教学方法和技术，形成具有效率意义的特定教学方案"。刘新知教授则认为"教学策略是从教学设计角度进行考察，在构思教学方案时，通常先要对教学过程先做整体的、概略的谋划、思考"。邵瑞珍主编的《教育心理学》一书对教学策略的定义是"教师在教学过程中，为达到一定的教学目标而采取的相对系统的行为"。周小山、严先元主编的《新课程的教学策略与方法》一书对教学策略的定义是"为达成教学目标，完成教学任务，在清晰分析教学活动的基础上，对教学的形式和方法做出安排并进行调控的执行过程"。

综合各观点所述，教学策略就是对完成特定教学目标而采用的教学顺序、教学活动程序、教学方法、教学组织形式和教学媒体等因素的总体考虑，是教师在具体教学情境中的一系列操作智慧和有效行动的总和。

二、内容

从教学策略的内涵可以看出，化学教学策略设计的主要内容包括教学方法的选择、教学顺序的确定和教学活动的安排等，但这种说法对单节课的教学策略设计没有清晰的思路指导。加涅建议一节课应该包括引起注意，告知学习者目标，促进先行知识的回忆，呈现刺激材料，提供学习指导，引出行为表现，提供反馈和评估实绩以及提高保持和迁移九个教学事件。美国俄克拉玛大学教学心理学和技术项目荣誉教授 P.L. 史密斯和 T.J. 雷根在其基础上提出了更为完善的生成性、拓展性教学事件，包括导入、主体、结尾和评估四阶段，每个阶段又可以分为几个步骤，如下所示。

导入：引起注意、确定意图、激发兴趣和动机、预习。

主体：回忆相关先行知识、加工信息和样例、集中注意力、运用学习策略、练习、评价性反馈。

结尾：总结和复习、学习迁移、进一步激励与结束教学。

评估：评估学习、评价性反馈。

在课堂教学中，我们可以利用拓展性教学事件作为教学策略设计的框架。

第二节 不同知识类型的化学课堂导入策略

一、化学知识的分类

传统的化学教学论将化学知识分为基本概念、基本理论、元素及化合物知识、化学计算、化学实验等五大类。现在比较受大家认同的一种分类方法将化学知识分为化学事实性知识、化学理论性知识、化学技能性知识、化学情意类知识和化学问题解决五种类型。这两种分类方法在化学教育中仍然占有相当重要的地位。应当肯定，这两种分类方法凸显了化学学科的特点，这种划分可以将化学学科知识系统化、逻辑化，对知识内容可以做到疏而不漏。但是，化学教材的编制不能只依据学科知识的逻辑，更重要的是要考虑学生的学习心理过程和特点。因此，这种分类只能确保化学知识不被遗漏，而知识如何组织、如何呈现，还要从学生的学习心理方面进行研究。这种分类的优点是考虑到了化学知识的结构体系，然而它却缺乏心理学依据，不便于教师进行教学设计，也不利于学生学习。

美国心理学家和教育家加涅将学习结果划分为五大类：言语信息、智慧技能、认知策略、态度和动作技能。大部分的学习目标都可以归到这五种。加涅推测，达成每种学习结果所需的心智加工的类型有质的差异，因此每一种学习结果需要的教学策略也就不一样。为了克服传统的化学教学论知识分类观的缺点，以认知心理学知识分类的观点和加涅的学习结果分类为依据，结合化学学科本身具有的特点将化学知识分为三大类，分别是陈述性知识、程序性知识和策略性知识。

（一）陈述性知识

陈述性知识是指个人具有的有关"世界是什么样"的知识，检查陈述性知识的行为标准是看学生能否回答"是什么"的问题，只要能够实现知识表达的就可以认为是陈述性知识。陈述性知识相当于加涅的学习结果分类中的"言语信息"，即狭义的"知识"，它包括以下几方面。

① 有关名称或符号的知识。如物质名称、化学仪器、元素符号、化学术语、化学用语

等（言语信息）。

② 简单命题或事实性知识。如基本概念、元素及化合物的性质、用途等（定义性概念、具体概念、抽象概念）。

③ 有意义的命题组合知识。如物质结构、化学定律、溶液理论、化学平衡等理论的知识（原理、规则）。

（二）程序性知识

程序性知识是指个人具有的有关"怎么办"的知识，它是一种经过学习自动化了的关于行为步骤的知识，表现为在信息转换活动中所进行的具体操作，相当于加涅的学习结果分类中的智慧技能和动作技能，它包括以下几方面。

① 概念及简单规则的运用。如识别物质的类别、配合物、有机物的命名、摩尔质量的计算等。

② 运用原理和规则进行计算和判断的化学计算技能。如有关摩尔、化学平衡的计算、物质鉴别、实验设计等。

③ 根据有关原理、规则进行实验操作的化学实验技能。如气体的制备、物质的提纯、有机物的合成等。

（三）策略性知识

策略性知识是个人调控自己认知行为的知识，用于控制和调节个人的注意、学习、记忆和解决问题的过程，也是回答"怎么办"的知识，所以现在有学者已经将其归入程序性知识，对应于加涅的学习结果分类中的认知策略。加涅认为，认知策略是学习者控制与调节自身的学习、记忆与思维等认知过程的能力。如怎样迅速记住常见的元素符号、如何迅速解答某一类计算题、如何提高注意力等。它包括：一般学习活动的策略知识；创造性思维策略知识；反审认知（元认知）。

二、不同知识的导入策略

以往已有许多学者对化学课堂导入策略做过研究，也较为系统、详细地介绍总结了很多具体的化学课堂导入方法与技巧，如开门见山法、温故知新法、故事导入法、实验导入法等。但是对于这些方法具体适用于化学教学中的哪些内容研究较少，可以尝试从知识类型的角度分析化学课堂导入策略。值得注意的是，传统观点认为化学知识可分为基本概念、基本理论、元素及其化合物、化学计算及化学实验五项，这种分类虽然结合了化学学科的特点，但是缺乏一定的心理学基础且部分内容有交叉的现象。故借助现代心理学对知识的分类，将化学知识分为陈述性知识、程序性知识及策略性知识三大类，并针对性地提出导入策略。

（一）陈述性知识的课堂导入策略

现代心理学研究表明，陈述性知识的学习过程可分为学习的准备，知识的获得与作业，学习的保持、巩固与迁移三个阶段。从陈述性知识的学习过程我们可以看出，在陈述性知识的课堂中，课堂导入的主要目的就是帮助学生做好学习的准备，而准备阶段的主要任务就是要激发学生动机，帮助学生明确学习目标，为后面进一步学习做准备，因此，这也是课堂导入的基本要求。此外，我们应注意到对于陈述性知识的学习不是简单的记忆，建构主义强调学生对新知识的学习，实质上是建立在原有知识（或认知结构）上对新知识的一个重新构建的过程。从这一角度分析，在设计陈述性知识的课堂导入时还应注重对学生已有认知的激发，从而促进学生对于陈述性知识的理解。特别是对概念性知识的学习，建构主义思想尤为重要。

综上所述，从现代心理学的角度总结出以下几种针对化学陈述性知识的课堂导入策略，并结合相关案例对相应策略进行讲解。

1. 表象性策略

所谓的表象性策略，就是将言语形式的知识转化成视觉形式或图画形式的知识。例如多媒体导入法、实物导入法、模型导入法等都属于这一策略。现代认知心理学研究表明，陈述性知识的表征方式之一是表象，即人们对客观事物的一种感知印象，这种印象是保留了事物本身的一些知觉特征的。如看到一瓶氯气，我们就会产生它是黄绿色气体的印象。因此在进行陈述性知识教学时，如果可以恰当地利用表象性策略，让学生对新知识有所感知，不仅有利于提高学生的学习兴趣，更有助于帮助学生有效记忆与理解新知识。

一般来说，有关物质名称、化学仪器、元素及化合物的性质用途、物质结构等知识均可采取表象性策略，但应选择恰当的方法。值得注意的是，表象性策略在运用时有一定的局限性，因为并不是所有的陈述性知识都可以以表象的形式反映在大脑中，如化学概念、化学定律、部分元素及化合物等就很难建立表象。因此，在使用表象性策略时，我们应根据实际情况，借助多媒体、实物或模型恰当地将陈述性知识表象化，切记不可盲目使用。

案例

"原子晶体"的导入

【教师】（手拿金刚石的空间结构模型）同学们，这是天然存在的最硬的物质——金刚石（也就是平常说的钻石）的结构模型。

【学生】（很惊讶）这是钻石的结构？

【教师】其实还有其他一些物质也有和钻石类似的结构，那它们也很坚硬吗？今天我们就一起来学习原子晶体的结构与性质，走进钻石的内部世界！

此法利用钻石的结构模型成功地激发起了学生的兴趣，并通过进一步设疑，将学生导入原子晶体的教学中。但是此案例并没有很好地唤起学生的已有认知，根据教材内容编排特点，在原子晶体之前安排的是分子晶体。因此，在进行原子晶体的课堂导入时，若是可以将分子晶体模型与原子晶体模型对比展示，导入效果可能要更好！

案例

"乙醇"的导入

【教师】拿着一瓶白酒走进教室。

【学生】（投以兴趣，有些疑惑）

【教师】同学们，酒在生活中很是常见，但是你对它足够了解吗？它有哪些性质呢？

【学生】当然了解啦！无色透明、有香味、可以燃烧……

【教师】教师打开瓶盖（一股香味散发出来），你知道酒的主要成分是什么吗？生活中有人千杯不醉，有人一杯即倒，这又是为何？

【学生】（表示疑惑不解，同时显示出求知欲望）

【教师】今天我们就一起来学习酒的主要成分——乙醇。

此法借助于酒（乙醇）这一实物，直观地给学生以视觉感知，相比图片导入效果要好得多。此外，教师通过"你对它足够了解吗？"引导学生回忆起对酒的已有认知，为后面新知识的学习奠定建构基础，并通过进一步的追问，明确学习目标，同时又引起学生疑惑，进而带着悬念进入新课。

2. 创设情境策略

顾名思义，创设情境策略是指通过创设一定的情境帮助学生记忆理解新知识。在课堂导入阶段，给学生营造一个恰当的情境对于学生的学习是十分重要的。当新知识与特定情境相联系的时候，有助于学生对新知识的学习与理解。与建构主义不完全相同的是，这里所说的情境可以是实实在在的，也可以是想象的或认为创设的。因此，在导入阶段恰当地营造情境不仅可以吸引学生注意，更有助于学生对新知识的建构学习。

值得注意的是，导入情境的创设必须要与新知识有所联系，不能够与新知识产生联系的情境或许可以给学生带来乐趣，但绝不会有助于学生新知识的学习，有时反而会成为负担。反之，无论是真实的事件、实验情境，还是人为创设的故事、问题情境，抑或是想象的诗词情境，只要与新知识联系密切，有助于学生对新知识的理解建构，那么这种情境导入就是恰当的。

一般来说，大部分元素及化合物知识、部分化学定律均可以通过创设情境进行导入，但是此种方法的缺点在于有些情境不能很好地激发学生的已有认知。

案 例

"钠"的导入

【教师】大家都知道，水能灭火。但是真的是这样吗？下面我们就来看一个实验！（教师提前准备一装有少量乙醚和钠的蒸发皿）注意看，当我把水滴入蒸发皿的时候会有什么现象产生呢？（教师用胶头滴管滴少量水在蒸发皿中，突然燃了起来）

【学生】（满脸疑惑，滴水生火？）

【教师】实际上这和我们今天要学习的新物质——钠有关，钠还具有哪些性质呢？请你动手做一下钠与水反应的实验，并思考问题：钠可以用小刀切开，说明了什么？……

利用实验创设教学情境，是化学学科的优势所在，也是化学学科的特点所在，平常在教学中运用的也较为普遍。恰当的实验不仅可以有效吸引学生的注意力，同时实验所营造的情境更有利于对学生的启发性教学。本案例以"滴水生火"引起学生认知冲突，成功激起学生的求知欲望，但教师并没有就此止步，而是借着学生的探索欲望，引导学生做钠与水反应的实验，并设置问题引导学生思考，将实验情境与问题情境结合，为后面"钠的性质"的教学埋下伏笔。

案 例

"碳酸钙"的导入

【教师】大家都学习过《石灰吟》这首诗吗？"千锤万凿出深山，烈火焚烧若等闲。粉身碎骨浑不怕，要留清白在人间"。

【学生】（一起背诵）

【教师】但你知道吗？其实这首诗里的主角就是我们今天要学习的内容——"碳酸钙"。整首诗表述的就是碳酸钙的一些反应。那么究竟是怎么样的呢？就让我们一起来解读吧！

以诗歌导入新课，看似寥寥数语，实则意义非常。首先，诗歌本身的意境是无形之中就有的，加之这首诗歌学生已经学过，很容易被吸引，激发学习热情，且可以回忆起已有的一些知识。其次，诗歌的内容与将要学习的内容息息相关，可以说是新内容的艺术浓缩，为后面的进一步学习做了很好的铺垫。

案例

"乙酸"的导入

【教师】（展示一瓶醋）同学们，生活中我们都很熟悉醋，但大家知道醋是怎么来的吗？民间有种传说："杜康造酒儿造醋"。杜康是酿酒高手，他有个儿子叫黑塔，自然是子承父业跟随父亲酿酒。大家知道，酿酒会产生废弃的酒糟，黑塔觉得丢掉有点儿可惜，就把它放在水缸里泡了起来，到了第二十一日的"酉"时，一开缸，一股酸中带甜的浓郁香气扑鼻而来，这就是最初的"醋"（此时动画展示"二十一日酉时"组成的"醋"字）。

【学生】（认真听讲，满脸惊奇）

【教师】醋作为生活中不可或缺的调味品，它的主要成分是什么呢？这就是我们今天要学习的乙酸。

教师通过一个小故事导入新课，新颖独特，很好地吸引了学生的学习兴趣。实际上，化学中有很多趣味故事、史实材料等，这些均可以作为设计教学情境的素材。特别是科学家的探索故事，如科学家发现质量守恒定律的过程，不仅可以体现化学学科的特点，也有利于培养学生探索真理、不气馁的品质。

值得注意的是，创设实验情境时离不开问题情境的创设，学生只有在问题的引导下才会思考，才会更好地理解实验情境，并有目的地和新知识联系，有助于学生的认知建构。许多教师均会利用实验导入新课，但有时学生只是走马观花，收不到预期的效果，其根本原因是没有针对性地提出问题。

3. 联系衍生策略

联系衍生策略即利用陈述性知识之间的内在联系，通过类比、对比等方法将新知识与学生已有认知相联系，从而帮助学生完成新知识的建构。较为常用的复习导入、类比导入法、对比导入法、经验导入法、冲突导入法等均属于联系衍生策略。该策略比较符合现代认知心理学对陈述性知识的学习要求，联系旧知，衍生新知，有助于学生对新旧知识的联系学习，有助于学生对新旧知识的重新建构，有助于学生对知识网络的进一步搭建。

案例

"化学反应速率"的导入

【教师】同学们，炸弹的爆炸瞬间完成，牛奶变质要好几天，而溶洞的形成则要更久，这说明了什么？

【学生】化学反应有快有慢。

【教师】那么我们怎么知道哪个化学反应快，哪个慢呢？怎么去表示化学反应的快慢呢？

【学生】（表示疑惑）

【教师】物理中我们用什么来表示快慢啊？

【学生】速度。

【教师】不考虑速度的方向称之为速率。化学中我们用化学反应速率来表示反应快慢。物理中以单位时间内路程的改变量来表示速率，由于大多化学反应都是在溶液中进行的，因此，化学中以单位时间内物质的量浓度的改变量来表示化学反应速率。这也就是我们今天要学习的主要内容：化学反应速率。

本案例从学生的已有认知经验出发，即通过学生知道的现象引出化学反应有快慢之分。而后通过物理中的速度这一概念，类比衍生出化学反应速率这一概念，成功导入新课。此法的优势在于，新知识的学习是由旧知识一步步衍生出来的，新旧知识的紧密联系让学生的知识建构更加容易。

此法的应用范围较广，大部分陈述性知识，包括元素名称、元素及化合物的性质、化学概念、理论等均可使用此策略。在使用时，联系的对象也很丰富，可以使化学学科内的，也可以是其他学科的；可以是具体的，也可以是抽象的。只要学生有已有的认知且可以与新知识相联系，那么联系衍生就可以发生。但是由于此法的特点，比较注重知识之间的逻辑联系，因此科学性较多，而趣味性相对情境创设策略和表象性策略就要少一点。

案 例

"氧化还原反应"的导入

【教师】在初中，我们已经学习过氧化反应和还原反应。我们是依据什么标准来划分的？你能分别举例吗？

【学生】从得失氧的角度划分：$C+O_2 \xrightarrow{\text{点燃}} CO_2$（氧化反应）；$H_2+CuO \xrightarrow{\text{高温}} Cu+H_2O$（还原反应）……

【教师】C 得到 O 生成 CO_2，所以是氧化反应；CuO 失去 O，所以是还原反应。那么，在氢气还原氧化铜这个反应中，H_2 变成 H_2O 是不是也得到了 O，那么，这个反应也是氧化反应吗？

【学生】氧化反应和还原反应在一个反应中都发生了？

【教师】实际上，氧化反应和还原反应是同时发生的。我们称之为"氧化还原反应"，这就是我们今天要学习的内容。

复习导入法是教学中最常用的一种导入方法。本案例通过复习初中对氧化反应和还原反应的划分标准，顺着这个标准分析反应，引出认知冲突，从而引导学生认识到原有划分的不全面，顺利建构新知识。此案例主要利用矛盾关系联系新旧知识，当然我们也可以利用类比、对比关系联系新旧知识，如在导入"物质的量的浓度"概念时，先复习溶液的质量分数；在导入"化学平衡"概念时，先复习固体的溶解与结晶等。

由此可以看出，复习导入法、对比导入法、类比导入法等在一些情况下都是相通的，并没有严格的界限。事实上，一个好的课堂导入是不能局限于一种方法，而是多种方法的有机结合。

> **案 例**
>
> "糖类"的导入
>
> 【教师】俗话说:"人是铁,饭是钢,一餐不吃饿得慌","民以食为天"……那么,食物可以给我们提供哪些营养物质呢?
>
> 【学生】蛋白质、糖、油脂、维生素……
>
> 【教师】哪些食物中蛋白质含量丰富呢?糖都是甜的吗?今天我们就一起走进营养物质的世界,从化学的角度剖析它们!

建构主义认为,学生进入课堂并不是大脑空白的,而是带着已有认知经验的。本案例从学生已有经验出发,引出食物对人体的必要性。通过进一步设疑,引出新课。设疑很重要,通过问题的提出,学生才会有所思考,才会开始回忆起以往知识经验来解决问题。因此,恰当的问题可以很好地引发新旧知识的相互作用,利于学生对知识的重新建构。

(二) 程序性知识的课堂导入策略

从化学教材的整体编排上分析,部分程序性知识是紧跟陈述性知识之后的,即二者是在一堂课中完成的,也就不存在设计新的课堂导入。因此,对于这一部分知识,我们仍可以用陈述性知识的相应导入策略,这里也就不再赘述。但是对于其他的程序性知识,如大部分化学计算、化学实验技能等,在具体教学中往往需要由单独的课时完成,这时我们就需要一种有效的策略进行课堂导入,如"物质的量在化学方程式计算中的应用"就是典型的程序性知识教学。

综上所述,结合化学学科特点,从现代心理学角度总结出以下几种针对化学中程序性知识的课堂导入策略。

1. 情境导入策略

由程序性知识的定义我们可以看出,情境对于程序性知识的学习是至关重要的,因为程序性知识的运用是用来解决"怎么办"的问题,它必然是基于具体的情境的。也只有当其与情境相联系的时候,才会具有意义,否则就只能停留在陈述性知识的层面上,就好像知道化学平衡的概念,而不知道什么情境可以用化学平衡解释一样。

不过这里提到的"情境导入策略"与陈述性知识中提到的"创设情境策略"大同小异,都是指通过一定的情境建立新旧认知联系,激发学生兴趣以顺利导入新课。但是"情境导入策略"中的情境更偏重于具体的情境,如实验情境、真实案例情境、问题情境等,因为程序性知识的本质是解决"怎么办"的问题,它是基于一种具体问题的。因此,对于程序性知识的课堂导入,故事情境、诗词情境等便显得不合时宜。

> **案 例**
>
> "简单分类法及其应用"的导入
>
> 【教师】大家都逛过家乐福吧?假如你要买一支牙刷,面对琳琅满目的商品,你怎么迅速找到它?
>
> 【学生】直接找生活用品类。

【教师】那如果要买衣服呢？买纸巾呢？

【学生】服装类，生活用品类。

【教师】可见，将物品恰当分类给人们的生活带来很大方便。那么，为什么牙刷、纸巾都属于生活用品类呢？

【学生】它们都是生活中用的呀！

【教师】对！这就是分类的重要依据：要有共同的特征。那么在化学中，分类有何作用呢？今天我们就一起来学习简单分类法及其应用。

此案例从学生的生活经验出发，由"如何在超市中买牙刷"这一具体问题。引导学生关注商品分类这一现象，并通过进一步的问题追问，引导学生对"如何分类或分类依据"做一思考，对后面简单分类法的学习做好铺垫。

案例

"正确选用金属材料"的导入

【教师】前段时间，有个朋友要装修自家的窗户，但是他在犹豫装修什么材质的，钢铁、铝合金、塑钢……

【学生】我觉得塑钢好，比较耐用；我觉得铝合金好，便宜……

【教师】有的同学从金属的性能上，选择了耐用的塑钢；有的同学从价格上选择了铝合金……可见，在进行金属材料选择的时候，我们要考虑很多的因素，性能、价格等。今天我们就一起来探讨如何正确选用金属材料。

该案例从一个具体案例出发，发动学生参与讨论装修窗户的材质。学生在此番讨论中，必然会回忆起上节课学习的有关金属的性质，尝试从各种金属的不同性能入手分析，部分同学会兼顾金属的价格、色泽等方面综合分析，进而对比发现各种金属的不同特征，不同利弊。当然，学生在这些问题的分析上还是不够全面的，也迫切希望可以更好地选用金属材料，此时教师顺势导入新课，效果颇佳。

值得注意的是，此案例的实施最好是在互联网的状态下进行教学，让学生可以自主查询金属的性能、价格等各方面信息，并尝试进行对比分析，体会选用金属材料的方法，这样比教师纯粹讲授效果要好得多。

案例

"烷烃的命名"的导入

【教师】我们在人教版《化学（必修2）》中学习过烷烃的传统命名法，知道 CH_4 叫甲烷，C_5H_6 叫戊烷，戊烷又有几种同分异构体？

【学生】三种，正戊烷、异戊烷、新戊烷。

【教师】如果是 C_6H_{14} 呢？

【学生】（尝试画出不同的同分异构体，发现不止三种）

【教师】可见，但碳原子数增多的时候，传统的命名法就不再适用了。此时就需要一种新的命名方法，今天我们就进一步来学习烷烃更为广泛的一种命名——系统命名法。

该案例通过问题情境的设置，先是引导学生对烷烃的传统命名进行回顾，而后通过让学生分析 C_6H_{14} 的同分异构体并尝试命名，引发学生的认知冲突，发现以往命名的缺陷，自然导入新命名方法的教学。

2. 先行组织者策略

所谓先行组织者策略即是通过先行组织一段材料以促进学生对新知识的学习。程序性知识学习的一个重要条件是，学习者必须具备某些较低级的程序性知识。因此，对于程序性知识的课堂导入应该注重对较低程序性知识的先行组织。换句话说，课堂导入必须以回顾学生已有的或建立与新知识相关联的程序性知识为目标。

值得注意的是，这里的先行组织者的形式有很多，不一定是文字材料，也可以是问题信息、视频信息、行为信息等。当然不管先行组织者的形式如何，都要以能够让学生回忆起原有认知结构为目标，让学生在新旧知识的联系中更好地学习。

案 例

"有机物的分类"导入

【教师】CH_4、C_2H_6、CH_3CH_2OH、CH_3CH_2Cl 中哪些是烃？哪些是烃的衍生物？依据是什么？

【学生】CH_4、C_2H_6 是烃，CH_3CH_2OH、CH_3CH_2Cl 是烃的衍生物。因为烃只含有碳和氢。

【教师】我们根据所含元素不同将有机物分为烃和烃的衍生物，那么，如果按照有机物的结构来分类呢？今天，我们就从结构方面学习有机物的分类。

该案例通过对几种典型的有机物的类别判断，即较低的程序性知识，让学生在判断过程中回忆起分类的方法。通过教师的进一步提示，分类的标准不同，结果可能不同，从而过渡到新课内容，从结构的角度对有机物进行分类。

案 例

"物质的量在化学方程式计算中的应用"的导入

【教师】同学们，上课之前老师有几个问题想考考大家，2mol 水中含有多少个水分子？你是根据什么算出来的？

【学生】$2N_A$ 或 $2×6.02×10^{23}$；根据 $n=N/N_A$，即通过物质的量与物质粒子数目之间的关系计算的。

【教师】在钠与水的反应中，假设现在有两个钠原子参与反应，那么需要多少个水分子才能反应完呢？如果是 $2N_A$ 个钠原子呢？依据是什么？

【学生】2个；$2N_A$个；化学计量数。

【教师】$2N_A$也就是2mol，那么物质的量和化学计量数之间有什么关系呢？你能否以钠与水的反应为例推导出来。

【学生】

	2Na	+	2H$_2$O	═══	2NaOH	+	H$_2$↑
化学计量数之比	2	:	2	:	2	:	1
扩大 N_A 倍	$2N_A$	:	$2N_A$	:	$2N_A$	:	$1N_A$
物质的量之比	2mol	:	2mol	:	2mol	:	1mol

【教师】可见物质的量之比等于化学计量数之比。这个关系有什么用呢？下面我们就具体来学习"物质的量在化学方程式计算中的应用"。

该案例通过先行组织的两个问题，引导学生回忆起原有的知识结构：物质的量与微粒间的关系及化学计量数之间的关系。再通过进一步的引导，让学生发现物质的量与化学计量数之间的关系，并让学生尝试自我推导。由此自然地导入新课，开始进一步探讨物质的量在化学反应方程式中的应用。

该题值得注意的是，在回忆物质的量与微粒间及化学计量数这两个关系的时候，教师不是简单地陈述出来，而是通过提出问题，让学生在解答问题的过程中回忆体会这两个关系。其实这也是陈述性知识和程序性知识一个本质的区别。教师简单的陈述只能传达给学生"是什么"，学生可能在教师的陈述中回忆起物质的量与微粒间的关系，但也仅仅停留在知道这么一个关系，对于关系的具体运用，就没有很好地回忆起来。而通过问题的探讨，学生开始关注"怎么办"，由两个关系的运用中推导出物质的量与化学计量数之间的关系，进而很自然过渡到后面的学习中。

（三）策略性知识的课堂导入策略

策略性知识实质上是一种特殊的程序性知识，本质上也是回答"怎么办"的问题，但它主要强调是个体对自身的一种认知调控，如怎样记忆元素符号、怎样快速解答某一类计算等。

在中学化学的内容编排上，策略性知识的一般都是嵌入在陈述性知识和程序性知识中的，所以关于策略性知识的导入策略，这里不做探讨。

第三节 不同类型知识的教学策略设计

一、陈述性知识的教学策略设计

（一）化学陈述性知识及其特点

化学陈述性知识主要包括物质名称、化学仪器、元素符号、化学术语、用语、基本概念、元素及化合物的性质、用途。如物质的性质和用途、同素异形体的定义、勒夏特列原理等。化学陈述性知识是学生学习其他化学知识的基础，没有丰富具体的元素化合物知识为基础，化学基本概念和原理就会变得空洞、抽象而难以理解，学习就会变得枯燥乏味。这类知识都是物质及其变化的宏观表现，具有生动具体、形象直观的特点，学生理解起来一般不存在困难，但由于涉及的元素及其化合物种类较多，内容相对零散庞杂，往往导致学生记忆困难，这也是学生感到化学"好学难记"的重要原因。因此，如何使学生在理解的基础上记忆有关物质的性质、制法、用途等元素化合物知识，并形成较系统的知识结构，就成为化学陈述性知识学习的关键。

（二）陈述性知识的学习心理机制和学习条件

陈述性知识用命题和命题网络做表征形式。奥苏贝尔认为学习者的认知结构是影响学习迁移的重要因素，一切有意义的学习都是在原有认知基础上产生的。陈述性知识获得的心理机制是同化，它是指学习者接收、吸纳和合并新知识并转化为自身认知结构的一部分，即构建学生自己的新的认知内容。陈述性知识获得的实质就是学习者对新的命题与命题网络的有关命题联系起来进行贮存的过程。陈述性知识学习的关键是"提供线索"，使学习者能在以后成功地搜索并提取信息。

陈述性知识的学习由注意、期待、回忆已知的有关信息、对新信息的选择性知觉、编码、检索与反馈、强化、反应与保持、保持与迁移九个阶段，其中前三个阶段为学习的准备，中间的四个阶段是知识的获得与作业，后两个阶段为学习的保持与迁移。各个阶段的心理活动是学习的内部条件，其教学活动是影响学习的外部条件。促进陈述性知识的学习，一方面要在这三大阶段中进行，另一方面，又因为陈述性知识的各个阶段是一个连续的过程。因此，在这个过程中有一些基本的具体条件：把握好课堂教学的速度、使用类比、使用典型例题、组成系统知识等。

（三）一般陈述性知识的教学策略

许多物质的性质、存在、制法和用途等事实性内容，学生自己阅读教材或者听教师讲授，往往很容易看懂或听明白，但却难以在头脑中留下深刻的印象。实际情况经常是学生"一听就会，转眼就忘"，导致陈述性知识学习的困难。

针对一般化学陈述性知识的特点，在遵循一般学习规律的基础上，我们应重视多感官协同记忆策略的应用。

运用多种感官进行学习，能加深大脑的印象，可以更多地在大脑中留下回忆的线索，从而提高记忆的效率。因此，在学习化学陈述性知识时，应充分调动各种感觉器官（眼、耳、口、手、脑等）对物质及其变化进行全面的观察和体验，做到从各个方面明确感知化学事实，从而加深对陈述性知识的印象，增进对知识的理解与记忆。在运用多感官协同策略学习时，不能仅仅停留在听、看等表面层次上，而应做到善于观察、勤于动手、善于思考。

> **案 例**
>
> **过氧化钠与水的反应**
>
> 【教师】同学们，我将给大家做一个过氧化钠与水反应的演示实验，请同学们注意观察试管中的现象。
>
> 【学生】淡黄色固体逐渐溶解，同时产生气泡。
>
> 【教师】接下来，我将带火星的木条置于试管口，看木条是否复燃，并猜测产生的气体是什么。
>
> 【学生】木条复燃，说明产生了氧气。

> 【教师】那么试管中的液体有没有变化呢?我将酚酞滴入试管,注意观察现象,并猜测还产生了什么物质。
> 【学生】液体由无色变为红色,说明产生了碱性物质,应该是氢氧化钠。
> 【教师】那么请同学们根据猜测,试着写出反应的方程式。
> 【学生】化学方程式为 $2Na_2O_2+H_2O=4NaOH+O_2\uparrow$
> 【教师】请同学们试着自己设计实验,并加以论证。

过氧化钠（Na_2O_2）与水能发生化学反应,生成氢氧化钠（NaOH）和氧气（O_2）,这是过氧化钠的重要化学性质。对于这个知识的学习,我们可以采取多感官协同记忆策略:学生观察老师的演示实验,分析过氧化钠与水反应的实验现象,然后在老师的指导下亲自完成此实验,通过自己的操作、观察和思考获得有关的实验结论和化学方程式,最后掌握有关过氧化钠的化学性质。学生亲自完成实验,手脑并用,多种感官协同参与,获得的知识鲜活而深刻,提高了记忆的效率。

（四）化学概念的教学策略

化学概念是整个中学化学知识的基础,是化学课程内容的重要组成部分,是化学知识的"骨架",是高中化学教学的重点和难点。同时,概念作为陈述性知识的重要组成部分,其相应的教学策略是我们研究陈述性知识教学策略的重点。作为教师有必要研究化学概念的教学策略,探讨怎样进行化学基本概念的教学。

而从心理学角度定义的概念是思维的形式。也有人认为只要具有共同属性的事物就都是概念,这样定律、公理、规则也都属于概念。概念被称为"知识的细胞",它是各种定理、规则、学说的基础。这里所理解的概念是:同类事物本质属性的概括,是思维的一种形式,是感性认识上升到理性认识的飞跃。从现代心理学的知识分类角度看,概念的学习有两种水平:一个是将概念作为陈述性知识来学习,只要求学生说出概念的名称、含义或其关键特征;另一个是将概念作为程序性知识来学习,学生习得概念后,能用概念的正反例证进行区分应用。前一种学习水平是后者的前提和基础。

本文中提到的概念是广义的,它包括定理、定律、规则等,即为高中化学课程中的基本概念和基本原理。反映物质组成的概念,如纯净物、混合物、单质、化合物;反映物质结构的概念,如分子、原子、离子、原子结构、化学键;反映物质性质的概念,如化合价、pH值等;反映化学变化的概念如离子反应、氧化还原反应;反映化学计量概念如摩尔、摩尔质量、气体摩尔体积;反映化学用语的概念如电子式、结构式等。

1. 概念形成策略

概念形成策略是指学习者从大量的具体例证中,以比较、辩证、抽象等形式自己概括得出事物关键特征的一种学习策略,这种学习策略强调学生主动参与知识的获得过程。概念的形成一般总是经过"感性"向"理性"上升的过程,所以运用概念形成策略一般要经历3个阶段。

第一阶段要充分收集与化学概念形成相关的具体例证,以获得丰富的感性认识。

第二阶段是自觉地对获得的具体例证进行分析、比较、辨别,提取其共同的特征信息,逐步舍去干扰信息,然后将特征信息进一步抽象和概括,这是由感性认识上升到理性认识的过程,需要去伪存真,去粗取精,这是化学概念形成的关键。

第三阶段将获得的结论与同伴交流共享,在交流中使正确的观点进一步得到明确,并在练习应用中加深对化学概念的理解。

运用概念形成策略时,概念的具体例证越丰富,关键信息越明显,越有利于学习。还要重视通过变式与比较的方式，使学生对概念的理解更清楚准确。

> **案例**
>
> ### 化学计量在实验中的应用
>
> 导入：举出日常生活中的一些事例。例如：在描述香烟时，将20支说成1盒；1打鸡蛋12个；1令纸张500张等，引出物质的量这一概念。
>
> 阶段一：创设情境，感性认知。采取形象化的启发式教学，用具体的例子给学生以感性认识，让学生认识到物质的量是联系微观粒子和宏观物质的桥梁。
>
> 阶段二：抽象概括，形成概念。采用类比推理的逻辑方法，通过列举常用的计量单位及名称，引入生活中常见的例子，帮助学生准确理解物质的量、摩尔、阿伏加德罗常数等概念的内涵和外延，使学生认识到物质的量是一个物理量，单位是摩尔。
>
> 阶段三：学以致用，升华概念。通过练习使学生巩固、加深对相关概念的理解，并掌握规律，理清各物理量之间的关系，能高效完成相应计算。

在教学中，学生对物质的量这一概念感到陌生、抽象，增加了学习的难度，我们可以用"概念形成"的教学策略指导学生学习。运用概念形成的教学策略要经过三个不同的阶段：一是感性认知阶段，二是抽象概括阶段，三是应用升华阶段。

在上述学习过程中，学生亲身参与和体验了概念的获得过程，对概念的理解会更加深入，这就是一个科学方法和态度的养成过程。

2. 概念同化策略

概念同化策略就是指学习者利用原有认知结构中适当的概念来建构新概念。现代认知心理学认为，新知识的获得依赖于认知结构中原有的知识经验，新知识只有通过和旧知识的相互作用才能实现有意义的学习。这种新旧知识之间作用的结构就是新旧意义的同化，通过同化作用进而形成新的认知结构。

运用概念同化策略，一般也经历3个环节。

首先，寻找并激活认知结构中与新概念学习相关的已有概念，这是概念同化的前提。

其次，将新概念与原有概念进行精确对比，找出两者的相同之处和差异。这是概念同化策略的关键。

最后，将相关的概念融会贯通，使新概念以适当的方式纳入认知结构之中，形成系统的概念网络体系，便于记忆和运用。

> **案例**
>
> ### 电离平衡
>
> 导入：回忆一些已学过的电离平衡知识，建立起电离平衡和化学平衡的联系，初步理解电离平衡的含义。
>
> 阶段一：将电离平衡与化学平衡进行精确对比，找出两者的相同之处和差异。通过这样的比较促进对新旧概念关键特征的把握。
>
> 阶段二：明确二者的异同点，通过对化学平衡和电离平衡的分析，将相关概念从不同角度建立联系，形成新的、系统的概念网络体系，使"平衡"的概念体系进一步扩大。

由于学生已经有了有关电离平衡的知识，所以在教学中可以用"概念同化"的教学策略指导学生学习。通过概念同化，学生在原有的认知基础上，可以很容易将新老知识建立联系并形成新的知识体系，高效达到教学目的。

3. 概念图策略

概念图策略是指学习者按照自己对知识的理解，用结构网络的形式表示出概念的意义以及与其他概念之间联系的一种策略。化学概念图是用来组织与表征化学知识的工具。

一个完整的概念图包括命题、层次等级、横向联系和实例四个方面。

① 命题：命题是两个概念通过某个连接词而形成的，例如命题"原子是构成物质的一种微粒"。

② 层次等级：一般来说，最抽象的概念位于图的上方，具体的实例位于图的下方。

③ 横向联系：概念图必须反映同一或不同抽象层次概念之间的横向联系，这种联系可以看出一个人的创造能力。

④ 实例：概念图不只是抽象的概念，还需要用具体实例丰富并加深学生对概念的认识和理解。概念图的实质就是以科学命题的形式表征概念之间的意义联系。

案 例

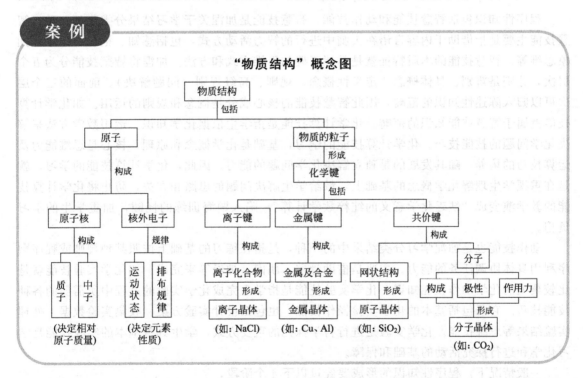

由物质结构出发，从宏观和微观两个方面进行网状发散，各概念间既有横向的联系又有纵向的联系，不但可以提高记忆效率，还可以更系统地理清各概念间的关系。

二、程序性知识的教学策略设计

（一）化学程序性知识及其学习心理机制和学习条件

化学程序性知识包括识别物质的类别、配合物、有机物的命名、摩尔质量的计算、摩尔的计算、化学平衡的计算、物质鉴别、实验设计、气体的制备、物质的提纯、有机物的合成等，涉及的知识比较多，包括了加涅的学习结果分类中的智慧技能和动作技能，而且程序性知识与陈述性知识是基于统一划分标准下的知识的两类，因此两者之间有十分紧密的联系。加涅的理论同时也表明，所谓陈述性知识和程序性知识的划分也不是绝对的，两者实际上存在着相互交叉、融合和转化的关系，化学程序性知识不可能游离于化学陈述性知识而独立存在。为了方便教学设计起见，我们又可以将其分为化学智慧技能知识和化学动作技能知识两大类来讨论。

程序性知识获得的心理机制是产生式，即熟练的技能对原有陈述性知识进行了精细加工和知识重构，以产生式或条件-行动序列的形式存储下来，从而使得陈述性知识转化为程序性知识。

程序性知识的学习实际就是让学生从陈述性知识过渡到自动化技能的过程，程序性知识学习由三个阶段构成：陈述化→程序化→自动化。陈述化阶段：学生要得到自动化的操作性机能，首先必须要了解有关的概念、原理、事实和步骤等。程序化阶段：这一阶段是在大量练习和反馈的基础上形成的。自动化阶段：学习者还需进一步练习，进而达到自动化的水平，这时学习者在完成整个行动时已经到了无需意识控制，是一个自然而然的状态了。

（二）化学程序性知识的教学策略

程序性知识包括智慧技能和动作技能。智慧技能是加涅关于学习结果分类中的一种。智慧技能主要是指借助于内容言语在头脑中进行的智力活动方式，包括感知、记忆、想象和抽象思维等。智慧技能的本质特征就是掌握正确的思维方式和方法。加涅将智慧技能分为五个层次，分别是辨别、具体概念、定义性概念、规则、高级规则（问题解决）。前面的三个层次可以归入陈述性知识的范畴，因此智慧技能的核心成分是概念和规则的运用。如化学计算技能就属于智慧技能知识的范畴。化学计算技能是指学生依据化学知识，运用数学方法来解决化学问题的技能技巧。化学计算技能的学习，基础是化学概念和原理，核心是思维能力及运算技巧的培养，随其发展的是独立解决化学问题的能力。因此，化学计算技能的学习，就是在重视学生理解化学概念的基础上，教给学生解决问题的思路和方法，防止将化学计算技能的教学演变成"缺乏化学意义的纯粹数学计算"，陷入题海训练的怪圈，加重学生的学习负担。

动作技能也是加涅学习分类结果中的一种，是指在练习的基础上按照某种规则或程序顺序利用身体协调任务的能力。主要是借助骨骼、肌肉、神经等来完成。如化学实验技能就是比较典型的化学动作技能知识。化学实验技能是指学生完成化学实验的过程中所需要的各种技能技巧。它既包括基本的化学实验操作技能，也包括设计实验方案、收集实验数据、处理实验结果等思维技能。化学实验是进行科学探究的重要方式，学生具备基本的实验技能是学习化学和进行探究活动的基础和保障。

一般情况下，程序性知识的形成要经过以下 4 个阶段。

① 获得有关知识，形成定向映像阶段。
② 练习和初步形成阶段。
③ 联系阶段。
④ 熟练应用阶段。

针对化学程序性知识的特点，其相应的教学策略也有以下两种。

1. 练习-反馈策略

练习-反馈策略是指在理解化学技能性知识意义的基础上，在反馈作用的参与下反复多次地进行一种动作，使其达到自动化的水平。

技能性知识的掌握有赖于大量的练习，只有通过联系，才能达到技能的熟练和自动化，熟练的操作是衡量技能获得的重要标志。

对于比较复杂的实验技能性知识，可以先将其分解为几项相关的基本操作，而任何一项基本操作又可以分解为几个简单的单项操作，然后按照单项操作、基本操作、复杂实验的顺序进行练习，这样就容易掌握。

> **案 例**
>
> **粗盐过滤操作**
> 第一步：仪器准备，铁架台（铁圈、铁夹等）、漏斗（1个）、滤纸、烧杯（2个）、玻璃棒（1根）、剪刀（1把）；
> 第二步：折叠滤纸，组装过滤装置；
> 第三步：将粗盐适量放入烧杯中，加入足量水，使其完全溶解；
> 第四步：用玻璃棒引流过滤，注意操作规范；
> 第五步：看滤液是否澄清，如浑浊，再多次过滤。

过滤操作可以分为过滤装置的装配、过滤、沉淀的洗涤三个基本操作。而过滤器的装配又可分为滤纸的折剪和附贴两个简单单项操作。过滤又可分为过滤器的固定、过滤、重过滤三个简单单项操作。首先进行各单项简单操作的练习，熟练后，再按步骤进行基本操作练习。在操作练习中注意动作和方法的反思总结，及时改正错误，将练习与反馈有机结合起来，最终使"过滤"的实验操作准确、稳定和灵活，达到自动化的地步。

2. 图示化策略

图示化策略就是在解决化学计算题时，在对问题进行整体感知的基础上，运用图示帮助解题者分析题意，明确已知是什么，未知是什么，已知和未知之间有什么联系，从而形成解题思路和方法的一种策略。这种策略有利于教给学生分析问题、解决问题的思路，而不是死记硬背解题方法，能有效提高学生解决化学问题的能力。

对于一些较复杂的化学计算题，学生在审题和形成解题思路时，由于工作记忆的容量有限，学生在分析问题时往往想到了这一点而又忘掉了另一点，难以深刻思考问题与已知信息间的内在联系，导致许多学生在解决问题时顾此失彼，难以形成正确的解题思路。为解决这一问题，一方面要提高学生头脑中知识的结构化、网络化水平，增加知识组块的容量，使学生在短时间内可以提取和思考更多的内容；另一方面，采用图示的方式将解题思路外显，使学生不需要进行记忆，从而降低工作记忆的负担，让学生集中有限的心理能量对问题进行更深入、细致的分析和思考，形成正确的解题策略。

> **案 例**
>
> **2011重庆卷26题第5小题**
> 经处理后的熔渣36.0g（仅含Fe_2O_3、Al_2O_3、SiO_2），加入足量稀盐酸，分离得到11.0g固体；滤液中加入过量NaOH溶液，分离得到21.4g固体；则此熔渣中Al_2O_3的质量分数为_____。

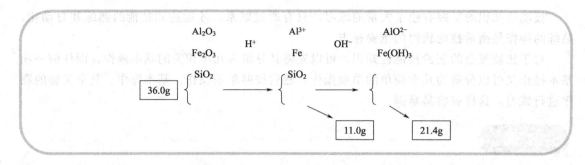

通过上例分析可知,画出混合物反应流程图,依据各物质性质找出具体物质的质量,通过分析就会很容易找出各质量间的关系。把一个看似复杂的计算题,通过反应流程图将其简化。流程图对于化学问题分析很有帮助,客观形象,能够帮助我们理解问题、分析问题,进而得出答案。

三、策略性知识的教学策略设计

(一)化学策略性知识及其特点

策略性知识是关于如何学习、如何思考的方法性知识,它处于个体知识结构的最高层次,对陈述性知识和程序性知识的学习过程起监视和调控的作用。策略性知识是关于如何学习和如何思维的知识,是关于如何使用陈述性知识和程序性知识去学习、记忆、解决问题的一般方法和技巧,是回答"怎么办"的知识,所以现在有学者已经将其归入程序性知识,对应于加涅的学习结果分类中的认知策略。策略性知识是元认知的有机组成部分,它是元认知知识的构成要素之一,也是元认知监控的重要依据,同时它也是通过元认知监控而获得的。因此,策略性知识具有对认知活动的监控性、可操作性、目的指向的高效性、高度的灵活性和极强的创造性等特点。

(二)策略性知识的学习心理机制和学习条件

认知心理学认为,策略性知识的掌握一般需要经历三个阶段。一是了解阶段。在这个阶段,策略性知识以陈述性知识的形式被学生学习,其过程与陈述性知识的学习过程相同。学习者首先需要理解有关的概念、规则、事实和行动步骤等意义,并以命题网络的形式把它们纳入到个体的知识结构中。例如,在学习过程中,阅读一些有关学习策略方面的书籍,全面理解学习策略,在头脑中形成有关策略的知识。二是转化阶段。这一阶段通过应用有关的策略性知识,使策略的陈述形式向策略的程序形式转化。就某一策略来讲,学生通过阅读有关学习策略的材料,知道了一些策略性知识,并能陈述这些策略,再通过情境做应用练习,每当遇到相同任务时,就能立即应用所学的策略去解决。此时相应的策略已经开始支配学生的问题解决过程,策略性知识开始内化,即外在的策略向内在的、个性化的、自己的策略性知识转化。这一阶段是教学也是学生学习策略性知识的重点阶段。三是策略熟练应用和迁移阶段。策略性知识完全支配人的学习活动,可以达到自动化的水平。许多优秀学生,他们的学习已经策略化,在学习的每个阶段,对如何学、何时学、学什么都非常清楚。对学习策略应用得非常自如,对自身学习活动的调节也十分顺畅。这一阶段是策略教学的升华阶段,也是评价学生掌握策略性知识与否的关键阶段。

(三)策略性知识的教学策略

"学会学习"是当今时代对每个人提出的基本要求。这次课程改革将改变学生的学习方式作为一项重要的目标,在化学新课程中也得到了很好的体现。我国新的高中化学课程标准把"过程与方法"看作化学学习的目标之一。《标准》在"过程与方法"中明确要求学生:能对自己的化学学习过程进行计划、反思、评价和调控;学会运用观察、实验、查阅资料等多种手段获取信息,并运用比较、分类、归纳、概括等方法对信息进行加工,可见新课程强调的过程与方法应当主要是心理学讲的认知策略。为体现化学学科特点,我们把它称为"化学认知策略"。在传统的教学中,策略性知识往往被忽视,从而导致学生的认知结构在知识类型方面存在缺陷,影响了学生对知识的学习与应用。

近年来,国内一些学者总结归纳了策略性知识教学的三条策略。

1. 情意启发策略

学习是认知活动与情意活动相互协同作用的有意识活动,学生的认知因素和情意因素对学习均产生重要作用。而以往的学习策略教学往往忽视了学生的情意因素在其中所起的作用,过多强调认知因素,割裂了认知与情意的和谐统一,致使在进行学习策略教学时缺乏动力支持,往往达不到应有的效果。教师在进行学习策略教学的过程中,应重视启动学生的情意系统,充分发挥情意因素的积极作用,使学生对策略学习抱很大的热情,积极配合教师的教学,乐于接受所教授的学习策略,自觉地将外在的训练内化为自身运用策略的能力。影响学生进行策略学习的最为直接的是兴趣、动机因素。教师在进行学习策略教学时,应注意调动和激发学生学习兴趣的动机,使他们在整个教学过程中始终充满生机与活力。

2. 指导参与策略

应该意识到策略教学不同于一般的常规教学。策略学习的一般特征为:以学生为活动的主体,学生自我主动进行建构,学生在实际活动中理解、掌握、运用学习策略,其目的指向策略能力的形成而非知识的存储。因此学习策略教学必须遵循策略学习的特征,充分发挥学生的积极性、主动性,让学生在真实的学习活动中,通过自己的努力和探索,真正理解、掌握策略,运用策略,学会学习。因此,教师就应该成为教学的操纵者、促进者,在充分发挥学生自我主动性、积极性的基础上,通过呈现学习策略的有关知识,激发兴趣动机,设置运用学习策略的问题情景,指导学生通过练习鉴别不同策略的特点、适用条件和范围,及时提供反馈,强化学生的学习效果等教学手段,最终实现学生对学习策略意义的自我建构,使之内化为自身学习能力的目的。指导参与策略真正实现了教和学的统一,使学生在教和学的积极互动中,最终学会学习。

3. 强化元认知及其监控策略

元认知是激发和促进有效学习的最活跃的因素之一,直接关系到学生策略学习的质量和效率的高低,是决定学习策略教学成败的关键。元认知在策略学习中发挥三方面的作用:第一,在学习活动开始之前,启动情意系统,给学习以动力支持,分析学习任务、学习材料的特点,识别自身个性特征、学习风格,制定初步学习计划;第二,在学习活动进行过程中,进一步激发和维持情意系统的运作,并不断监控学习活动的进展,因时因境调整学习策略的使用;第三,学习结束后,对整个学习进程加以评价,为后继学习反馈有效信息。此外,还要充分发挥认知策略的监控作用,在练习过程中和练习之后应及时地指导学生在学习中灵活运用认知策略,如复述策略、精加工策略、组织策略、理解监控策略和情感策略等对学习过程进行反思、归纳、总结。

> **案 例**
>
> **计算问题解决思维过程的教学策略分析与评价**
>
> 100℃时，3.88g A 气体与足量的 Na_2O_2 完全反应，放出 O_2，且固体质量增加了 2.28g。试推断 A 是什么气体并写出反应方程式。若将上述 A 气体与足量 CaO 固体完全反应，将会有什么物质生成？生成物的物质的量是多少？

某差生的解题思维过程是：要确定 A 气体是什么，应先求 A 的相对分子质量。A 气体的相对分子质量无法求出，常见的气体，会不会是 H_2 呢？如果是 H_2，则 $CaO+H_2=Ca+H_2O$ 有这个反应吗？……不知道会是什么气体……（最后放弃）。

某优等生的解题思维过程是：H_2O 可与 Na_2O_2 反应，且 100℃时 H_2O 应该是气体，CO_2 也可与 Na_2O_2 反应生成 O_2，那么 A 很有可能是 H_2O 与 CO_2 的混合气体。接下来假设 A 是 CO_2 与 H_2O 的混合气体，且 CO_2 的质量为 x，H_2O 的质量为 y。根据化学方程式 $2H_2O+2Na_2O_2=4NaOH+O_2\uparrow$ 和 $2CO_2+2Na_2O_2=2Na_2CO_3+O_2\uparrow$，用差量法列式 $4y/36+56x/88=2.28$；$x+y=3.88$，计算出 $x=3.52g$，$y=0.36g$。根据这个解来分析，假设是对的，是混合气体，否则解出来应该有一个为 0。（继续分析）……若要计算 A 气体与 CaO 反应的产物的物质的量，就要先算出 H_2O 和 CO_2 的量。0.08mol 的 CO_2，0.02mol 的 H_2O 与 CaO 反应生成 $Ca(OH)_2$，但 $Ca(OH)_2+CO_2=CaCO_3\downarrow+H_2O$，$H_2O$ 又释放出来，只是 CO_2 变成了 $CaCO_3$，0.08mol 的 CO_2 全部生成 $CaCO_3$ 以后，0.02mol H_2O 才生成 0.02mol 的 $Ca(OH)_2$（2 分钟）。（沉默反思 1 分钟）……嗯，是这样的。

对两位有差异的学生在解题过程中教学策略的分析与评价如下。该题的难度中等，优等生大都能够顺利推断 A 气体是什么，而对差生来说有一定难度。从优等生的解题思维中我们可以分析出他们的优点如下。

① 善于运用启发式策略，能够用直觉判断问题可能的解答结果，如中学所学化学中能够与 Na_2O_2 和 CaO 反应的常见气体是 CO_2 和 H_2O。

② 善于运用元认知策略，对于自己尚不熟悉的问题环境，善于使用模糊思维策略，将不熟悉的方面暂且放到一边，继续寻找其他线索，并试图从中受到启示。

③ 善于运用元认知监控策略，及时否定自己不适当的思路，并注意重新审题，寻找新的解题思路，思维开阔而灵活。

④ 善于运用总结反思策略，不仅表现在解题过程中对自己的解答过程进行监控和调节，而且表现在解答结束后对自己的解题思路、解题过程的回顾和反思，并逐步优化自己的解题方法和策略。

一般情况下，高中生成功解决化学问题的 8 种有效思维策略是：读题审题策略；综合分析策略；双向推理策略；同中求异、异中求同策略；化繁为简策略；巧设速解策略；模糊思维策略；总结反思策略。有意识地对高中生进行策略性知识的训练并加以指导，可显著地提高高中生的化学问题解决能力，尤其是对暂时学习落后的学生特别有效。

现代认知心理学观点认为，当我们学习某个知识时，它首先是以陈述性知识储存，即我们记住了它的含义，并能用自己的话来陈述；通过进一步学习后，知识可以转化为技能，如果用来调整自己的思维进程，就转化为认知策略，如果用于解决问题，则转化为智慧技能。可见，几种知识之间是可以互相转化的，学习过程就是不同类别知识的转化过程。陈述性知识、程序性知识与策略性知识之间相互转化的手段是迁移。首先要习得陈述性知识；然后，陈述性知识可以通过"变式"练习转变为认知策略、智慧技能，也可能仍旧以陈述性知识存在，化学中的元素符号、化学用语本身属于陈述性知识，这类知识不可能直接转化为程序性知识，但是化学概念可以转化为程序性知识；知识学习的第三个阶段是提取和运用知识，通过有意义的"线索"提取陈述性知识或运用自动化的程序性知识做事。而当学生能运用已获得的"产生式"去解决新情境中的问题，将所学知识与该知识的运用结合起来的时候，程序性知识也就转化为策略性知识。

我国基础教育在教学方面进行陈述性知识向程序性知识的迁移方面有着自己的教学优势与特色。例如"变式"练习教学促进了学生智慧技能的发展，学生基础知识扎实，提取知识的能力很强，程序化知识的自动化水平很高。但不足的是程序性知识向策略性知识的迁移不够好，学生的创新能力与知识的实际运用能力欠缺，这说明我们在今后的教学中要充分重视程序性知识的运用与迁移的教学，通过问题探究教学、案例教学、合作学习、自主学习等方式的有机结合促进陈述性知识转化为程序性知识和策略性知识，形成解决问题的策略性知识——认知策略，提高学生解决问题能力和创新能力，实现知识的有机融合。

总之，通过对知识的深刻理解，教师能根据知识加工的认知心理过程科学地设计教学策略和教学活动，以实现高效率的教学，实现新课程改革中提倡的"通过教学方式的转变促进学生学习方式的转变，在教学中渗透科学精神，培养和提高学生的科学探究能力、创新精神"的理念。

第四节　教学内容人文性加工

近年来，人文教育与科学教育相融合的教学模式受到国内外教育界的密切关注。在科学教学中渗透人文教育，既是社会发展的需要，也是学生全面发展的需要。我国教育部2003年新颁布的《普通高中化学课程标准（实验）》明确提出：在人类文化背景下构建高中化学课程体系，充分体现化学课程的人文内涵，发挥化学课程对培养学生人文精神的积极作用。

人文教育是将人类优秀的文化成果、人文科学通过知识传授、环境熏陶，使之内化为人格、气质、修养，最终形成人的相对稳定的内在品格。科学和人文是共生互动，相同互通，相异互补，和而创新的。科学求"真"，人文求"善"。现代科学教育存在着重视知识教育，而忽视人文教育的倾向，导致一些学生人文精神失落、价值取向错误、道德水平低下。人文教育以丰富的文化内涵展示人类社会的真善美，为学生提供充足的文化养料，滋养学生的精神世界，使其达到更高的思想境界。人文精神是现代科学教育的重要内容，教师对学生人文精神的培养应渗透到科学课程教学的点滴中去。因此，中学化学教学中，如何以核心化学知识、原理为主要载体，深入挖掘知识本身的深层意义，从而凸显化学学科的多元价值；如何把科学与人文价值巧妙地融合，从而建立充满人文关怀和科学韵味的新型化学教育模式；如何帮助学生树立正确的知识观、人生观与价值观，帮助学生掌握正确的学习与生活方式，已经成为中学化学教学面临的巨大挑战。

一、人文、人文精神及人文教育的内涵

（一）人文、人文精神的内涵

在中国传统文化中，"人文"一词最早见于《周易·象传》。"贲卦象传"曰："刚柔交

错,天文也;文明以止,人文也。观乎天文,以察时变;观乎人文,以化成天下。"现在我们所讲的"人文精神"一词,就来源于此。但"人文精神"的涵义,显然要比《周易·彖传》中"人文"一词的涵义丰富得多。

关于人文精神的内涵,我国学术界并没有统一的定论,我国学者对人文精神的内涵都有一定的描述,在此,选取几个涵义作介绍。著名学者、美学家、北京大学教授叶朗先生指出:人文精神是一种人类普遍的自我关怀,表现为对人的尊严、价值、命运的维护、追求和关切,对人类遗留下来的各种精神文化现象的高度珍视,对一种全面发展的理想人格的肯定和塑造。北京大学副校长王义遒认为:人文精神是人和人类社会自我激励、约束、完善所必需的精神食粮,是人类文明长河源远流长的保障。其中包括人对自我完善的向往,对真善美的无限追求,对人类的博爱,对弱者的怜悯等。当然也涵盖了科学家求真务实、无私奉献的科学精神。赵学漱认为,人文精神是"整个人类文化所体现的最根本的精神,或者说是整个人类文化生活的内在灵魂,它以崇高的价值理想为核心,以人自身的发展、科学精神、民主精神等作为基础的价值观念"。从人文精神的存在、发展层次上看,有的学者把人文精神区分为四个层面。一是个体层面,即指珍惜生命,热爱生活,有正确的信念、信仰、理想和人生目标的精神及自强、自立、自主、自爱的精神。二是人与人关系层面,即指人与人之间平等相待,相互尊敬,能做到心中有他人,理解他人,能发自内心地关爱他人,帮助他人,与他人友善相处的精神。三是人与社会关系层面,即指个人利益服从社会利益,关心社会,服务社会,热爱社会,以社会进步为己任,有奉献精神和强烈的社会责任感。四是人与自然关系层面,即指崇尚科学,破除迷信,热爱大自然,关爱大自然,促进环境保护,维护生态平衡的精神。

上述有关人文精神涵义的论述,使我们对人文精神的内涵有了更深入的理解。结合以上几位学者对人文精神内涵的认识,笔者理解:人文精神就是充分尊重人的个性解放为中心,以充分尊重人的主体性为前提,以充分尊重人的权利和义务为标杆,以人对社会责任感和归属感为终极目标的价值体系,从而使人得到全面发展。

(二)人文教育的内涵

所谓人文教育,即指教育者通过一定的手段和技巧把人文知识传授给学生(受教育者),把蕴藏于学生身上的人文需要唤醒和激发,从而培养学生对自然、对社会、对人类以及自身的人文理解与人文关怀的意识和能力,促使学生对人生终极意义的深刻理解,树立正确的人文理想,追寻正确的生活方式的教育。其实质是人性的教育,其核心是培养人文精神。人文教育的目的是让学生理解人文的内涵、体验人文关怀的意义,掌握一定的人文知识,加强学生对人与自然、人与社会、人与人、人自身等多重关系的理解,培养学生的审美意识和创造美的能力,让学生感悟人类大爱的真谛,从而帮助学生树立正确的人文观、世界观、价值观、人生观和审美观等,帮助人类在改造自然、建设和谐社会、构建精神家园的过程中朝着合乎人道的方向发展。它的根本目的是培养自我完善的人。

二、中学化学课堂教学渗透人文教育的必要性

一切科学的发展都是为了推动社会的进步,而社会进步的标准不仅包括可视性很强的科技成果,还包括可感性很强的人文精神。况且,科学技术与人文精神之间本身就是唇亡齿

寒。因此，强调和重视人文教育在中学化学课堂教学中的作用至关重要。

（一）人文教育是学生学习化学知识的催化剂

人本主义学习理论认为，学生在和谐、融洽、具有人文氛围的环境中情感态度得到高度关注，学生学习的主动性和潜能得到激发，有利于学生对知识的内化和建构。探究式教学是新课改提倡的教学模式，通过创设情境，让学生在情境中主动参与课堂的探究学习。在情境的探究学习过程中，教师的鼓励与关怀能够充分发挥学生的主体性，同时学生在合作探究过程中体会到学习的乐趣与成就感，进而提高化学学习效率。著名的心理学实验——罗森塔尔效应，实验中抽取的学生是随机的，但他们的学习成绩都因教师的关注和鼓励而明显提高。从这个实验可以看出，学生的成绩与教师的情感激励和人文关怀是密切相关的。

（二）人文教育培养学生对真善美的追求

化学是一门透过客观物质的现象看本质、追求真理的自然科学，化学的发展史蕴含着丰富的求真人文素材。元素周期表的发现与完善，化学家对原子结构的不懈探索与稀有气体发现的漫长而艰难的过程等，都是化学对真理的追求。而且化学家们的发现、发明都是不受利益的驱逐，权势的束缚的。关注社会、关心国家、关心他人、珍惜生命情怀是人文精神的核心，也是人性善的源泉。著名化学家居里夫人发现了镭元素，但她没有申请专利，而是将自己辛勤劳动的成果无偿奉献给全社会。化学中的人文教育同样可以引导人们对美的追求，学生通过中学化学学习可以体会质量守恒、能量守恒、动态平衡、物质结构对称之美，化学变化之美，元素周期率递变规律之美。化学是美的学科，中学化学的教学同样是审美的教学。

（三）人文教育促进学生素质的全面发展

人的创新意识、创造精神、创造性思维是科学技术创新的源泉。教育目的之一就是培养学生的创新意识和创新精神，从而具备一定的创造力。人文教育力求尊重学生的自我价值，信任学生的创造潜能，营造有利于发展创造力的学习环境，从而有效激发学生的创造欲望，激活每个学生的创造潜力，使之转化为创造力，提高学生的科学素养和促进学生全面发展。教育的作用在于引导，学生人文内涵的发展同样需要教育的引导，如学生的道德伦理观、审美情趣、人生观、世界观、价值观等都需要教育的指引，只有具备一定人文底蕴的人，才符合现代意义上全面发展的人的标准。伟大的科学家爱因斯坦曾说："用专业的知识教育人是不够的，通过专业教育，他可能成为有用的机器，但是不能成为一个和谐发展的人，要使学生对价值、对社会伦理道德准则有所理解并产生热烈的情感，那才是最基本的"。

三、中学化学课堂教学渗透人文教育的有效途径

学校对学生人文精神的培养是至关重要的，无论从社会发展的角度出发，还是从学生全面发展的角度出发，人文精神的培养都具有非常重要的意义。化学是自然科学的中心学科之一，本身蕴藏着丰富的人文底蕴和人文素材，有责任并且也有能力承担起培养学生人文精神的重任。中学化学课堂教学中融入人文教育，教师可巧妙运用人文素材并与教学内容有机融合，营造一种和谐的人文氛围，学生在不知不觉中受到人文气息的熏陶，达到"随风潜入夜，润物细无声"的效果。这样的课堂充满人文关怀，课堂变得温馨愉悦，学生学习兴趣自

然大大提升,不仅学生的人文精神素养能得到提高,而且课堂教学效率也随之提高。但在实际的中学化学课堂教学中,如何将学生人文精神的培养与化学学科教育有机融合?笔者在结合前人研究的基础上,探索出了以下几条途径。

(一) 充分挖掘化学史实中的人文素材渗透人文教育

乔治·萨顿对科学史予以高度评价:"科学史在很大程度上是思想解放的历史,是理性主义与迷信斗争的历史,是人类与错误和无理性作斗争的历史。"我国著名化学家和教育家傅鹰教授说:"化学可以给人以知识,化学史可以给人以智慧。"化学史是整个化学学科体系发展和完善的轨迹,揭示化学学科发展的历史过程、现状以及前景。但化学史绝非化学学科的历史课程,也不是化学科学成就的简单编年史,它承载着世代科学家们不懈的劳动历程和结晶,记录着科学与技术的发展轨迹与变化趋势,刻录着化学家们取得成就的艰辛历程。当然化学史的内涵远非如此,它还揭示了化学科学规律的层次性,印证了化学知识、概念、原理的产生,发展的足迹,也包括与相关学科的交融性,还蕴涵着丰富的人文精神财富。

中学化学教材史实中呈现的丰富的人文素材不仅展现出化学知识在社会发展中的重要性,而且也体现了化学家在认识世界、改造世界艰苦奋斗的过程中应用的科学方法和思想,同时化学家的人格魅力和精神操守将深深映入学生心灵。它一方面为学生提供了弥足珍贵的精神食粮;另一方面有助于学生树立正确的科学观、人生观、价值观、世界观。所以结合化学史进行教学,培养学生的人文精神,是实现中学化学教学与人文精神教育融合的有效途径。

1. 结合化学家故事培养学生的求真求实精神

科学的根本和灵魂是实事求是,科学本身就是一种追求真理、坚持真理的品格。正是一代代科学家的不懈努力和艰苦奋斗,才使人类逐渐揭开自然规律神秘的面纱。化学名人轶事在中学教材中并不多见,但化学教师可以适当补充,克服教材中这个短板。

案 例

维勒与尿素

维勒是第一个用无机物合成尿素的人,他的导师极力反对他的理论,但维勒依然坚持真理,"吾爱吾师,吾更爱真理"是他追求真理的真实写照,最终他的理论征服了人们,"生命力说"从此走上历史舞台。

维勒

又如,讲解氯气时,化学教师可向学生讲述舍勒发现氯气的史实。舍勒在研究软锰矿时,发现软锰矿有一种奇怪的性质,虽不溶于稀硝酸和稀硫酸,但在盐酸中却可溶,随即产生一种刺激性气味的黄绿色气体。惋惜的是舍勒一味相信燃素说,故而断定此种黄绿色气体为"脱燃素的酸",而不是一种元素。1785年,贝托雷在研究氯气性质时发现在光照条件下氯水发生分解,产生氯化氢气体和氧气。1809年,盖-吕萨克将氯气和氢气混合,得到纯净的氯化氢气体,发现并无水分产生,从而否定了贝托雷的观点。但拉瓦锡关于酸的见解对他们影响很深,认为酸中必有氧,因而断定氯气也是一种氧化物。随后无数科学家想尽办法分解氯气却没有得到氧。1810年,化学家戴维尝试各种实验,最终否定氯中含有氧的说法，认为氯是一种元素。戴维的观点在后来发现的新事实中得到充分论证。化学家们刻苦钻研、求真求实的精神和品格，将潜移默化地影响着学生的精神世界。

2. 结合化学史培养学生的怀疑批判精神

从某种意义上说，科学发现就是对经典和权威的一种选择性怀疑和批判，创新和突破往往来源于这种批判。批判精神是科学精神的重要组成部分，其在科学发展中作用非同小可，但凡重要理论的发展和突破，怀疑、批判往往是其先导。科学令无数人为之痴迷，原因在于科学无极限、无绝对权威、无禁区，这不仅反映出科学的包罗万象和求真务实的精神，而且也体现出科学的批判性精神。中学化学课堂教学中，恰如其分地引入化学史，让学生在科学史的世界遨游，感悟科学家的怀疑、批判的勇气和精神，有助于学生怀疑、批判精神的养成。比如讲卤素时，可以补充介绍溴元素的发现过程。

> **案 例**
>
> **李比希与"溴"**
>
> 1825年，著名化学家李比希分析一瓶被海藻植物灰所浸染过的溶液，经过一系列实验操作，分离出一些盐类之后，然后向分离过后的溶液中加入淀粉和氯水，溶液变为蓝色，证明母液中含有某些碘化物。次日清晨，他发现母液上层出现少量棕色溶液，由于当时溴元素尚未发现，于是乎他认为必是氯与碘生成的氯化碘使上层溶液呈棕色。时隔一年，同样的实验现象在巴拉尔分析盐湖湖水成分时也出现，但他并未盲从权威而是进行许多实验研究，证明棕色物质是一种与氯、碘性质相似的新元素，取名为溴。李比希闻此发现，方才意识到自己的错误，悔恨不已。他在自传中谈及此事时写道："从那以后，除非有绝对可靠的实验事实为依据，我再也不凭空造什么理论了。"正是巴拉尔具有怀疑、批判的精神，不迷信权威才发现了新元素——溴。

这样的史实不胜枚举，如化学元素概念的明确以及学科定义的确定都是基于波义耳批判亚里士多德的"四元素说"，从而把化学确立为科学。阿累尼乌斯确立电离学理论以后，门捷列夫就表示怀疑，他认为此理论与"燃素说"一样最终无法获得人们的认同，经不起实践的检验，但是真理最终战胜人们的质疑。1903年，阿累尼乌斯因其电离理论的科学性获得诺贝尔化学奖。卢瑟福一直对人类能获得核能表示怀疑，他认定："凡是谈论大规模地获得原子能的人都属于'胡说八道'"，但是核裂变在他逝世一年后被人们发现。所以，经过怀疑和批判，真理大放异彩，虚假和伪科学终将退出科学舞台，科学本身获得进一步发展。此所谓"身正不怕影子斜"。教师如果充分利用这些化学史材料并在恰当的时间补充，学生的人文精神的提高将不再是难题。

3. 结合化学史培养学生的爱国主义情操

爱国主义是每个公民最基本的道德情操。一个人纵然学富五车，才高八斗，如若没有爱国之情，爱国之心，试问国家培养这样的人才有何用？培养学生爱国主义途径非常多，化学教师可以利用化学史实的介绍，培养学生民族自豪感，使学生产生心理上的共鸣，从而逐渐培养起爱国主义情感。

我国是一个文明古国，化学起源甚早，取得的成就颇多，如指南针、造纸术、印刷术、火药的发明都是化学智慧的结晶；古代炼铜、冶铁技术更是领先于世界；也产生无数著名化学家，比如炼丹家葛洪、侯德榜、张青莲等。这些化学家的故事是进行爱国主义教育的经典素材。

教学过程中，教师如果注意合理利用素材，紧密联系教学内容，巧妙构思，适当拓展，定能收到良好效果。如在讲解碳酸钠时，可以适时地介绍著名的侯氏制碱法。

案 例

侯德榜与侯氏制碱法

我国化工专家侯德榜，为振兴民族工业，放弃国外的优越条件毅然回国，在国内艰苦的条件下创立了侯氏联合制碱法，发展了我国的制碱工业，同时也使许多不发达国家掌握制碱技术，而不必仰技术大国的鼻息，听其摆布。

侯德榜

再如分析浓硝酸与浓盐酸组成的混合物——"王水"的强氧化性时，可以插入"玻尔巧藏诺贝尔金质奖章"的小故事。第二次世界大战期间，著名物理学家玻尔的祖国丹麦将被德军占领，他被迫离开自己的祖国，为了表示返回祖国的决心，他决定把诺贝尔奖章留下来。他将奖章溶解在王水里，装入玻璃瓶中，战争结束后，他从溶液中提炼出金，并重新铸成诺贝尔奖章。这件事不但凝聚着玻尔的智慧，也凝聚着他对自己祖国的无限热爱。结合化学史实对学生进行爱国主义教育，是提高学生人文素质的有效途径。

（二）充分挖掘化学学科的哲学思想进行辩证唯物主义教育

辩证唯物主义是人文精神的重要组成部分，在情感态度与价值观这一教学目标中的作用非常显著。由此观之，用哲学思想来培养学生的人文精神可行性很大。化学是从分子、原子、离子等微观粒子的层面上来研究物质的组成、结构、性质、变化以及变化规律的自然学科。哲学，总体而言，是人们对整个物质世界及其规律最根本的看法。简言之，化学和哲学有着共同的研究对象：物质。化学与哲学有着必然的联系，化学发展离不开哲学思想的引领和帮助，然而哲学思想又在化学发展中不断升华和完善。

化学学科本身也蕴藏着很多哲学思想，如质量守恒、能量守恒、物质变化、能量变化、同分异构体、同素异形体、元素周期律等。若教师从哲学的视角，借辩证唯物主义的观点去剖析讲解，化抽象为具体，把难以理解的化学概念、原理具体化，可以增进学生对所学知识的理解和掌握，同时也拓宽课堂知识容量，有助于学生掌握科学的学习方法和建构科学的思维方式。

1. 世界是物质的

马克思主义理论基础之一是辩证唯物主义的物质观。世界是由丰富多彩的物质组成的，虽然千奇百怪，但其本质都是物质，只是它们的表现形态各异而已。如讲解金刚石和石墨时，它们属于同分异构体，组成元素相同，但它们的存在形态和性质差异却很大。金刚石是无色透明的固体，然而石墨则是不透明的灰黑色固体；金刚石是自然界硬度最大的物质，可用来制作钻探工程钻头，也可以用来制作精美的装饰品，然而石墨则质地柔软，可用来制作润滑材料；金刚石是不易导电，而石墨则易导电；金刚石导热性差，而石墨的导热性却良好。但它们的化学成分相同，均由碳元素构成，只是碳原子的空间排列方式不相同。

案例

构成物质的微粒

物质世界千差万别，但构成它们的元素不过一百多种，元素不同的排列组合就构成了不同的物质。但是万变不离其宗，无论多么复杂的变化，都有规律可循。浩瀚宇宙，无边无际，但均由分子、原子或离子构成，分子由原子构成，原子由原子核和电子构成，原子核又由质子和中子构成。质子、中子、电子、原子核统称为"基本粒子"。同时物质世界是无限可分，大小无穷尽，人们认识世界、改造世界的任务也永不完结。

世界是物质的，在我们化学世界里这样的案例随处可见。教师在教授学生化学知识时，一定要渗透这种辩证唯物主义的物质观。化学不仅从宏观视角研究物质世界，更从微观的分子水平研究物质的组成、结构与性质等。

2. 物质是运动的

世界是物质的，运动则是物质的基本属性，静止是相对的，运动是绝对的。例如：水在 0℃ 时方能结冰，而到 100℃ 时沸腾蒸发变成水蒸气。其本质是物质运动变化的一个物理过程，化学上称之为物理变化。固、液、气是物质存在的三种状态。在一定的条件下三种状态之间可以相互转化。物理变化只是物质运动变化中的一种表现形式。蜡烛燃烧后生成了二氧化碳、水蒸气，铁在潮湿的空气中生锈，食物腐烂等，这些变化与物理变化有着本质区别，其物质种类和分子种类都发生了根本的变化，化学上称之为化学变化。化学变化则是物质运动变化的另一种形式，是在原子层面上发生的变化，分子分解为原子，原子重新排列组合构成新分子、新物质的结果。因此，无论是大到天体行星的宏观世界，还是小到基本粒子的微观世界，均处于绝对的运动、变化、发展之中。

其实，只要教师有一定的哲学思想，并且深刻领会了新课程改革的内涵，那么学生的辩证唯物主义观点的培养就可见缝插针地进行。

（三）充分利用化学实验教学培养学生的创新精神

化学实验是人们探索化学规律和验证化学规律的重要手段。它是利用各种仪器设备人为地制造、改变和控制某些实验条件，排除各种干扰，突出主要因素，使之在最有利的条件下对研究对象进行观察的一种特定的实践活动。

化学的教和学都离不开实验，化学实验教学中教师可采取多种形式的实验探究活动，不仅可以提高学生的科学素养和动手能力，而且还可以培养学生的创新精神。如，让学生明确实验目的、实验内容后自行利用教师提供的实验仪器和药品设计实验步骤。笔者在进行氯水性质实践教学时，先让学生对氯水的成分做出猜想，然后利用老师提供的实验仪器和药品进行验证，实验中滴入紫色石蕊试液的氯水先变红后褪色这一特殊的实验现象激起了学生的好奇心。这时老师没有告诉学生为什么，而是和学生共同分析可能的原因后让学生设计实验证明是什么物质使变红的氯水褪色。

> **案 例**
>
> **杂质气体的检验**
>
> 　　某老师在讲解实验室制乙烯时，让学生自己设计实验来检验产生的乙烯气体中含有二氧化硫和二氧化碳气体。大多数学生的设计是：先把产生的气体通入品红溶液中，再通入澄清石灰水中，按此方案进行实验，得到了预想的结果。接下来，老师要求学生做对比实验：用纯净的二氧化硫代替实验刚制得的气体，得到了与前面实验相同的结果。此时学生发现原设计中存在漏洞，师生共同分析原因，得出在二氧化碳检验装置前应再添加一个溴水和一个品红溶液的洗气瓶，用于除去二氧化硫和确定二氧化硫除尽，使澄清石灰水变浑浊的气体才是二氧化碳气体。

　　让学生自己设计实验方案加以验证，再通过师生合作讨论，对实验加以改进并再次验证。通过学生实验设计与探究改进的过程，学生的创造力在课堂上得到了充分的发挥。

　　教师也可以开展课外小组实验，让学生充分发挥自己的创造力，利用生活用品自制实验仪器，根据实验目的设计实验装置和实验步骤，然后小组间进行交流讨论，最后教师再做点评。在这样的实验学习过程中不但培养了学生的创造力，而且也培养了学生的实践和动手能力。

（四）注重挖掘化学学科的美学要素进行审美教育

　　美育也称审美教育，以陶冶学生情操、培养学生审美情趣为目的，以形象生动为主要手段，增强学生欣赏美、感悟美、理解美、创造美的能力，进而促进学生全面发展的一种教育形式。美育也是人文教育的重要分支。但很久以来，不少人认为美育既然归属于人文教育领域，美育自然存在于文学、艺术、历史等人文学科之中，美育教育应当是文科教师的专利。其实很多自然科学中也蕴含许多美的素材，如彩虹、朝霞等自然现象，地球自转公转等自然规律中也存在美。任何学科本身都具有其独特的内在美，教师应引导学生去寻找每一学科所具有的独特乐趣和内在美，中学化学本身充满着丰富的美素材。因此，在中学化学课堂教学中引导学生发现美、欣赏美、创造美，以美激情，以美求真，是培养学生审美情趣的有效途径之一。

1. 化学物质美

　　化学物质美表现在两个方面，一是物质的外在美。如酸碱指示剂的姹紫嫣红，金红石、孔雀石（如图 3-1 所示）的光彩夺目，金刚石的璀璨夺目，水晶的玲珑剔透等无不表现着化学物质的外在美。二是物质的实用美，人类的衣、食、住、行等各个方面，都与化学化工产品密切相关。如二氧化硅纤维的出现加速了信息时代的到来，新型有机高分子材料、纳米技术的研究将对人类的材料使用产生革命性的变革。

2. 化学结构美

　　化学结构美同样表现在两个方面，一是物质结构的对称美，晶体最突出的特征是构成晶体的内部原子、离子和分子都是有规则排列的，晶体外部结构的对称美是内部微粒有序排列的外部反应。二是物质结构的特性美，如金刚石是空间网状结构的原子晶体，C60 是足球状的分子晶体，其由 60 个碳原子组成，俗称足球烯（如图 3-2 所示），因其结构的对称美常被称为"化学美的极致"。

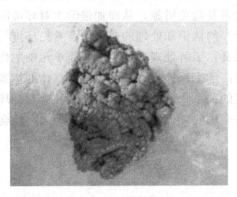

图 3-1 孔雀石

图 3-2 足球烯

3. 化学变化美

化学变化是化学美的源泉。化学变化美的宏观表现是化学物质美。化学变化之美体现于变化的过程中和化学变化之后。例如，铁在氧气中燃烧时火光四射（如图 3-3 所示），氢气燃烧产生的淡蓝色火焰，烟花燃放的火树银花，紫色石蕊试液遇酸变红、遇碱变蓝的瞬间等，深刻而形象地阐释了化学变化过程之美。令人称奇的自然景观——溶洞的奇观异景、苏杭醉人的湖光景色、突兀奇峰的桂林山水等，这些都归功于化学变化的鬼斧神工。

（五）联系生产生活在化学课堂教学中渗透环境教育

化学科学的发展促进了人类对自然规律的认识，促进了社会的发展进步，同时，化学工业的发展也带来了一系列的负面影响。如酸雨（如图 3-4 所示）、光化学雾、臭氧层空洞、温室效应、白色污染、淡水资源的匮乏、土壤沙化等。把环境保护

图 3-3 铁在氧气中燃烧

作为我国的一项基本国策，已关系到中华民族的长远利益。因而，环境教育将是 21 世纪教育的热点问题。帮助学生正确认识化学与社会发展的关系是十分重要的。中学化学教学中加强环境教育，可有效利用教材内容。

经历了60年，德国的这座石雕像已经彻底被酸雨毁坏了

图 3-4 酸雨的危害

实验教学时，提倡节约药品、节约用水，不将化学物质随意丢弃，在用到有毒有害物质的实验中，让学生思考这些物质直接进入环境的危害及避免措施，从而加强学生对环境问题的感性认识。教学过程适时教授学生对"工业三废"的认识和处理的必要性；常见环境污染的来源及危害；理解开发绿色农药与化肥的重大意义；了解处理一些生活中简单污染的化学和物理方法等，从而培养学生的环境保护意识，提高学生保护环境的能力。在具体的情景中使学生深刻理解人与自然、人与社会、社会与自然的关系，形成个人、集体、社会对待环境的正确观念，全面提高学生的综合素质，进而提高全民的环境保护水平，以推动人类社会的可持续发展。

四、幽默故事进入教学设计

有效的教学，不在于课堂上给学生传授了多少化学知识，而是在于极大程度地激发学生的学习兴趣。故事的幽默性还可以加深对知识的印象，而故事的情节性则可以更长久地吸引学生注意力。因而，在课堂教学中运用化学幽默故事可以提升课堂趣味性，营造和谐气氛，促进对知识的理解，增强对知识的记忆。

幽默是一种对"合乎常规的内容采取超乎常规的形式或者合乎常规的形式荷载了超乎常规的内容，所引起的心理能量的遽然释放的可笑"诉诸理智的思考。幽默是现代社会中人与人相处的润滑剂，它是一种高雅的语言艺术。而幽默故事本身兼具故事的趣味性、情节性和幽默艺术的戏剧性。幽默故事正是用超出常规形式，在人们意料之外得出了结论，发人深省。

幽默故事教学运用还可以潜移默化地影响学生的价值观。所以幽默教学对培养学生达观的心态，积极的人生观有一定帮助。素质教育提倡授之以渔的方法，我们教会学生的不仅仅是知识本身，而是学习的方法，还要帮助他们形成乐观的人生态度。

幽默陶冶学生情操，教学幽默本身是一种艺术，是美感的外在表现，也是道德感的自然流露，理智感的具体反映，是教师人格的示范。学生长期生活在幽默的环境中，可以调整自身心理状态，养成乐观、积极、同情、宽容、合作、理解的人生观，有利于身心的健康。教师保持乐观上进的心态，在课堂上运用幽默的话语和行为，会对学生造成潜移默化的影响，学生会受到幽默的熏陶，这对学生来说无疑是一笔财富。同时教师也需要刻意去培养学生的幽默能力，要联系学生思想实际，结合课本上学生接触的幽默实例，分析其艺术特点、思想含义，从而提高他们的赏析能力，并能练习说幽默话。所谓"亲其师，信其道"，正因为他们崇拜自己老师笑看人生的态度和生活方式，他们也会模仿，渐渐地形成乐观开朗的人生态度，进而有了积极上进的人生观、价值观。

（一）趣味故事妙引入（聆听玄秘趣闻，走进化学殿堂）

苏霍姆林斯基曾经说过，如果教师不能使学生进入兴奋的状态，而立即传授复杂的知识，那么知识只能使人厌倦而产生冷漠的态度，这种态度带来的将是疲倦。人们常说"好的开端是成功的一半"，一节优质的化学课需要有一个吸引学生注意力的引入。虽然只有短短的5分钟，巧妙地引入将会为整堂课锦上添花。很多老师都会为一节课的开始精心设计，使得一堂课的引入艺术化、趣味化，因为这时需要把还沉浸在闲适的课间休息的学生带入课堂。

如果化学教师懂得用幽默的方式来上课，将复杂的知识点形象化，偶尔穿插一些化学小故事或者化学谜语，化学课堂就会热闹起来，学生的学习兴致也就会提高。针对刚进入初三的学生，教师上第一次化学课的时候，可以应用多媒体、丰富的图片，给学生讲讲化学家的故事等手段，这样很容易抓住学生的注意力，从而引起反响。学生会被化学课所吸引，他们期待着揭开这门新学科神秘的面纱，从而在以后的学习中就会有兴趣和动力了。如果是平白地引入，会让学生的处境形成强烈反差，心理上形成对求知的抵触。所以一个轻松的开始至关重要。我们在导课时恰当地运用教学幽默故事，使学生乐开怀，以乐趣和幽默吸引他们，跌宕起伏、悬念重重的故事情节唤起学生学习的热情，提高学习的积极性。

1. 破冰之旅

"无数事实证明，教师只有放下架子，建立起师生之间人格平等的关系，消除师生之间的感情隔膜，使师生之间相互产生愉悦感，从而使师生共同步入有趣的天地。幽默的教学其独特的情绪感染力能恰到好处地活跃课堂气氛，亲近师生关系，使师生间的情感和认识的交流变得和谐、畅通。"的确如此，幽默缩小了师生距离，使得教师在作为学生之师的同时，也成为学生之友。朋友之间的交流往往能促进情感的建立。卡门·波佩斯库说："教师可以利用自嘲去逃离尴尬或者走出教师权威的局面，这将促进学生和教师之间的亲密关系的形成。"幽默使尖端的矛盾融化，使批评易于接受，更使得鼓励有非一般的功效。学生不由自主地亲近老师，师生之间即会建立更加深厚的友谊。幽默的教师即使在某些事情上处理得不对，学生也会理解，最坏的也不过是学生对教师又爱又恨。

案 例

"化学键"引入

上课伊始，化学教师问："同学们可知道牛顿最有名的定律是什么？"学生都很好奇（嘀咕着这不是化学课么，怎么扯上牛顿了？），还是异口同声地回答："知道啊，万有引力。"老师故作疑问地再问："那为什么苹果会砸到他的头上，而不砸到你们的头上呢？"学生咯咯作笑。化学教师继续说道："那是因为苹果知道牛顿会明白它的用意。今天，我们要学习的也是一种类似于万有引力的力，不过呢它是存在微观粒子中的力，叫做化学键，请大家跟着老师一起去认识它吧！"

这位老师善于采用学生熟悉的事物去联系新的东西，这是非常可取的，看似风马牛不相及的事物这样一联系激发了学生的好奇心。其次是他幽默的语言和可爱的动作不仅增添了课堂的吸引力，更是让学生不亦乐乎。这样可以成功打破僵局，消除了老师和学生的间隔，让学生感觉到科学教学的人文气息，嬉笑怒骂皆成文章。

幽默地导入新课，活跃课堂气氛，学生学习起来更加有动力，在笑声中接受知识，并理解和深化知识。这是其他方法所不能及的。幽默对于课堂导入来说，真可谓是一剂良药。

2. 妙语添趣

幽默故事教学中，语言的幽默性很重要。有的教师讲授浓硫酸稀释的时候这样说："希望同学们也像浓硫酸一样，越泼冷水越是热气腾腾。"这样就形象地描述了浓硫酸稀释时释放出大量的热的性质,恰当的比喻既有趣,又具有启发性。学生受到了幽默的熏陶,并加深了对浓硫酸的这一性质的记忆和理解,这说明恰当的比喻是幽默的一种行之有效的方式。平时我们老师也应注意语言的锤炼。故而,有人说老师也是生活的演员,要注重语言基本功。

案例

"二氧化硫的性质"引入

这是我2007年去乐山大佛时拍的一张照片,这座世界第一大佛像脸上出现了黑色条纹,鼻子已经变黑,胸部和腿部也出现好几块大"伤疤"。难道神灵也难抵无情的岁月,昔日容颜不在?看来这位1200多岁的大佛生病了。(学生低声笑)近年来,乐山市降水量增多,古人都说滴水穿石,这水真有那么厉害?我问过当地的老人,据说3年前大佛也有少量伤疤,后来乐山新建了许多工业带,大佛突然增加了许多疤痕,病情加重。为什么历经千年风雨洗涤,大佛依然风姿不减,这3年反而伤痕累累呢?(学生疑惑)难道死神的眼泪已经降临了吗?看来我们得为大佛把脉,寻找病因。

酸雨的形成本是人们耳熟能详的事情。很多老师一般也会用此方法导入课堂。可是这位老师通过幽默的语言、戏剧化的情节吸引学生注意力,不落俗套。平常的故事,巧妙地讲述,化腐朽为神奇,一样能吸引学生。他还利用真实的图片给学生视觉上的刺激,使学生如临其境,把寻求真相看成为大佛把脉,而探究大佛病重的原因则激发了学生的求知欲,自然地引出工业废气二氧化硫。看似平淡无奇的故事却因为老师的幽默讲解,趣味陡增。

3. 悬念迭起

幽默的故事情节也是吸引学生注意力的关键。好的老师也是一个故事家,科学本是故事,科学揭秘的本身就很精彩。

案例

"铁的化合物"引入

"有一位朋友曾告诉我他去故宫时的一次'艳遇'。那天傍晚,北京的故宫上方雷雨交加,瑟瑟发抖的友人因为与旅游团走散一个人蹲在故宫墙下躲雨。忽然听见有许多女子的说话声和脚步声,从墙边传来,他惊恐万分地环顾四周,除了红黑两色交替的斑驳古城墙,哪有半个人影,可是声音分明是从高高的宫墙中传来。(学生惊奇)他顿时就吓坏了,冒着大雨,拼命朝着宫门跑去。如今想来也是后怕。莫非他真遇见了传说中故宫的女鬼。又是一次惊心动魄的灵异事件。那么今天我们就来解开城墙之外的那女鬼的神秘面纱,一睹庐山真容。"后来这位老师通过分析城墙的涂料主要是氧化铁,氧化铁本是红色,后经过化学反应生成了四氧化三铁,也就是磁铁矿的成分。以前常用来做录音材料,闪电时,整座红墙就形成了一个巨大的录音带,录下了以前的说话声,当再次遇着雷雨天,红墙就变成了巨大的放音机。

这位老师幽默讲述了一件灵异事件，后用化学的知识进行解密。本身故事具有的神秘情节引出了悬念，让学生兴趣倍增，立刻从躁动的课间进入安静的课堂状态。引出话题后，抽丝剥茧式的逻辑推理使学生对知识的印象更加深刻。

4. 疑窦丛生

魏书生说："好的导语像磁石，能把人们分散的思维一下子聚拢起来；好的导语又是思想的电光石火，能给学生以启迪，催人奋进。"故事都是高中学生喜闻乐见的，教师更应投其所好，趣讲故事，巧设疑点，科学释疑，让学生很快进入角色。子曰：不愤不启，不悱不发，举一隅不以三隅反，则不复也。教师应通过故事创设问题情境，让学生提出问题，思考问题，在教师的引导下寻求答案。

> **案例**
>
> **"甲烷"引入**
>
> 在西欧的一个无名的小村庄里，曾经发生过一件怪事。一头老牛几日吃不下饭，肚子却圆滚滚的，它时而抬头乱吼，时而低头无语，蹄子还不断地踹着地，急得好像热锅上的蚂蚁，真是坐立不安。于是，它的主人请来了一位经验丰富的老兽医给它瞧瞧这怪病。
>
> 老兽医用手敲敲它的大肚皮，居然"咚咚"直响。老兽医初步断定：这牛肠胃胀气。"拿针和蜡烛来，我要看看它肚子里到底有什么。"老兽医说。旁人帮着掰开牛的大嘴，老兽医点上蜡烛，正打算伸头钻入牛嘴一探究竟时，牛嘴里喷出长长的火舌。可怜老头儿长长的胡须，一'烧'而光。牛魔王居然会喷火了，真奇妙。

听到这样的引入，学生被奇妙的故事吸引了，急切想知道答案，教师就因势利导，与学生一起探究这种牛胀气的气体性质。老师利用故事创设教学情境，虚拟的情节使知识问题化，问题情景故事化。

（二）幽默艺术话新知（笑谈科学原理，揭开化学面纱）

枯燥地讲解知识，只会让学生恹恹欲睡，没有任何学习兴致，挣扎在"等待下课，等待放学"的漩涡中。要想改变教学过程中疲倦期，教师应该采取各种方式，而幽默正是这最佳的调节剂。黄海纳提出："在课堂上，学生注意力不稳定，易涣散、易转移，而幽默的教学犹如兴奋剂，可以调节学生的情操，集中学生的注意力，增强教学内容的趣味性，使学生轻松愉快地理解和接受新知识。"可见幽默可调节疲倦，改变学生的学习态度，在很多学生眼神迷茫之际，偶尔幽他一默就改变现状，何乐而不为呢？让一切乏味的知识都在笑谈中传递。

1. 轻松一刻，疲倦无踪

当课堂纪律涣散、学生注意力不集中时，当学生疲倦时，当学生情绪紧张时，当学生难以理解教学内容时，当师生处于窘迫状态时，当课堂出现偶发事件时，我们可以利用幽默化解疑难，绝处逢生，巧妙地解决问题。也就是不管在课堂上遇到什么难以解决的问题，首先要保持乐观的心态，巧用幽默，维持和谐气氛，完成教学任务为上。由此可见，幽默为课堂中的一方不可多得的调节妙计。

> **案 例**
>
> ### "水分子的构成"讲授
>
> 一化学教师在讲授水分子知识的时候，讲了一个小故事，故事情节如下。一位伟大的化学家对他的女朋友说："我们俩就像水分子，我是氧原子，你是氢原子，我们组合在一起就形成了水分子。"于是，她女朋友便问他："那另一个氢原子呢？"故事讲完后，学生便笑了。但是这位化学老师并没有结束讲解。他继续说到："这个故事告诉我们什么道理呢？大家想想。"学生们总结出："一个人在说话的时候必须思考清楚，并且对待自己的另一半要忠诚。"

这位老师发现学生状态不佳时，巧用所讲的知识点，插入小幽默，不仅达到了讲授化学理论知识点的目的，也进行了德育教育，教导学生为人忠诚。

2. 妙用比喻，化难为易

心理学认为没有充分理解的知识是惰性的，这些知识是无法被充分使用的。记忆是学习过程的一部分，理解记忆可以使得学生的功课更加容易记忆。

学习并不是孤立的，我们在学习一个新的概念、事实或技巧时，习惯把它和已认识的事物相联系，并且锁定这种事物。建构主义认为，知识不是通过教师传授得到，而是学习者在一定的情境下学习获得。学习是借助教师的帮助，利用必要的学习资料，通过意义建构的方式而获取知识的过程。在讲授新知识的时候可以适当地改编幽默的小故事，把抽象的、难以理解的知识变成通俗易懂的小常识。这样不仅可以营造轻松课堂的气氛，而且还可以促进学生对知识的理解。

> **案 例**
>
> ### "电镀铜"讲授
>
> 【教师】我们常用火法冶炼铜，但是很不纯。若要获得纯铜，我们还是得不惜血本，利用电解。电解的原理很简单，作阳极的粗铜含有 Zn, Fe, Ni, Cu, Ag, Au。谁去参加氧化反应呢？
>
> 【学生】还原性活泼的金属 Zn, Fe, Ni 先失去电子，参加氧化反应。
>
> 【教师】对，Zn, Fe, Ni 依次先失去电子变成离子，因为金属活动性表中它们排在 Cu 前面。后来 Cu 接着失电子变成离子，但 Ag, Au 能不能失去电子呀？
>
> 【学生】不能，粗铜主要成分是 Cu，只要还有铜，Ag, Au 不能失去电子。
>
> 【教师】看来 Ag, Au 还原性比 Cu 弱，是"旱鸭子"，一下水不能变成离子就淹死了，形成贵重的阳极泥。阴极上谁去反应？
>
> 【学生】阴极附近有 Zn^{2+}，Fe^{2+}，Ni^{2+}，Cu^{2+}，比较氧化性，氧化性最强的是 Cu^{2+}，而且 Cu^{2+} 很多，所以只有 Cu^{2+} 参与反应。
>
> 【教师】在对岸，阴极 Cu^{2+} 是得到电子上岸，因为 Zn^{2+}，Fe^{2+}，Ni^{2+} 氧化性弱于 Cu^{2+}，所以不能得到电子上岸。结果只有 Cu^{2+} 上了岸。这就好比一场游泳比赛，比 Cu 还原性弱的金属不能失去电子变成离子下水淹死了，成为贵重的阳极泥，比 Cu 还原性强的金属先下水，可是上不了岸。

这一节是电化学的一部分，学生在这之前对电解原理有了一定了解，但对阴、阳离子的放电顺序仍然模糊不清，需要反复强调才能理解。可是重复带来的强化记忆无法禁得住时间的考验，所以得巧妙记忆。这位老师通过幽默的语言描述电解精炼铜的全过程，用游泳比赛作比喻，形象生动，让学生记忆深刻。它打破了传统的知识讲授，增添了课堂的新鲜感和活力，让学生眼前一亮，在乐中学习了新知识。

案 例

"微粒半径大小"讲授

【教师】宏观世界人有高矮胖瘦，微观世界微粒也有大小。微粒的大小由什么决定呢？

【学生】一个原子的电子运动空间大，大小主要由半径决定。

【教师】半径与原子的电子层数和质子数息息相关。电子层数多，半径怎么样？

【教师】电子层数类似于一个人穿的衣服的层数，越多越胖。核内质子数越多，对核外电子吸引力越大，束缚力越大，那么半径就怎样？

【教师】质子数越多对核外电子吸引力越强，就把电子管得越紧，就好像腰带一样。质子数越多，腰带扎得越紧，体型就小些。如果要给第三周期的原子按照体型大小排个座位。怎么排呢？先分析穿衣服的层数。

【学生】都是3层。

【教师】都穿了3件衣服，唯一的不同在于质子数，也就是腰带。质子数越多，腰带紧，占的空间小。所以从左至右随着质子数增加，半径怎样？

【学生】原子半径减小。同样，对于核外电子排布完全一样的微粒半径如何比较呢？比如F^-、O^{2-}、Na^+、Mg^{2+}谁的体型大？

【学生】Mg^{2+}半径最小。

【教师】他们都穿了两件相同的衣服，只是质子数不同，腰带不同。Mg^{2+}的腰带最紧，O^{2-}的腰带最松，所以O^{2-}的半径大。一句话：对于核外电子排布完全一样的微粒，"序小大"——原子序数小的半径大。好像一个年岁小的孩子，别看他岁数小，劲（径）大着呢。

只有通过化枯燥深奥的知识为通俗化的常识，让学生结合自己生活中的常识才能促进理解和加强记忆。最后还用了谐音，夸张的联想加深了学生对知识的记忆。

3. 寓言串烧，笑谈新知

幽默的寓言故事与化学原理看似风马牛不相及。其实化学原理和寓言故事都蕴含一些处世哲理。适当地将知识点与寓言故事联系是符合建构主义的教学理论的。每个孩子都喜欢寓言的情节，增添有趣的寓言故事会让课堂活泼起来，不再那么凝重。

案 例

"碱金属——钠"讲授

【教师】金属钠这小孩子从小就有多动症，是个淘气的家伙。（暗指金属性强、很活泼）当他遇到水，立刻下水游泳，摇身一变，变成小球在水上漂，生成了氢氧化钠，还喘着"氢"气。写一下这个过程。

【学生】（$2Na+2H_2O = 2NaOH+H_2\uparrow$）

【教师】遇到隔壁酚酞大婶，知道自己太调皮，脸刷地一下全红了。为什么？

【学生】有碱生成。

【教师】一句话，就是小说《橘子红了》的续集——"芙（浮）蓉（融化）红（生成碱）了"，这句话包含了哪些信息呢？

【学生】"浮"说明钠的密度比水小，"融化"说明钠的熔点低、反应放热，"红"说明生成碱。

【教师】即使是在空气中，他也不老实，因为空气里有他情投意合的好兄弟——氧气，一碰着氧气，两人就拉帮结派形成了氧化钠。但是，好景不长，空气中的水来了，氧化钠立刻失去光泽，变了颜色，形成氢氧化钠。氢氧化钠后来遇到了二氧化碳形成了苏打粉。

【学生】（$Na_2O \rightarrow NaOH \rightarrow Na_2CO_3$）

【教师】为了防止钠淘气，只好把他关在煤油作的宫殿里，让他过着海底龙王的生活。钠的密度和煤油相比怎么样？

【学生】比煤油大。

钠的化学性质很多，与水反应现象也多，学生总是记不全，这里用一句话进行了概括。巧妙的语言把实验现象串联起来，让学生经久不忘，提高了学生的学习兴趣。

（三）学科交融巧结课（博采众家之长，领悟科学的真谛）

结课，就是课堂教学即将结束时，教师为总结、强化知识，实现知行统一，利用适当的教学策略所进行的教学活动。结课主要是为了归纳知识点，突出本堂课的核心知识，梳理知识，总结规律；或是留下空白悬念，激发学生的思维，为下节课铺垫。好的课堂结尾，应当从教学实际和教学目的出发，不但对该课有加深主旨的作用，而且对学生的学习具有承前启后的益处。

化学知识中有许多缺乏逻辑联系、难于识记的材料。如元素符号与名称、化合价等。教学中可以采用"谐音"、"顺口溜"或"口诀"等方法，从而帮助学生变死记为巧记，实现了由"枯燥式"向"快乐式"的转变。

学生想掌握教师的解题方法、思维模式，不仅需要内化的时间，也需要一个可以回忆的符号。用简约的符号留下痕迹，便于记忆强化和应用。所以，结课通常应控制在下课前十分钟内。要在短时间内囊括重要知识点，重点必须突出，语言必须精炼，运用一些口诀可以事半功倍。

1. 谐音妙喻串知识

学生在课堂的前半小时内已经对新知识有了一定了解，但是知识点偏多，零零散散分布，没有形成系统，系统记忆可以帮助学生。在一堂课结束时，用准确的语言，提纲挈领地把整节课的主要内容给学生留下系统完整的印象，可以使学生加深对所学知识的理解和记忆，培养其综合概括的能力。所以结课时，归纳总结重要知识点，把知识点串联起来，形成整体，可以起到画龙点睛的作用。

> **案 例**
>
> **"电解原理"结课**
>
> 电场王国电解池,阴阳离子异性吸。(电解池相当于电解质放入正负极板间的小王国,阴阳离子遵循异号电荷相互吸引的原理,阳极吸引阴离子,阴极吸引阳离子)
>
> 阳氧反应有顺序,留点后路不寒酸。(阳极发生氧化反应,谐音"羊羊羊",放电顺序是看还原性强弱:$S^{2-}>I^->Br^->Cl^->OH^->$含氧酸根离子)
>
> 阴还得子有规律,金属活动趋势反。(阴极得到电子发生还原反应,顺序是金属活动性顺序越靠前的对应金属阳离子氧化性越弱,越不容易得到电子,所以说趋势相反)

此老师总结之前已经讲授了电解的基本原理,但是电解与原电池的诸多知识容易混淆不清,所以适当的总结成了点睛之笔。他运用幽默的语言,背了打油诗,把知识点串起来,这样就把深奥的知识拉下了神圣的殿堂,变得和我们茶余饭后思索的人生道理一样浅显。

除了比喻等谐音妙语,也可以利用口诀。例如,有些教师在讲化合价的时候用一价请驴脚拿银(一价氢氯钾钠银)、二价羊盖美背心(二价氧钙镁钡锌)等幽默有趣的方法。这些口诀具有一定滑稽性,比直接应用严肃的化学用语容易记得多。就比如一首歌曲,只要好听,即使很长,人们也记得住,但是换成一篇很长的短文,背诵就不是那么容易了。

美国心理学家布鲁纳认为,人类的记忆首要问题不是储存而是检索。检索的关键在于结构组织。如果只是在头脑里无条理堆积,不但检索提取有困难,而且迟早会遗忘。用结构图的方式将知识结构化,也就是把单纯的语言方式和图像方式综合起来记忆某个信息,必然事半功倍。

元素化学的知识也是很零散不系统,难以形成整体框架。很多老师会采用思维导图的形式来总结知识点。这时候如果再配上幽默的故事,必会相得益彰。

> **案 例**
>
> **"氧化还原反应"结课**
>
> 还原剂 → 失e^- → 化合价升高 → 被氧化
> 氧化剂 → 得e^- → 化合价降低 → 被还原
>
> 还原剂失去电子,化合价升高,被氧化,发生氧化反应;氧化剂得到电子,化合价降低,被还原,发生还原反应。可以用一句话总结为:师(失)生(升)说洋话(氧化),得奖(降)好还愿(还原)。
>
> 故事是这样的:一位老师带着学生去国外参加比赛,在这过程中他们去国外当然得说"洋话",经过努力他们洒下汗水,也就是电子,得到了奖杯,实现了多年的夙愿。

学生刚接触氧化还原反应时,最麻烦的就是新概念比较多,但这些概念都是人们约定俗成的,不一定符合人们的思维习惯,逻辑性也不是那么清晰明了,所以学生记忆非常困难。这位老师先画出了类似思维导图的图示,再配上故事情节,帮助学生记忆众多概念。学生突然发现原本死板的专业术语变成了有趣的励志小故事,特别有趣,虽然这些小故事不一定完全符合故事的逻辑性，但学生还是在快乐中记住了知识。

因为死板的知识本身就与励志的小说形成强烈反差，从而具有一定的戏剧性和滑稽性。正是这种不同寻常的反差，使学生印象深刻，觉得有趣，使得化学成为了雅俗共赏的自然科学。

2. 诗词歌赋藏哲理

中国古代的诗歌，有许多可以和化学联系起来。如在讲分子、原子的性质时，可以利用"遥知不是雪，为有暗香来"这句诗来体现微粒不断运动的性质。

案 例

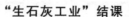
"生石灰工业"结课

于谦的《石灰吟》：千锤万凿出深山，烈火焚烧若等闲。粉身碎骨浑不怕，要留清白在人间。简单的四句话就将石灰石的性质描述得栩栩如生，而且将石灰石拟人化，赋予其人间正义感，有较深的教育意义。

3. 新瓶旧酒酿知识

陈旧的知识总结如果换一种方式，必然别有趣味。一位老师自称是硝酸，做了自我介绍。

案 例

"硝酸的性质"结课

"我是硝酸易挥发。浓度大时产白烟，人送外号发烟硝酸，水性很好。皮肤本无色，身有刺激味。晒后皮肤易发黄，常居棕色玻璃瓶。性格有双重，强酸强氧化。口渴受热易发怒，金属和碱是死敌。曾经二战参军，破坏村庄无数，毁人容颜不计。决定洗心革面，乞求一个机会。"

这位老师通过滑稽的自述，总结描述了硝酸的物理性质——易挥发、易溶于水、有刺激味，化学性质——酸性和强氧化性。

建构主义认为，知识不是独立于认知主体而存在的各种规律、理论的结合。它是人类无止境的探索过程。任何知识都具有多重价值。知识可以迁移，学科可以综合，万物必有联系。教师运用各种不同的故事形式，可以给学生新鲜感，同时让学生积极主动地参与到学习中。

第五节 案例分析

策略是我们做出行动之前的心理准备，是我们对行动的心理建构、心理图式，是我们做出具体行动的方法依据；而教学策略更是我们教育工作者从事教育活动必不可少的指导思想，教学策略指导我们为什么教、教什么、怎么教的基本问题。在具体教学中，针对不同知识内容及特点，我们要因时制宜、因地制宜地采取相应的、可行的、科学的教学策略，而教学策略设计是教学策略形成之前的必备工作。如果我们做一个教学策略设计，一方面要对所设计内容充分了解，即教学背景分析，同时也要考虑相应物质条件，即教学媒体分析，最终归结于达到什么目的，即教学目标分析。综合多方面因素，应用教育学、心理学、社会学、人文学等知识设计出能为我们学生所接受的教学策略。下面以"元素"的教学设计为例，谈一谈教学策略设计的具体操作。

一、教学设计案例

元 素
广安岳池县苟角中学　张小兰

教学目标

1. 知识与技能目标

① 认识元素的存在，形成元素的概念。

② 了解化学反应前后元素的种类不变。

③ 培养学生归纳概括能力及查阅资料的能力。

2. 过程与方法目标

以探究活动为主线，不断发现问题，运用讨论交流等学习方法，在对学习素材进行比较分析与归纳概括的过程中不断获取新知识。

3. 情感态度与价值观目标

树立量变引起质变的辩证唯物主义观点。通过课堂活动，培养学生科学探究精神和合作学习意识。

教学重点

元素概念的形成及理解

教学难点

概念之间的区别与联系

教学过程

情景导入　通过电解水的实验，同学们知道水是由氢元素和氧元素组成的。那么什么是元素？这些元素在生物细胞和地壳中又是如何存在的呢？

课件投影　一、元素的存在

创设情景　社会在不断发展，人民的生活水平在不断提高，人们对衣食住行越来越讲究。下面我们来看一段同学们非常熟悉的广告。

课件投影　补钙、补铁的电视广告。

讲　　解　　补钙、补铁中的钙和铁指的就是钙元素和铁元素。

引导探究　　另外，人们的消费维权意识也越来越强烈，对于吃用的东西，总喜欢问一句：它的组成成分是什么？请同学们拿出课前收集好的各种食品标签，查找出该商品的成分以及元素组成，分组完成教材中的活动与探究1。

转　　入　　从上面的广告和活动中，同学们可以发现很多元素与我们关系非常密切。到底有多重要呢？请同学们分组讨论，并完成下表。

你知道的元素	含该元素的物质	缺该元素对人体的影响
锌	小米、瘦肉、海产品	食欲不振、生长迟缓
碘	碘盐、海带、紫菜	患大脖子病
钙	钙片、牛奶	小儿缺乏患佝偻病、老年人缺乏患骨质疏松症
铁	肝脏、鸡蛋	患贫血
氟	含氟牙膏	患龋齿

设问激疑　　可以看出，人体健康需要多种元素，化学元素与人的生命息息相关。一说到人体呀，同学们知道，人体2/3左右就是水。那么，同学们能不能大胆地猜一下，人体细胞中含有较多的元素是什么呢？

学生讨论回答　　有氢元素和氧元素，因为水由氢元素和氧元素组成。

指导阅读　　是不是只有这两种元素呢？请同学们看书。

交流回答　　人体中含量比较多的元素依次是氧、碳、氢，可谐音记作"氧探亲"。

课件投影　　1. 人体中含量较多的元素依次为氧、碳、氢（氧探亲）。

转　　折　　我们认识了元素在人体中的存在，那么，元素在自然界是怎样分布的呢？科学家们经过长期的考察和测定，终于对地壳中所含元素的种类以及含量有了一个比较全面的认识。

投　　影　　地壳中各种元素的含量图。

交流回答　　地壳中各元素按质量计，由多到少的顺序为：氧、硅、铝、铁。

课件投影　　2. 地壳中各元素的含量由多到少依次为氧、硅、铝、铁（养闺女贴）。

引导探究　　通过前面的探究，同学们知道了元素在人体以及地壳中的存在，那什么是元素呢？请同学们继续踏上探究之旅。

课件投影　　二、元素的概念

引导提问　　同学们收集了各种各样不同的标签，通过刚才的活动，同学们可以发现不同的物质可能含有相同的元素，请讨论并填写下表。

课件投影

元素种类	含该元素的物质	各物质的分子中共同含有的原子	原子的质子数
氢元素	(H_2、H_2O、H_2O_2)	H	都是1
碳元素	(CO_2、C、CO)	C	都是6
氧元素	(O_2、H_2O、SO_2)	O	都是8

提问引导　　氢气由氢元素组成，由氢分子构成。氢分子由氢原子构成。水由氢元素和氧

元素组成，由水分子构成。水分子由氢原子和氧原子构成。过氧化氢由氢元素和氧元素组成，由过氧化氢分子构成。过氧化氢分子由氢原子和氧原子构成。

讨论交流　不难发现，这些物质中都有氢元素，各物质的分子中都含有氢原子，它们的核电荷数都为 1。于是，我们把核电荷数都为 1 的氢原子统称为氢元素。同样，我们把核电荷数都为 6 的碳原子统称为碳元素。

讨论小结：什么叫元素？

投　　影　元素是具有相同核电荷数（即核内质子数）的一类原子的总称。

追　　问　由定义可知元素的种类决定于什么？

投　　影　元素的种类决定于原子的核电荷数或核内质子数。

设问激疑　元素是具有相同核电荷数的一类原子的总称。那么元素与原子之间有没有一定的联系与区别呢？请同学们相互讨论，并试着完成下表。

投影

	元　素	原　子
概念间的联系	具有相同核电荷数(即质子数)的一类原子的总称	化学变化中的最小粒子
区分	是宏观概念,只讲种类,不讲个数	是微观概念,既讲种类,又讲个数
使用范围及举例	应用于描述物质的宏观组成。例如,可以说"水里含有氢元素和氧元素"或"水是由氢元素和氧元素组成的",但不能说"水是由两个氢元素和一个氧元素所组成的"	应用于描述物质的微观结构。例如,"一个水分子是由两个氢原子和一个氧原子构成的",但不能说"一个水分子是由氢元素和氧元素组成的"

提问诱思　化学反应的实质是什么？化学反应前后元素的种类发生改变吗？请以电解水为例进行模拟并进行分析和说明。

投　　影　电解水的微观动画。

小结升华并投影：三、化学反应前后，分子的种类发生了变化。原子种类、元素种类均不变。

课堂小结：通过本节课的学习，你有哪些收获？

学生自由发言。

课堂练习

1. 地壳中含量最多的元素是_____。

生物细胞中含量最多的元素是_____。

空气中含量最多的元素是_____。

2. 甲醛（CH_2O）是家庭装修后造成室内污染的主要有害气体。下面关于甲醛组成和构成的说法中正确的是（　　）

A. 甲醛是由碳和水两种物质组成

B. 甲醛是由碳、氢、氧三种元素组成

C. 一个甲醛分子是由一个碳原子、一个氢分子和一个氧原子构成

D. 甲醛是由一个碳元素、两个氢元素和一个氧元素组成

3. 物质的分类标准有很多，自拟两个分类标准，将水、氢气、氧气、二氧化碳四种物质中的三种物质包括在标准内，而另一种物质不包括在标准内。

（1）标准＿＿＿＿＿＿，包括的物质有＿＿＿＿＿＿＿＿＿＿＿＿＿＿。
　　（2）标准＿＿＿＿＿＿，包括的物质有＿＿＿＿＿＿＿＿＿＿＿＿＿＿。
　4. 在漆黑的夜晚，古墓附近有时可能看到微弱的火光，俗称"鬼火"。经分析，知道它是一种气体燃烧时产生的火焰，它燃烧后的产物是五氧化二磷和水，该气体是一种化合物，其中一定含有＿＿＿＿＿元素。
　　课后探究　请同学们以"元素的发现史"或"元素名称符号的由来"或"关于元素的趣事"为题，查阅整理资料，然后写一篇小报告。

二、教学设计策略分析

　　上述案例的知识属于陈述性知识，在导入部分，这位教师采用的是情境导入策略，准确地说是一个提问式导入，而且提问具有承上启下、联系生活的作用，简短而精炼，快速切入教学主题。创设情境策略是指通过创设一定的情境帮助学生记忆理解新知识。当新知识与特定情境相联系的时候，有助于学生对新知识的学习与理解。情境可以是实实在在的，也可以是想象的或认为创设的。在导入阶段，恰当地营造情境不仅可以吸引学生注意，更有助于学生对新知识的建构学习。值得注意的是，导入情境的创设必须要与新知识有所联系，不能够与新知识产生联系的情境或许可以给学生带来乐趣，但绝不会有助于学生新知识的学习，有时反而会成为负担。反之，无论是真实的事件、实验情境，还是人为创设的故事、问题情境，或是想象的诗词情境，只要与新知识联系密切，有助于学生对新知识的理解建构，那么这种情境导入就是恰当的。当然，不同老师在这部分的教学设计中会采用不同的导入方式，比如可以采用先行组织者策略，化学史导入法，讲元素的相关历史；也可以采用趣味故事导入法，一个简短而精彩的小故事，可以很好地吸引学生的无意注意和有意注意；当然也可以利用我们的现代教学媒体，采用动画视频客观形象地导入。总之，导入部分一定要体现集中注意、激发兴趣、明确教学目标三个作用。

　　采用一个补钙、补铁的电视广告，创设情境，继而提出问题——"我们周围很多吃的用的东西，它们的组成成分是什么呢？"，将学生的学习与生活密切联系，融入了很好的人文加工思想。学生在和谐、融洽、真实、具有人文氛围的环境中情感态度得到高度关注，学生学习的主动性和潜能得到激发，有利于学生对知识的内化和建构。探究式教学是新课改提倡的教学模式，学生在情境中主动参与课堂的探究学习，能够达到事半功倍的效果。在情境的探究学习过程中，教师的鼓励与关怀能够充分发挥学生的主体性，同时学生在合作探究过程中体会到学习的乐趣与成就感，进而提高化学学习效率。这位教师做得不错，接着他引导学生探究，进而又采用设问激疑、学生讨论、指导阅读等一连串的教学策略，体现出很浓的探究式教学气息，并且应用得很到位。该老师在讲"人体中含量较多的元素次序"时采用了很好的人文加工策略，即谐音记忆氧、碳、氢（氧探亲）以及地壳中各元素的含量由多到少依次为氧、硅、铝、铁（养闺女贴）。同时应用现代教学媒体技术，清晰地呈现元素与原子的图示化策略教学。随后又有联系反馈策略，即随堂练习，当堂测验学生学习情况，及时纠正，做到课堂问题，课堂解决消化，有助于学生掌握当堂知识。教师布置了一个"课后探究"作业，让学生自己应用现代网络技术，查阅资料，培养学生的科学研究方法和能力。

　　整个教学设计很好地体现了新课改的基本要求与目标，学生的学与教师的教形成了一个很好的互动过程。它一方面强调教师的主导作用，而不再局限于教师的主宰作用；教师在教学活动中只是活动的引导者，是教学活动的辅助者。另一方面，更强调学生的主体性，而不再局限于学生的被动性学习，学生是整个教学活动中，是教师教的中心，教师围绕学生设计教学。

参 考 文 献

[1] 皮连生. 知识分类与目标导向教学：理论与实践 [M]. 上海：华东师范大学出版社, 2000：3-94.
[2] 李杰红, 陈代武. 化学知识的分类与教学设计 [J]. 现代教育科学, 2007, (1)：114-115.
[3] 李晓文, 王莹. 教学策略 [M]. 北京：高等教育出版社, 2000：4-5.
[4] 徐学福, 宋乃庆. 教学设计 [M]. 重庆：重庆出版社, 2008：51-156.
[5] 刘新知. 化学教学论 [M]. 北京：高等教育出版社, 2004：221-238.
[6] 黄梅. 基于广义知识加工的教学策略设计 [J]. 教育科学, 2009, 25 (5)：30-33.
[7] 盛群力, 李志强. 现代教学设计论 [M]. 杭州：浙江教育出版社, 2002：241-271.
[8] 江家发. 化学教学论 [M]. 合肥：安徽人民出版社, 2007：91-179.
[9] 卢家楣. 学习心理与教学：理论与实践 [M]. 上海：上海教育出版社, 2010：103-130.
[10] 邱江, 张庆林. 策略性知识教学综述 [J]. 教学研究, 2002, 25 (4).
[11] P.L. 史密斯, T.J. 雷根著, 庞国维等译. 教学设计 (第3版) [M]. 上海：华东师范大学出版社, 2008：185-436.
[12] R.M. 加涅, L.J. 布里格斯, W.W. 韦杰著, 皮连生等译. 教学设计原理 (第五版) [M]. 上海：华东师范大学出版社, 2007：83.
[13] R.J. 斯滕伯格著, 杨炳均等译. 认知心理学 (第3版) [M]. 北京：中国轻工业出版社, 2006：197-222.
[14] Tennyson, R. D. M. Linking cognitive learning theory to instructional prescriptions [M]. Instructional Science, 1988：369.
[15] Brown, J. S., Collins, A., &Duguid, P. [M]. Situatione coginition and the culture of learning. Euducational Researcher, 1989：32.
[16] 张承芬. 教育心理学 [M]. 山东教育出版社, 2008：120, 156, 160.
[17] 黄梅. 化学陈述性知识加工阶段与教学条件 [J]. 中国教育学刊, 2012 (01)：67.
[18] 史玉霞. 论促进陈述性知识巩固的策略 [J]. 理论考察, 2003 (5)：108.
[19] 黄梅. 以人为本的高效化学课堂教学策略 [J]. 中国教育学刊, 2010 (08)：39.
[20] 李涛. 教学幽默新论 [J]. 教学理论与实践, 2006 (04)：47.
[21] 周淑芹. 浅谈幽默教学 [J]. 成功（教育）. 2009 (2)：59.
[22] 李雪梅. 浅谈课堂教学幽默的科学应用 [J]. 学院学报·社会科学版. 2005, 17 (04)：149-152.
[23] 易开富. 幽默为课堂松绑——浅谈幽默在教学中的神奇作用 [J]. 科学咨询（教育科研）. 2010 (9)：26-27.
[24] Popescu, C. The contribution of humour in language education to the construction of classroom culture [J]. Universitătii Petrol-Gaze din Ploiesti. 2012 (5)：34.
[25] 黄海纳. 浅谈幽默在中学美术教学中的独特效应 [J]. 福建质量管理. 2009 (12)：60-61.
[26] Robert J. Sternberg. Educational Psychology [M]. 北京：中国轻工业出版社. 2003：23.
[27] 布丽姬特·贾艾斯. 认知心理学 [M]. 哈尔滨：黑龙江科学技术出版社. 2007：47.
[28] 毛东海. 例谈化学课堂有效教学的四点共识 [J]. 化学教育, 2011 (32)：18.
[29] 胡兴松. 教学幽默艺术 [J]. 中国政治学参考, 1997 (06)：23.
[30] 梁晓康. 思维导图在高一化学教学中的应用研究 [J]. 化学教育, 2007 (8)：17.

[31] 毕华林．化学课程编制中的知识价值观［J］．化学教育，2002（07）：20．
[32] 中华人民共和国教育部．普通高中化学课程标准（实验）［M］．北京：人民教育出版社，2003，2-3．
[33] 辞海编辑委员会．辞海［M］．上海：辞书出版社，2000：864．
[34] 叶朗．人文精神的坚守与呼唤［N］．人民日报，2009-01-02（7）．
[35] 朱柳菊．上海初中科学课堂人文价值取向的研究［D］．上海：上海师范大学，2006：2-3．
[36] 孙维昌．中学化学教学融合人文精神的理论与实践研究［D］．上海：华东师范大学，2008，6-8．
[37] 教育部《基础教育课程》编辑部．中学新课标资源库［M］．北京：北京工业大学，2004，83，108．
[38] 包士敏．化学哲学试探们［J］．化学教育．2009（7.8）：85．
[39] 蒋文俊．如何在化学教学中贯穿人文精神四［J］．学科教育．2009（7）：42．

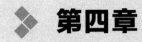

第四章

化学教学媒体设计
——让教学如虎添翼

> 火柴为什么一擦就着？鲜蛋如何变为皮蛋？温室效应是怎么回事？维生素C泡腾片投入水中，为什么会成为可口的汽水？去皮的苹果为什么会"生锈"？……一连串问题接二连三地显示在 ppt 上，同学们瞪大了眼睛想知道为什么，接着是四大发明的图片及其解说、工业炼铁的影片片段、各种性能优异的建筑材料、人造心脏、"氢动一号"汽车、五彩缤纷的焰火等一幅幅引人入胜又五彩缤纷的化学世界画卷，同学们的眼球早已牢牢盯在了投影上，惊叹化学的神奇与伟大。

这是高一年级学生的第一次化学课，多媒体技术的运用很好地激发了学生的学习兴趣。在中学化学教学中，教师应该如何正确选择和组合多媒体、有效利用现代教育信息技术优化课堂教学呢？

第一节 中学化学教学媒体

一、中学化学教学媒体的含义

媒体是指承载、加工和传递信息的介质或工具。当某一媒体被用于教学目的时，则被称为教学媒体。教学媒体有广义和狭义之分，广义的教学媒体是指承载和传递教学内容的介质，包括教师、黑板、教科书、教具和模型等传统教学媒体，同时也包括幻灯、电影、广播、教育电视、计算机、多媒体、网络等现代教学媒体，即一切可承载和传递教学信息的人、物和技术都属于教学媒体；狭义的教学媒体是指可承载和传递教学信息的现代电子媒介和技术，主要包括幻灯、电影、广播、教育电视、计算机、多媒体、网络和虚拟现实技术等，即现代教学媒体。

二、中学化学教学媒体的分类

教学媒体是教学内容的载体，是教学内容的表现形式，是师生之间传递信息的工具。如实物、口头语言、图表、图像以及动画等。教学媒体往往要通过一定的物质手段而实现，如书本、板书、投影仪、录像以及计算机等。分类标准不同，各种教学媒体的所属类别也不同。

按教学媒体发展的先后分类，分为传统教学媒体和现代教学媒体；按使用媒体的感觉器官分类，分为听觉媒体、视觉媒体、视听媒体和交互多媒体；按教学媒体的物理性质分类，分为光学投影教学媒体、电声教学媒体、电视教学媒体和计算机教学媒体；按使用方式分类分为教学辅助媒体和自学媒体等。

下面我们以第一种分类方式来了解中学化学教学媒体。

(一) 传统教学媒体

黑板、粉笔、教科书、挂图、标本等较古老的传递教学信息的物质工具，属于传统教学媒体。

教学板书是指教师根据教学的需要在教学用具（主要是黑板）上以书面语言或符号进行传情达意、教书育人的活动。它是教师普遍使用的一种传统的、重要的教学手段和表现形式，是师生在课堂上最简易地利用视觉交流信息的渠道。特级教师斯霞曾深有体会地说："好的板书对于提纲挈领地了解课文内容，对于把握住课文的关键问题起着很大作用，教师必须慎重考虑，精心设计。板书的原则是简单扼要，眉目清楚，切忌随心所欲，杂乱无章。备课时，我常常为设计少而精的板书费一番心血。"

1. 板书的优点

① 板书在黑板上保留时间较长，便于学生总结归纳、复习巩固。

② 板书书写提纲挈领，重点、难点一目了然。

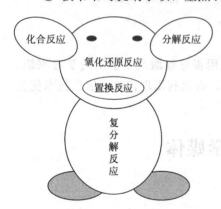

图 4-1 四大基本反应类型与氧化还原反应之间的关系

③ 板书书写灵活互动，有利于捕捉课堂闪现的灵感。

④ 精心设计的板书不仅赏心悦目，还有利于促进学生的理解和记忆。如图 4-1 所示，将四大基本反应类型与氧化还原反应之间的关系以图画的形式表现出来，更具趣味性，一些特殊的板书更易于集中学生注意力及巩固记忆。

2. 板书的不足

在现代教学技术日新月异的今天，随着多媒体教学的不断深入，板书的功能呈现越来越弱化的趋势。比如，板书书写时间较长；在需要大量图片、图形或声音时，采用板书上课效果不佳；板书工整与否直接影响学生情绪和上课质量的好坏，对老师的要求比较高。如果一味注重板书质量可能会影响到教学的进度，而一般在大学的教育中，教师的学期授课量比较大。所以单纯地使用传统媒体教具已经明显地不能更好适应课堂教学了。

(二) 现代教学媒体

现代教学媒体是以电光、电声、电控等现代电子技术为基础组成的媒体，它由硬件和软件组成。硬件有投影仪、录放像机、电影机、电视机、VCD 影碟机、计算机、多媒体等。软件包括存储化学信息的各种相应载体。如幻灯片、投影实验器材、录像带、电影胶片、激光视盘和计算机课件等。

近年来，随着计算机和网络技术的飞速发展以及计算机的大量普及，多媒体技术教学迅速兴起并逐渐进入课堂，它以图文并茂、声像俱佳、动静皆宜的表现形式，以跨越时空的非凡表现力，大大增强了人们对抽象事物与过程的理解和感受，从而将课堂教学引入到全新的境界。

1. 多媒体教学的优点

① 多媒体教学能给学生留下鲜明、生动的印象，能活跃课堂气氛，从而帮助学生更容易地接受和理解抽象的概念和理论。

② 多媒体教学比常规教学输出的信息量大，因此丰富了教学内容，拓展和深化了学生学习的广度和深度。

③ 多媒体教学强大的人机交互功能有利于激发学生主体作用的发挥，能让学生积极主动地参与教学。

④ 实现多媒体教学资源课外共享，全面为学生服务。

⑤ 多媒体教学解决了教师写板书时背向学生、粉尘飞扬不利于师生健康的问题，优化了教学环境。

⑥ 在多媒体教学中，通过教师预先排列的、合理的版面结构，工整规范的板书，图形、动画等，可使授课内容有条理地、流畅地反映出来，能充分发挥教师的引导作用。

2. 多媒体教学的缺陷与误区

① 盲目推崇多媒体教学，而忽视传统教学模式。近年来，我国各地学校对多媒体教学模式"一刀切"式地一哄而上，只要有可能，不论哪科教学都使用多媒体，视多媒体教学为先进的、科学的教学方式。同时，传统方式的教学则被摒弃，被视为落后的典型。其实，多媒体教学模式与传统教学模式各有其优缺点，需视课程的性质灵活选择使用，并非所有的课程都适合使用多媒体教学方式。比如物质结构，包括原子结构、分子结构、晶体结构等看不见、摸不着的微观概念，单靠语言文字等传统的教学手段描述，学生难以理解和掌握。通过计算机软件进行动画模拟，能生动地表现出分子、原子等微观粒子的运动特征，能够让学生形象直观地认识微观世界，更容易掌握化学变化的实质。而物质的量、氧化还原反应等需要强调推理和计算过程的知识，使用板书讲解则优于多媒体教学模式。

② 只见机器不见人。在许多使用多媒体辅助教学的课堂上，由于师生对计算机给予了太多的关注，更由于很多媒体在设计上不具有开放性，运作上是单向的、线性流动的，所以，不少教师囿于封闭的计算机流程和较频繁的计算机操作，无法走下讲台与学生进行交流，也无暇关注学生的情感和接受情况，在课堂教学中，出现了"只见机器不见人"的本末倒置的现象，导致教与学、师与生的疏离。

③ 软件制作问题多。目前采用多媒体教学的老师大部分课件均由任课教师自己制作，对于非计算机专业出身的教师们来说，多媒体课件制作的技术仅为业余级别，通常仅能掌握 PowerPoint 演示文稿工具进行课件的制作与演示。尽管教师制作的课件数量众多，但高质量的课件却很少见，许多教师制作的课件仅仅是教材的翻版，直接影响了多媒体教学的课堂教学效果。因此，提高课件的质量，通过多媒体教学的方式突出教学的重点、难点，采用必要的图文、声像才能有助于学生对课程的接受，不要片面地追求声音、动画，过多的效果会成为学生上课的干扰因素，影响教学效果。在一定条件允许的情况下，应组织专业的教师进行教育技术培训和制作课件技术培训，应以现代信息技术、多媒体课件制作技术、多媒体教学技巧等方面内容进行培训学习，便于教师提高教学质量。

④ 对多媒体教学节奏控制不当。多媒体教学课件的播放速度远大于传统的黑板板书，使用多媒体课件上课的信息量往往是传统教学模式的2倍甚至3倍。许多教师往往未能注意

多媒体教学中节奏的控制,导致课堂内容信息量过大,播放速度过快,留给学生思考时间过短。过快的课堂节奏、过量的知识信息,使学生在课堂上缺少时间思考和做笔记,学生无法对课堂内容及时消化和理解,短时间内大脑处于极度疲乏状态,学习的注意力易被分散,难以达到理想的教学效果。运用多媒体教学模式应做到内容适量,注意节奏的控制,时刻关注学生的接受情况和理解程度。否则学生无法跟上教师的讲解节奏,产生的疑问不断增多又不能及时得到解决,最终将失去学习的兴趣。

第二节 现代化学教学媒体的功能

现代社会正处在一个信息技术飞速发展的时代,其信息量大、信息传播速度快、承载信息的载体较多、信息呈现的形式多样化。这种情况正冲击着传统化学教学中的信息传递的方式和信息传播的载体。在传统的化学教学中,负责传递信息的载体较为简单,信息传递的能力也较为有限,教学中往往通过黑板和教科书,以语言作为信息传递的主要载体。信息传递能力的限制和信息表现形式的单一导致化学教师必须寻找新的教学信息传递的载体来满足现代化学教学的需求,实现化学教学的现代化。电子计算机的出现适应和满足了现代化学教学的需求,它使得化学教学过程中的信息传递更加准确、快捷、有效,在化学教学中起到了很好的辅助教学作用。

一、模拟功能

(一)模拟化学实验

传统的化学实验需要实验场地、仪器药品,教师也较难控制化学实验完成的时间、速度;一些实验的现象不明显,再现性与可见度较差,有的化学实验只有前排的几个学生能够观察到;一些实验虽然现象明显,但主要现象往往一瞬即逝;传统的化学实验在具体操作时还有可能得不到期望的结果或者实验完全失败。而现代教学媒体则能够利用计算机技术根据教学的需要不受时空限制任意进行调控,如运用现代教学媒体模拟化学实验。

1. 模拟需反复观察的实验

案例

人教版高中教材《化学(必修1)》中"钠与水反应"。王老师采用实物投影仪将实物和反应现象放大,从投影中,每一个学生都清楚地看到钠与水反应时"红、嘶(师)、浮(傅)、游、熔(泳)"的现象。在演示该实验后,王老师再利用现代教学媒体技术反复模拟钠与水反应的实验,在学生易疏忽的细节处采用放大、定格的手段使学生获取钠跟水反应的全部信息。

"钠与水反应"实验,由于该反应非常剧烈,需观察的现象比较复杂,现象变化得也很迅速,学生在实际观察时一下子较难全面地观察清楚。且该实验的可见度小,坐在后排的学生无法清楚地看到实验现象。案例中王老师利用多媒体投影很好地解决了这些问题,使全班学生都清楚、全面地观察到了实验现象。同时,王老师利用现代教学媒体技术在演示该实验之后再反复模拟，使学生在获取"钠跟水反应"的全部信息的同时学会从不同视点观察事物，养成良好的观察习惯。

2. 模拟化学实验原理

传统的化学实验只能给学生提供物质变化的宏观现象，而现代教学媒体模拟化学实验不仅可以提供物质变化的宏观现象，还可以向学生展示宏观现象中肉眼看不见的微观变化过程。例如，用现代教学媒体模拟原电池、电解、电镀实验，可以用三维动画的形式向学生提供溶液中离子运动、电极上的反应以及电子的流动方向的画面，使学生能"看清"实验的原理和本质，突破和化解了教学难点。

案 例

人教版高中教材《化学（必修2）》"原电池原理"的学习中，张老师运用多媒体技术采用三维动画的形式向学生提供电极上的反应和电子的流动画面，学生清楚地观看到了电子是如何由原电池的负极流向正极的，明白了实验的原理，真正、准确地掌握了知识要点。

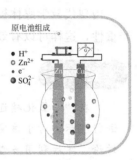

在传统的教学中，教师只是通过普通的演示实验，用导线、电解槽、电极、电流表等向学生演示讲解如何将化学能转化成电能的原理。学生无法从真正意义上理解电子是如何进行定向转移并形式电流的，并且在实际操作过程中，电极如果不纯，实验现象并不十分明显。由于受实验材料的局限，教师的演示只能从宏观角度入手，让学生从实验表面现象去感悟"原电池的工作原理"，而无法了解原电池工作的微观世界。运用现代教学媒体模拟原电池实验，使学生"看清"实验的本质，明白了实验的原理，教师也轻松突破和化解了教学难点。

3. 模拟疑难实验

中学化学中有许多疑难实验，如木炭还原CuO的实验、胶体的电泳实验、合成氨的实验等，这些实验虽然有很多有识之士进行了研究，但效果仍不理想，上课演示时有时不能成功，有时现象十分模糊。采用现代教学媒体模拟这些疑难实验，不仅可以达到仿真效果，制造出与实际演示相似的教学情境，还可以防止实际演示时的不必要的失败，保证课堂教学的顺利进行。

案 例

"合成氨条件的选择"这节课中，北京市第十二中学的胡小蒙老师采用了"网络教学"的方式。在网站首页中设置了五个栏目："模拟实验室"、"图书馆"、"数据分析中心"、"厂房"、"交流报告厅"。通过"模拟实验室"中的视频，学生认识了合成氨反应的可行性后可以在模拟的"厂房"中组装设备和选择条件进行氨的合成实验。如果遇到知识上的障碍，学生可以去"图书馆"查阅丰富的资料，也可以在"数据分析中心"通过数据观察和作图得到帮助，还可以在"交流报告厅"中的BBS论坛与其他同学和老师进行交流。

"选择条件"动画模拟

案例中，胡老师充分发挥现代信息技术建立教学网站。在"模拟实验室"中，学生通过观看视频对氨的合成有了进一步的了解认识，接着学生在动画模拟的"厂房"中组装设备和选择条件进行合成氨实验，在模拟的工业情境中得到了对工业设备的认识和条件优化过程的体验，很好地激发了学生的学习兴趣。在"图书馆"中，学生学会查阅资料。在"交流报告厅"中，学生之间相互讨论、交流，解决问题。多媒体技术的运用不仅让学生亲自参与了氨的合成，而且培养了学生的探究思维，有效达到了教学的三维目标，起到了很好的教学效果。

4. 模拟错误操作的后果

用现代教学媒体模拟违规操作，将产生的不良后果展示给学生，让学生看到错误操作的严重性，这样可以有效地防止错误操作的发生。

案例

在"一氧化碳还原氧化铜"的实验中，由于一氧化碳有剧毒，李老师没有对该实验进行演示。对于该实验的注意事项，李老师先让同学们思考、讨论，然后利用多媒体模拟实验。在课件中呈现这样两组镜头：实验开始时就一边通入一氧化碳一边加热，随即是猛烈的爆炸声和试管破碎的场景；实验结束后先撤去一氧化碳，刚刚生成的红色的铜又变为了黑色，即刚刚被还原的铜又被氧化了，动画图像清晰逼真。

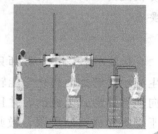

案例中，李老师采用多媒体技术对错误操作进行模拟，逼真的动画不仅使学生获得了鲜明的印象，很好地提高了学生的学习兴趣，而且进一步加深了学生对化学实验中实验步骤的重视与理解，对规范操作的重要性有了更深刻的体验与认识，达到了情感教育的目的。

5. 模拟实验设计

预先设置某个实验操作的有关程序，让计算机提供一些化学实验的常见仪器、用品以及化学试剂等。要求学生将仪器进行连接、组装并进行必要的操作。

案例

某老师运用现代多媒体技术设计了实验室制取氯气的安装训练模拟软件，与学生实验操作相配合。在实际操作前，学生通过计算机键盘操作屏幕上显示的仪器，使之按要求连接。当每部分的连接出现错误时，计算机都给出错误所在和正确连接的提示信息。操作正确时，给出"好！"的肯定反馈。通过上机操作，学生很快掌握了实验室制氯气装置的安装。进入实验室操作时，学生出现错误和损坏仪器的现象大幅度减少。

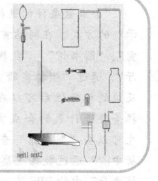

化学是一门以实验为基础的学科。对学生来说，不论在初学还是逐步形成熟练操作实验

技巧阶段，都必须亲自动手进行实验操作练习。在实验练习中，因学生预习不够充分、操作错误多、损耗仪器多等现象时有发生。案例中，老师利用现代多媒体技术，学生通过鼠标或键盘来控制实验过程，若仪器组装和实验操作都正确，计算机便给出正确操作的现象和结果；若不正确，则给出实验的不正常现象或错误结果，并提示加以改进。通过事先的上机操作，有助于减少学生进入实验室操作时的错误和仪器的损坏现象。

（二）模拟抽象理论

1. 模拟原子结构

如用计算机技术模拟给氢原子照相，将所得照片按 5 张、20 张、100 张、10000 张叠印，就能逐渐显示氢原子的电子云图；还可以模拟电子绕核运动的情形等，为学生认识原子结构提供了形象直观的感性材料。

> **案 例**
>
> 在人教版高中教材《化学（选修 3）》中关于"原子核外电子运动特征"的教学，某老师利用计算机教学媒体播放，在屏幕上画出一个氢原子的原子核，一个原子核的核外电子，模拟核外电子在原子核的核外做无规则的运动。再借助计算机教学媒体模拟给氢原子进行拍照，在屏幕的左侧显示瞬时照片，屏幕的右侧显示瞬时照片的叠放，使照片不断叠加到一定数量时，便出现了核外电子在原子核周围出现机会的统计结果——电子云图形。
>
>
> 电子云

如果单独靠教材中提供的氢原子的电子云示意图来授课，学生是很难理解的。案例中，老师利用计算机教学媒体模拟微观世界，通过逼真、形象、生动的动画模拟，把学生的思维带进微观世界中，使原本抽象、枯燥乏味的学习内容变得生动活泼、丰富多彩、科学可视的材料。

2. 模拟化学键的形成与断裂

离子键、共价键的形成过程，化学反应机理中化学键的断裂与形成等，采用动态模拟，使微观世界直观地显示出来，可以化抽象为具体，便于学生理解反应实质，掌握化学反应规律。如有机化学中的取代反应、消去反应等，现代教学媒体能很形象地将有机物分子中键的断裂、原子与原子团的脱落与连接、重组、替代的过程表现出来。

> **案 例**
>
> 讲解"分子和原子"内容时，张老师在课前运用 powerpoint 的动画设置，将书中静态的文字"活动"起来。通过投影，同学们看到氧化汞受热分解成汞原子和氧原子，许多汞原子聚集成金属汞，两个氧原子结合成一个氧分子，许多氧分子聚集成氧气。课件形象逼真的动态演示给学生留下了深刻的印象，让学生比较形象地理解了原子的概念。
>
>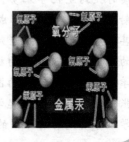

"分子和原子"的重点、难点是让学生建立"在化学变化中分子可分，原子不可分，原子是化学变化中的最小微粒"这一思想。这一知识内容很抽象，需要学生具有较强的空间想象能力和抽象思维能力，大多数学生理解起来感到吃力，教师讲解起来也较吃力。使用多媒体技术可将微观世界直观地显示出来，化抽象为具体，帮助了学生理解化学反应实质，掌握化学反应规律。

3. 模拟晶体结构

案例

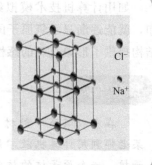

人教版高中教材《化学（选修3）》"晶体结构与性质"中，在讲解金刚石、石墨、NaCl 晶体时，吕老师用计算机技术模拟其空间结构，将晶体在三维空间旋转、局部放大、切割，将晶胞在空间复制延伸，为学生展示了丰富多彩的晶体结构世界。为了讲解 NaCl 晶体中与 Na^+ 最近且等距的 Na^+ 有几个的问题，吕老师采用将 NaCl 晶体在空间旋转，将距 Na^+ 最近且等距的 12 个 Na^+ 依次闪烁并着色标记，学生很容易得出了结论。

案例中，吕老师从微观结构（模拟动画）入手深化认识晶体的性质，使学生从微观角度理解各种晶体的不同结构特点。对于晶体结构的认识，老师难以用语言说明，学生难以理解。但现代信息技术手段的高超功能，打通了学生的"抽象思维障碍、逻辑思维障碍和语言表达障碍"，降低了学习难度，增强了课堂教学的活力。

4. 模拟难以再现的化学现象

例如 TNT、原子弹等的爆炸，学生不可能实地观察，教师也无法演示，利用现代教学媒体模拟可再现其壮观场面。再如南极臭氧空洞的形成，学生也无法观察，利用三维动画形式即可再现由于人类排放氯氟烃、氮的氧化物等而使臭氧层变薄以至形成空洞并逐渐扩大的过程。还可以在三维动画中把氯氟烃、氮氧化物等破坏臭氧层的机理同时揭示出来，并呈现臭氧层被破坏后的危害，使学生了解环境污染的严重性，增强环保意识。

案例

"硫和氮的氧化物"

在"硫和氮的氧化物"的授课中，张老师讲到 NO_2 的性质时提到光化学烟雾。由氮氧化物和碳氢化合物在紫外线照射条件下发生反应形成的光化学烟雾能够损害人的呼吸系统，甚至危及生命。张老师利用多媒体为同学们播放发生在美国的光化学烟雾事件的视频，并为同学们投影展示多幅由光化学烟雾造成的污染的图片和它给人们的生命造成的威胁。一张张真实的图片引起学生们情感上的共鸣，使学生们对光化学烟雾的危害有深刻的认识。

空气中的光化学烟雾

在传统教学中，对于这一知识点的处理，教师只是停留在口头讲述上，无法通过实验说明。学生对光化学烟雾的印象也只停留在教师的讲述中。张老师在课前运用 Author-ware 软件制作课件，把多媒体技术运用到课堂教学之中，播放视频、图片让学生对光化学烟雾有了更深的了解。

二、素质教育功能

（一）方法功能——有利于学生化学科学方法的形成

化学科学方法包括自然科学方法、逻辑方法、具体化学学习方法等。教学的目的是不仅要传授知识，而且要教给学生学习知识的方法，要使学生学会学习和思考。把计算机这一现代技术引进教学，不仅有利于加强教学的时代性、竞争性和开放性，有利于面对信息时代的挑战，而且也有利于学生在学习过程中形成新思想、新观念、新方法。现代教学媒体课件设计方案的优选、内容的科学性、形式的多样性、节点跳转的逻辑性，本身就是科学方法的直接体现。利用现代教学媒体来学习有关化学知识，本身就是一种全新的学习方法。现代教学媒体可以突出被记事物的特征。多媒体的表现力、接触面、重现性、参与性和受控性等特点可以调动多种感官，充分解放学生的眼睛、嘴巴和双手，给他们提供多种信息渠道的时空条件。对知识进行充分的变换组合、相互切换、突出显示、任意恢复等功能，使知识对象的特征更加突出。例如，在"元素周期表知识、碱金属知识"学习中，使用现代教学媒体可以表现性质及用途，使学生印象深刻、记忆清晰。

案 例

人教版高中教材《化学（必修2）》"苯"的教学中，张老师提出一个关于苯分子结构的课题，让学生根据苯分子的分子组成提出所有苯分子可能的结构形式，包括平面的、立体的各种形式，然后让学生在网上查询科学家在研究苯分子结构的历史进程中，所经历的不同阶段和他们所得苯分子结构形式。尤其是 19 世纪德国化学家凯库勒"梦中的出现"轶事趣闻，并从中揭示苯分子结构不是梦中的巧合，而是根据自然科学探究发现的结果。

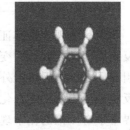

案例中，张老师让学生大胆猜测苯分子的可能结构，并引导学生在网上查询凯库勒等科学家在研究苯分子结构的科学探究的过程，同时提出苯分子结构理论的各种支持资料和一些对苯分子结构的最新的研究事实，来说明科学理论的相对性和科学研究的无止境。让学生学会分析归纳和推理的方法，树立科学的精神。

（二）培养功能——有利于学生化学科学能力的培养

化学科学能力包括观察能力、实验能力、思维能力、自学能力、创新能力等。现代教学媒体的特点是教学内容的形象化、多样化，它具有严谨的科学性、统一的实用性和及时的交互性。尤其是现代教学媒体能充分利用计算机技术在图形处理方面的强大能力，揭示化学过程的微观实质，展示化学思维的形成过程、化学思想的产生、化学概念的形成与发展。现代教学媒体的自身特点决定了它有对学生化学科学能力的全面提升作用。我们知道，宏观物质发生反应是微观粒子重新组合的过程，是旧键的破裂与新键形成的结果。这些反应原理很抽象，用挂图、比例模型难以达到理想的教学效果。若利用现代教学媒体来模拟反应的原理，将微观过程加以宏观模拟，对瞬变实施定格处理，则能消除学生抽象思维、逻辑思维、语言表达等方面的障碍，降低学习难度，正确引导学生掌握物质的本质。

案 例

人教版高中教材《化学（必修1）》中"电解饱和食盐水"的实验，由于实验仪器太小，为了使实验现象更明显，某老师在教学过程中先采用实物投影仪把实验的现象放大，使每一个学生都能够清楚地观察到实验现象：U型管的两端都有气泡冒出，通电一段时间后在两端的溶液中分别滴加无色酚酞试液，只有与电源负极相连的一端变成红色。学生通过观察，发现并提出了问题：为什么只有与电源负极相连的一端溶液变成红色呢？经过同学们的讨论，李老师利用多媒体课件模拟在外加电流的作用下溶液中离子的移动情况，让学生通过自己的观察，分析问题，进一步得出结论，并使问题得到解决。

案例中，老师使用投影仪将演示实验现象放大，方便了每一位学生的观察。学生在观察实验现象的同时发现并提出问题，激发了学生的探究意识。在进行了一系列的猜想、假设、讨论之后，老师再利用现代教学媒体动态模拟溶液中离子的移动情况，使问题得到了解决，学生在整个学习过程中体验到了成功的快乐。通过整个实验过程，使学生发现问题、分析问题、解决问题的能力得到了提高。

（三）塑造功能——有利于学生化学科学观的塑造

化学科学观包括辩证唯物主义观、化学价值观、化学自然观。授课型现代教学媒体软件如反映同周期元素性质变化规律的课件、通过化学现象探讨反应实质的课件是对学生进行量变引起质变、内因决定外因等辩证唯物主义观点教育的良好载体；知识型现代教学媒体软件如反映生活中的化学、化学在工农业生产、航空航天领域中的广泛应用的软件，以及反映自然界中争奇斗艳的化学现象的趣味型、科普型现代教学媒体软件则有利于学生树立正确的化学价值观、化学自然观。要注意的是，现代教学媒体的这种"塑造功能"是潜在的、隐性的，在实施现代教学媒体的过程中，教师应有意识去引导、激发，以期发挥现代教学媒体的全面育人功能。

案 例

在"新型无机非金属材料"这一节内容中，刚大学毕业参加工作的小王老师利用多媒体的摄像、声像结合功能，收集、录制关于科技发展前沿的科普性简介，将中央电视台科教频道中的"科技之光"、"走进科学"栏目的一些视频进行剪接，再配以必要的说明，给同学们播放了一组最新前沿的科技视频。同学们顿时眼前一亮，学习兴趣高涨。

"新型无机非金属材料"是人教版高中化学新教材增加的内容，由于现代技术发展很新、很快，涉及的内容很广。许多老师在讲授这节内容时感到无从下手。案例中，王老师运用多媒体技术为学生播放最新科技前沿，展示给学生一个广阔的空间，进一步激发学生的学习热情和探究灵感，潜移默化地渗透给学生学科学、爱科学、讲科学的正确世界观。

（四）渗透功能——有利于学生的思想品德及科学品德教育

科学品德指学生学习化学的兴趣、情感、意志、态度等。随着现代教学媒体在学校教育中的全面推进，现代教学媒体的类型及数量会日渐丰富，并将进入学校教育的各个环节，满足学校实施素质教育的各种需要。如反映有关著名化学家及重大化学变革的课件，将有助于学生树立学习科学知识、追求科学真理、献身科学事业的远大抱负。而对各种现代教学媒体软件的学习、掌握及运用，在增长学生知识、提高学生能力的同时，也激发了他们的学习兴趣，培养了他们热爱科学的情感，磨炼了他们刻苦钻研的顽强意志，养成了他们一丝不苟、认真负责的科学态度。

案 例

在学习"酸雨"的内容时，某老师先布置学生课前上网查找相关资料，了解世界范围内历次较为严重的酸雨。在课堂上王老师运用多媒体动画模拟了酸雨的形成过程，同学们目睹了酸雨过后林木受损、良田被毁、建筑物遭侵蚀的景象，心里受到了很大的刺激。接着，老师讲到我们的化学工作者在治理环境污染过程中做了很多努力和贡献，然后为同学们播放相关视频并展示了一组汽车催化转化装置，学生感知到了化学与人类社会生活的密切关系。

案例中，老师运用多媒体很好地激发了学生的环境保护意识，同时使学生体会到了化学对环境保护的意义。多媒体技术的运用使学生更深刻地了解、意识到环境保护的重要性，同时增加了保护环境的责任感，有利于学生对科学知识的学习与追求，达到情感教育的目的。

（五）美学功能——有助于提高学生的审美能力

美育是素质教育的重要组成部分，提高学生的审美能力是学校素质教育的目的之一。"美是到处都有的，对于我们的眼睛，不是缺少美，而是缺少发现。"现代教学媒体的美学功能是显而易见且丰富多彩，它主要包括两个层面：一是现代教学媒体所反映的化学内容美，如化学概念美、化学理论美、化学规律美、化学结构美、化学反应美、化学现象美等；二是现代教学媒体软件本身特有的美学功能，如现代教学媒体的设计美、动态美、色彩美、链接美、组合美、转化美等。实施现代教学媒体的过程就是对学生进行美学熏陶的过程。因此，现代教学媒体有助于提高学生的审美能力。

> **案 例**
>
> "氧化还原反应及氧化还原反应化学方程式的配平"这一节是高中化学的重点和难点。在课堂教学中,某老师运用多媒体教学课件把氧化剂、还原剂以卡通形象出现,当还原剂给出电子时,氧化剂吸收电子,当得失平衡时,出现的小人不会被电击死,当得失不平衡时,出现的小人就会被电击死,并配上音乐。通过动态的"小人"与形象的卡通,学生很容易地记住了氧化还原反应的配平一定要遵守电子得失守恒。

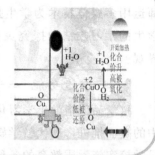

案例中,老师将氧化剂和还原剂以卡通形式出现,给人直观、形象、生动的动态美、色彩美,寓教于乐,激发了学生强烈的学习兴趣。心理学告诉我们:兴趣是一种非智力因素,是创造性活动中必不可少的心理驱动力。只有对某些事物产生浓厚的兴趣,才能对其给予热情的关注,才能持久地把事情做好。美的形式不仅能激发学生的兴趣,同时有助于提高学生的审美能力。

教学媒体是教学过程中传输信息的手段。从某种意义上说,有了教学活动就有了教学手段和工具。在不同时期,各种教育媒体在教学中所起的作用不同。传统的书本、黑板以及随后出现的幻灯机、投影仪、电视机等教学媒体在教学中主要是发挥教学手段的作用,辅助教师传递教学的信息,而目前的多媒体技术、虚拟现实技术、人工智能技术等不再是单纯的教学手段,它还可以为学生创设多种学习环境,提高学习的效率,可以作为学生的学习工具,培养学生的思维能力和解决问题的能力。因此,在现代教学中,媒体发挥着愈来愈重要的作用,与其传统的教育方式相比较发生了更加深刻的变革,信息社会的教育需要媒体。

第三节 化学教学媒体的应用

教学媒体可以使师生的教与学更加生动有趣;能够帮助学生理解知识、发展智力、提高能力、开阔视野;有助于形成学生的问题意识,培养学生解决实际问题的能力;有利于培养学生的合作意识与协作精神。教学媒体使用得当,能使师生的教与学事半功倍,而使用不当则会给教学带来不良的后果。但是在实际应用教学媒体的过程中,由于教师对教学媒体理解的误区导致了使用教学媒体时产生许多负面作用,没能使教学媒体发挥出其应有的作用。我们知道,各种不同的媒体都有自己的优缺点,没有任何一种媒体在所有的场合都是最优的"超级媒体",往往一种媒体的局限性又可由其他媒体的适应性来弥补。也就是没有任何一种媒体对任何学习目标和任何学习者发生最佳的相互作用。但是,对于某种具体的教学目标来说,还是存在某种媒体的教学效果明显优于其他媒体,并且每种媒体都有其独特的内在规律。因此,我们必须研究媒体的基本性质和各种媒体的教学特性,从而根据教学内容、教学目标、教学对象和教学条件的要求,对媒体进行合理的选择和组合,以达到优化教学效果的目的。

一、教学媒体教学特性表

教学媒体功能不仅仅局限于技术层面，更与社会、文化和认知心理相关，正是基于这一认识，许多研究者对教学媒体的教学功能进行了探讨，并得出了以下结论。

教学媒体教学特性表见表 4-1。

表 4-1 教学媒体教学特性表

教学环节	所属知识类型	所需认知过程	媒体产生的功效
创设情境	事实性知识	记忆、理解	引发动机
提供事实	事实性知识	记忆、理解	建立共同经验
显示过程	程序性知识	记忆、理解	建立表象
展示事例	概念性知识	应用、分析	扩宽视野
提供示范	概念、程序性知识	记忆、理解、应用	正确操作
举例验证	概念、程序性知识	应用、分析、评价	建立概念
解释原理	元认知知识	分析、评价	启发思维
提出问题	元认知知识	评价、创造	引发思辨

二、化学教学媒体选择——矩阵式模型

矩阵式通常是二维排列，以媒体的种类为一维，教学功能与其他考虑因素为另一维，然后用某种评判尺度反映两者之间的关系。评判尺度可用"适宜与否"或"高、中、低"等文字表示，也可用数字和字母符号表示。

例如，教学媒体在化学教学中学习"化学常识"、"元素化合物"知识、"理论基础"与"调查探究"中体现了它们的优势，便于我们根据教学内容和目标的需要对媒体类型做出适当的选择，见表 4-2。

表 4-2 中学化学教学目标—媒体种类效能关系矩阵

学习内容	教学目标	媒体使用目标	传统媒体			现代教学媒体					计算机媒体			
			板书	教师讲解	挂图	实物或模型	实验	投影仪	实物投影仪	电视录像	个别指导	模拟演示	练习	引导探究	网络学习
化学常识	印象	介绍资料		H	M	M		M		H				M	H
元素化合物	知道	展示事实	H	H		H						M	M		
化学实验（一般实验）	操作	提供示范		H	M		H		H		H	H			
化学实验（危险实验）	印象	提供示范		H	M		H		H		H	H			
基本概念	理解	创设情境	H	H	M	M	M	M				M			
基本理论	理解	呈现过程	H	H							H	M			
问题解决（简单应用）	应用	设疑思辨	H								H				
问题解决（调查探究）	综合	设疑思辨		M		H		H						H	H

说明：表中符号"H"代表高效能，"M"代表中效能，空白代表低效能。

教学媒体的种类和目标关系矩阵表作为教学设计的一个有益工具,能够帮助教师快速地根据学习内容、教学目标、教学媒体使用目标,结合各自的实际教学情况,选择适宜的媒体进行教学。

案 例

"二氧化碳"教学媒体选用情况

学习内容		教学目标	媒体类型	媒体使用目标
CO_2 的物理性质	色态味	识记	实物、投影仪	A
	密度	识记	投影仪	A
	溶解性	理解	实验、投影仪	A、B、C
CO_2 的化学性质	不支持燃烧	理解	实验、投影仪	A、D、C
	不供给呼吸	理解	录像、投影仪	A
	与水反应	理解	实验、投影仪、引导探究	A、B、C
	与澄清石灰水反应	应用	实验、投影仪	A、B、C、E
CO_2 的用途		识记	投影仪	A
温室效应		理解	录像、投影仪	A、F

(说明 媒体使用目标:A—展示事实;B—创设情境;C—呈现过程;D—提供示范;E—设疑思辨;F—介绍资料)

巴班斯基说过:"教学过程的现代化,是保证实现教学过程最优化的前提。"案例中,教师根据各种不同的教学目标,科学、合理地配置多种教学媒体,使不同的教学媒体施展所长、互为补充,达到了教学的最优化。在教学过程中,应恰当地使用各种教学媒体,使教学媒体的使用成为提高教学质量的又一有益因素。

第四节 案例分析

本文以鲁科版高中教材《化学(选修4)》"化学反应速率和限度"为例进行分析。

知识点　a. 记忆概念性的知识目标:了解化学反应速率的概念。

b. 理解事实性知识的目标:知道浓度、温度和催化剂等条件对化学反应速率的影响。

c. 应用程序性的知识目标:了解如何调控化学反应的快慢。

d. 创造程序性的知识目标:知道如何建立化学平衡。

知识维度	认知过程维度					
	记忆	理解	应用	分析	评价	创造
事实性知识		b				
概念性知识	a					
程序性知识			c			d
元认知知识						

教学设计思路

以培养学生自主获取新知识的能力为目的来设计教学,采用发现、探究的教学模式,其设计的教学指导思想由浅入深,从学生日常生活中的化学现象和实验中抽象出有关的概念和原理,形成一个由宏观到微观、由感性到理性、由简单到复杂的科学探究过程。

其主要过程设计为:创设情景、引导发现、探索问题→提出新的概念→提出研究题目→组织探究学习活动、收集信息→内化、概括、完善体系→实际应用。

在整个教学设计过程中,通常我们所需要解决的问题主要有以下几个。

① 如何创设情景,激发学生的学习兴趣。
② 怎样引导学生自己归纳出化学反应速率的概念。
③ 如何设计探究实验,让学生通过实验自己总结出影响化学反应速率的因素。
④ 如何引导学生建立化学平衡及利用化学平衡如何解决实际问题。

教学设计

课题	第三节 化学反应的速率和限度
教学目标	(一)知识与技能目标 1. 使学生了解化学反应速率的概念,知道浓度、温度和催化剂等条件对化学反应速率的影响,初步了解如何调控化学反应的快慢。 2. 使学生了解化学平衡的特征,建立化学平衡的观点,认识化学反应的进行是有一定限度的,化学平衡是相对的。了解化学平衡的标志及平衡移动。 3. 通过"认识化学反应的快慢"、"催化剂对化学反应速率的影响"等探究活动,培养学生设计半定量实验方案的能力,以及分析和处理实验数据的能力。 (二)过程与方法目标 1. 通过实验形成化学反应速率的概念,以及形成影响化学反应速率的因素。 2. 通过"联想·质疑"、"活动·探究"、"交流·研讨"、"观察·思考"等活动,提高学生分析、联想、类比、迁移以及概括的能力。 (三)情感态度与价值观目的 1. 通过"联想·质疑"、"活动·探究"、"交流·研讨"、"观察·思考"等活动,激发学生探索未知知识的兴趣,让他们享受到探究未知世界的乐趣。 2. 通过"认识化学反应的快慢"、"催化剂对化学反应速率的影响"、"温度对化学平衡的影响"等实践活动,培养学生严谨认真的科学态度和精神。通过对化工生产资料的学习,培养学生理论联系实际、勤奋好学的学习热情。
教学重点	1. 化学反应速率的概念 2. 影响化学反应速率的因素 3. 化学平衡的建立
教学难点	化学反应速率的概念和化学平衡的建立
教学方法	分析类比法、实验探究法、讲授法
仪器、用品	实验 2-5:试管架、试管(3 支)、烧杯(2 个)、木条、火柴、5% H_2O_2 溶液、1mol/L $FeCl_3$ 溶液、冷水、热水(40℃) 实验 2-6:试管架、试管(3 支)、5% H_2O_2 溶液、1mol/L $FeCl_3$ 溶液、MnO_2 粉末 演示实验:大理石(块状)、1mol/L 的盐酸溶液与 1mol/L 的醋酸溶液

教 师 活 动	知识类型	认知过程	教学媒体	设计意图
演示实验:大理石和相同浓度的稀盐酸和醋酸反应	事实性知识	记忆	实物演示	培养观察实验能力
设疑:大理石和相同浓度的稀盐酸和醋酸反应的现象有什么不同?为什么不同?生活中、学习过的化学反应中,哪些反应是较快的、哪些反应进行缓慢?				培养概括能力
引入新课:从同学们以前所学的化学反应知道,不同的反应有快慢之分,而有些反应需要加热或使用催化剂,这是为什么呢?这就是我们要从一个全新的角度去认识化学反应的快慢和限度。				引入新课,明确要学习的内容
看书图2-17,学生熟悉的日常生活中的化学反应。			课本	创设情景
一、化学反应速率 (一)化学反应速率的定性观察法				
设疑 1. 你了解化学变化过程进行的快慢吗? 2. 反应的快慢与我们有什么关系? 归纳 1. 爆炸快(瞬间完成) 2. 金属生锈以年月计(金属性质与其存在的环境不同而差异很大) 3. 食物腐败以天计(与温度关系甚大) 4. 离子反应以秒计 5. 塑料老化以年计 6. 溶洞形成以万年计,极其缓慢	事实性知识	记忆	多媒体图片	引导发现、归纳总结
小结 1. 冒气泡快慢 2. 颜色变化 3. 固体量减少 4. 浑浊程度 5. 温度变化等			ppt	归纳总结
引导 大家看到大理石与强酸和弱酸反应时的快慢差别,那么大家是否考虑过如何来量度化学反应进行快慢呢?大家结合物理上所学的运动速率的含义,阅读教材,再来理解化学反应速率的含义			课本	运用迁移方法
(二)化学反应速率的定量表示 定义:通常用单位时间内反应物浓度减少和生成物浓度增加量(均取正值)来表示。	概念性知识	记忆、理解		提出新的概念
公式:$v=\Delta c/\Delta t$ 单位:浓度:mol/L 　　　时间:min、s、h 　　　速率:mol/(L·min),mol/(L·s)或 mol/(L·h)			黑板	掌握公式

续表

教 师 活 动	知识类型	认知过程	教学媒体	设计意图
例1 化学反应 $2H_2O_2 \xrightarrow{MnO_2} 2H_2O + O_2\uparrow$ 在 5min 的时间里 H_2O_2 的浓度由 3mol/L 减小为 0.5mol/L,求 H_2O_2 的化学反应速率。 解:根据公式 $v=\Delta c/\Delta t$ $\quad V(H_2O_2) = \Delta c/\Delta t$ $\quad\quad\quad\quad = (3mol/L - 0.5mol/L)/5min$ $\quad\quad\quad\quad = 0.5mol/(L\cdot min)$		理解、应用	ppt	巩固定义简单的计算,有利于学生对反应速率的认识和理解
例2 在与 O_2 合成 SO_3 的化学反应里,若在 1min 的时间里 SO_2 的物质的量浓度减少了 0.5mol/L 求: ① O_2 和 SO_3 的物质的量浓度的变化是多少? ② SO_2、O_2、SO_3 的化学反应速率? ③ SO_2、O_2、SO_3 的化学反应速率之比? 解: $2SO_2 + O_2 == 2SO_3$ 化学计量 数之比: 2　　1　　2 浓度的 变化量:0.5mol/L　$c(O_2)$　$c(SO_3)$ $\quad 2:1 = 0.5mol/L : c(O_2)$ $\quad c(O_2) = 0.25mol/L$ $\quad 2:2 = 0.5mol/L : c(SO_3)$ $\quad c(SO_3) = 0.5mol/L$ $\quad V(SO_2) = \Delta c/\Delta t = 0.5/1 = 0.5mol/(L\cdot min)$ $\quad V(O_2) = \Delta c/\Delta t = 0.25/1 = 0.25mol/(L\cdot min)$ $\quad V(SO_3) = \Delta c/\Delta t = 0.5/1 = 0.5mol/(L\cdot min)$ ③ $V(SO_2):V(O_2):V(SO_3) = 2:1:2$	程序性知识		ppt	能力拓展
计算过程注意事项 1. 现在表示的化学反应速率是平均速率,化学反应涉及反应物、生成物有多种,同一反应用不同物质表示的化学反应速率数值可能不同,必须指明用哪一种反应物或哪一种生成物来表示。 2. 固态物质和纯的液态物质的浓度在一定温度下是常量,所以反应速率不能表示固态物质或纯液态物质。 3. 一个化学反应里,各物质的化学计量数不一定相同,所以相同时间内各物质的物质的量变化值不一定相同,物质的量浓度的变化量不一定相同,化学反应速率不一定相同,但化学反应速率的比值与化学计量数之比相等。	程序性知识	理解、分析、创造	ppt	培养分析问题,归纳总结能力
化学反应的快慢主要取决什么? 化学反应的快慢主要由物质本身的性质决定。				明确内因对化学反应的决定作用
(三)影响化学反应速率的因素 分小组进行课堂探究实验 实验2-5(第一组、第二组做) 实验2-6(第三组、第四组做)	事实性知识		实验纸质学案	培养合作意识;收集化学事实和信息

续表

教 师 活 动	知识类型	认知过程	教学媒体	设计意图
分组完成表格:实验2-5,实验2-6 学生汇报结果 		现象	结论
---	---	---
热水		
常温		
冷水		| 归纳 1. 升高温度,H_2O_2 分解速率增大,降低温度,H_2O_2 分解速率减小。 |	现象	结论
---	---	---
加入 MnO_2		
加入 $FeCl_3$		
不加其他试剂		| 2. MnO_2、$FeCl_3$ 可以加快 H_2O_2 分解的反应速率,起到催化剂的作用。 特别观察 MnO_2、$FeCl_3$ 的快慢的对比,"为什么会如此,这又说明了什么?"	事实性知识		实验 纸质 学案	了解温度、催化剂对化学反应的影响
设疑 影响化学反应速率的条件,并不只是温度和催化剂。 1. 为什么要将食物存放在温度低的地方(如电冰箱)? 2. 实验时,通常要将两种块状或颗粒状的固体药品研细,并混匀后再进行反应。原因是什么? 3. 人们常把固体试剂溶于水配成溶液后再进行化学实验,原因是什么? 4. 实验室常用约30%左右的硫酸溶液(约3.7mol/L)与锌粒反应制取氢气,当反应进行一段时间后,气泡变得稀少了(锌粒还有剩余),如果添加一些适当浓度的硫酸溶液到反应容器中,气泡又会重新增多起来。原因是什么?	程序性知识	分析、创造	多媒体	从感性到理性
归纳 温度、固体的表面积、反应物的状态、溶液的浓度、催化剂、压强(对有气体物质的反应)、光波、电磁波、超声波、溶剂、固体的表面积等都可以影响化学反应的速率。人们可以通过这些因素来调控化学反应速率。				能力拓展
了解催化剂在工业生产中的重要应用。生活中的催化剂你知道有哪些? 阅读教材 49~50 页《科学视野》	事实性知识	记忆	课本	增加知识面

参考文献

[1] 王琦,薛红肖. 简述教学媒体的选择 [J]. 才智,2010 (04).
[2] 常华. 教学媒体选择之我见 [J]. 职业技术,2006 (16):32.
[3] 安德森. 学习、教学和评估的分类学 [D]. 华东师范大学出版社,2007:56.
[4] 宋乃庆,徐学福. 教学设计 [M]. 重庆:重庆出版社,2008,02:168-193.

[5] 袁学鹏. 多媒体在化学教学中的作用 [J]. 科教文汇, 2006 (5).
[6] 张瑛玉. 浅谈运用计算机提高化学课堂教学效果 [J]. 科技信息, 2011 (02).
[7] 高征. 多媒体技术在中学化学课堂教学中运用的实验研究 [D]. 首都师范大学, 2006.
[8] 李莉. 中学化学教学中媒体选择与学习内容——教学目标关系的研究 [D]. 陕西师范大学. 2002.
[9] 韩志仁, 裴玉华, 胡承波. 试论多媒体技术与传统板书教学 [J]. 科技信息, 2008 (10).
[10] 中小学教育资源网 http://cai.edudown.net/

第五章

化学教学评价设计
——为你的课堂打高分

> 今天的化学课和平常不太一样，教室里多了一群听课的人。"亲爱的家长，欢迎您参加我校'家长开放日'的评课活动，下面请您从以下几个方面对本次化学课进行评价。"接着，化学老师为每一位家长发放了一张评价量表，评价量表要求家长对教师教学、孩子学习状况两方面进行评价，同时写下对教师的意见及建议。

这是某校为实行新课改及创建和谐教育而组织的家校活动。传统教学评价主体单一，评价主要由老师独揽，学校对教师和学生的评价考核也只是停留在考试成绩上，缺乏有效的评价手段。该校通过"家长开放日"活动，有效地将老师、家长、学生联系起来，学校根据每位家长对教师的评课情况对教师进行公平、公正的考核，同时教师根据评价结果，及时地调节自己的教学，家长通过听课，对自己的孩子也有了更全面的认识与了解。

评价，是一门广泛应用于各个领域的现代技术。用一句简单的话来说，评价就是"评定价值"。教学评价就是对教学活动进行价值判断，是与教学过程同步的基本环节。教学评价在新课程的实施过程中起着"导航仪"的作用，这就使教学评价成为了教学界关注和研究的焦点。随着时代的发展和新课程改革的不断深入，传统的教学评价存在的诸多不足之处成为了新课程改革深入发展的瓶颈，也是中学化学教学中制约新课程改革的重要问题。反思以往的中学化学教学，很多问题都与评价有着直接或间接的关系。建立符合素质教育要求，促进学生成长、教师发展、教学质量提高的化学评价体系，成为践行新课程标准的一项重要任务。

第一节 中学化学教学评价的新理念

一、中学化学教学评价的现状

传统的中学化学教学评价绝大多数为总结性评价，把选拔和升学作为主要目标，以学生的化学科目考试分数作为主要标准进行评价。这种传统的评价方式主要存在着以下三个方面的问题：评价功能的甄别化、评价目的的功利化和评价主体的单一化。这些问题严重地阻碍了新课程评价理念的实施，并且忽视了对学生评价的其他重要功能。在评价内容上，过于在乎学生知识与技能的获得，而忽略学生在学习过程中的方法、情感、态度、价值观等方面的发展，只关注评判学生的学业成绩，而对于学生综合素质的评价却因为考试不考或缺乏有效的评价方法和工具而相对忽视；在评价主体上，传统的教学评价仅限于教师对于学生的单方面评价，没有学生与学生之间的互评，以及学生对自我的自评，是一种单向的评价；在评价方式上，主要以选拔和升学为目的，以学生考试分数的高低为主要标准，也就是量化的教学评价占主导地位。

（一）评价功能的甄别化

在传统的化学教学评价体系中，有一个基本的观点即优秀的学生是极个别的，绝大多数学生都处于中等、一般水平，还有极少一部分处于较差水平。因此，区别就成为了教学评价的重要功能之一，通过卷面测试将学生的优中差区别开来。在此过程中，仅有很少一部分学生可以体会到成功的喜悦，这种甄别观不仅仅是一种评价观念，更是一种深层的社会文化。

（二）评价目的的功利化

传统课堂教学评价主要是采用了行政人事的管理方法，教师的收入与晋升和教师们的考核评价直接相关。对于教师们的评价也主要是考察其所带班级学生的考试成绩，所带毕业班学生的中考、高考升学率，以及升入重点院校的学生人数等数据。化学课堂教学评价本质上其实是一种形成性评价，是教师与评价者一起参与的教学活动，其最终目的是改进课堂教学，提高课堂教学的效率和质量。而在目前的评价体系中，评价的目的、标准被异化，将评价演变成了对教师的鉴定和证明，教师评价的发展性功能被忽略。

（三）评价主体的单一化

不论是学生的学业评价还是教师的课堂教学评价，评价的主体大体上都较为单一。在目前的大多数评价中，多为教师评价学生，学生不是参与评价的主体，而是被动接受评价的客体。这种单一的、两点式的、孤立的评价使得当前的教学评价多了一些片面性，少了一些全面性；多了一些独断性，少了些许民主性，最后导致评价成为权威人士单方面的权利，这是不利于教学评价质量的改善的。

二、中学化学教学评价的新理念

进入 21 世纪，人才资源竞争日益激烈，教育相对发达的西方国家相继开展了教育改革。从世界各国的课程改革趋势来看，评价的功能和评价技术都有了本质性的变革。以美国为例，美国在《教育目标 2000》中规定所有学校都必须要加强与家长、社会合作，让家长关注青少年儿童在社会、情感意识和学业方面的成长与进步。经过不断发展，美国的学生评价体系与学校的绩效责任体系已经紧密地联系在一起了。此外，英国于 2000 年 9 月正式在全国实行新的课程，在教学评价改革方面最重大的措施就是建立了三级评价体系：国家考试、教师评价、学生的反思性评价与互评。

我国也在 2003 年开始了最新一轮的课程改革，在《基础教育课程改革纲要》中指出：要建立促进学生全面发展的评价体系。评价不仅要关注学生的学业成绩，而且要发现和发展学生多方面的潜能，了解学生发展中的需求，帮助学生认识自我，建立自信。发挥评价的教育功能，促进学生在原有水平上的发展；建立促进教师不断提高的评价体系。强调教师对自已教学行为的分析与反思，建立以教师自评为主，校长、教师、学生、家长共同参与的评价制度，使教师从多种渠道获得信息，不断提高教学水平；建立促进课程不断发展的评价体系。周期性地对学校课程执行的情况、课程实施中的问题进行分析评估，调整课程内容、改进教学管理，形成课程不断革新的机制。

> **资料卡**
>
> **"新课程与高中生评价"改革的目标**
>
> （1）深入认识学生评价的多重价值，不仅重视评价的导向、督促、甄别和选拔功能，更要注重发挥评价的诊断、激励和发展性功能，促进评价与教学的有机结合，使评价更好地为教和学服务。
>
> （2）促进评价内容多元化，引导教师除关注学业成就外，还要重视学生独立思考及批判性思考的能力、解决问题能力、心理健康、社会责任感等方面素质的发展，促进学生全面而有个性地成长，为其终身发展奠定基础。
>
> （3）实行学业成绩与成长记录相结合的综合评价方式，关注学生学习与发展的过程，全面、深入、动态地反映学生的成绩、努力和进步，辅助学与教。
>
> （4）教师要在实践中根据实际情况选择和使用简明有效、形式多样的评价方法，使关注过程、评价内容多元化等发展性评价理念落到实处，并重视对实践的不断反思和改进，保证评价的科学性和有效性。
>
> （5）既重视学生在评价过程中的作用和主体地位，培养学生积极的自我意识，对学习负责的态度，以及自我学习诊断和监控的能力，又重视多主体在评价过程中的积极互动和共同成长。
>
> （6）教育行政部门要对高中教育质量进行监控，保证课程改革的顺利实施与推进。

第二节　中学化学教学评价的特点

教学评价是指按照一定的教学目标，运用科学可行的标准和方法，对教学活动的过程及其结果进行测量的过程。中学化学教学评价即对化学教学活动进行价值判断。研究中学化学教学评价的设计，深刻地理解基于新课标的中学化学教学评价的特点和功能是非常必要的。基于新课标的中学化学教学评价的特点如下。

一、开放性

新课程改革对于培养学生的能力非常重视，而能力水平的测量则应该是多元化的，因此新课程改革条件下教学评价目标的确定与设计应该要在以认知为导向的评价目标的传统设计上有所突破，并融入更多的非认知维度的能力测量方式。纵然是在知识与技能的评价目标中，也要加强对学生理解、综合、运用等更为高级的思维技能的培养，这就决定了新课程改革的条件下中学化学教学评价目标的确定具有开放性的特点。

在传统的教学过程中，教学评价的权威是教师，但是当前新课标提倡的一些新的教学模式如探究性学习、合作性学习等不仅要求教师作为知识的建构者，更应该是学生的朋友，教师的作用转换为帮助学生活跃他们的思维。新课程改革条件下的教学评价还要求学生自己具有一定自评的能力，教师在对教学评价进行设计的时候，要为学生提供制定和使用评价标准的机会，让学生在不断地自我肯定与自我否定中提高并发展自身的能力，使学生对整个教学评价的过程、结果以及质量担负起一定的责任。

> **案例**
>
> 江苏省吴江市松陵一中教师通过让学生自己报告或利用苏州市网上学校——家校路路通告知家长，定期地让家长知道自己孩子在学校学习进步情况。有系统、有计划地与家长沟通，让表扬公开化，激励学生不断进步。

如果家长越多地参与孩子的教育，孩子就能越多地体验到成功的喜悦。因此，教学评价的设计也应该充分地考虑到家长的参与，使家长成为孩子学习的帮助者。所以，新课程改革条件下教学评价的主体也具有很大的开放性。

二、过程性

新课程改革条件下的化学教学评价是一种逐步深入、循序渐进、注重学生学习过程的评价方式，是有机地融入整个教学过程始终的。学生技能的养成需要一个过程，以评价技能目标的完成程度作为主要内容的教学评价一定是在过程完成的前提下才足以达到通过评价促进学生学习，促进教师教学的目的。

> **案例**
>
> 周老师担任九年级一班的化学教学工作，在新学期一开始，周老师就为每一位同学建立了成长档案袋，在学习档案中收录同学们化学学习的重要资料。包括学生学习行为记录、书面作业的样本、单元知识总结、疑难问题及其解答、探究活动的设计方案与过程记录、收集的化学学习信息和资料、学习方法和策略、自我评价以及他人评价的结果等。

对每个学生的评价建立相应的档案袋，就学生的课堂发言、课堂笔记、课外阅读、作业情况、实验操作、语言表达等进行全面的记载和评价；调研学生的学习情况，提供学生对学习过程的反思和总结，让学生明确自己的不足，这样一个个形成性评价的汇集，使学生循序渐进，形成良好的学习习惯，促进学生的自主发展。

三、评判性

选拔性评价的一个特点为了评价个体之间的差距，并对这些评价个体进行排序。但是新课程改革条件下的教学评价要求教师和学生在实施教和学的过程中通过持续的评价以及反思，明确自身与其他人的教与学的情况，寻找存在的问题，并思考出解决问题的方法。教师可以通过基于新课程改革的教学评价对教学安排、教学模式等有一个更好的理解，教学技能也可以通过评判性评价得到一定的提高。而学生则应该知道该怎样回答或解决一些问题。例如："我学到了什么"、"我完成了哪些学习任务"、"我还有哪些内容没有掌握"、"我取得了什么样的进步"、"我可以通过什么样的方式来提高自己"……

> **案例**
>
> **探究实验活动表现评价**
>
> 镁与铁、铜、铝一样，是一种用途广泛的金属，金属镁可用于制造航天材料、各式各样的合金等，一些烟花和照明弹里也含有镁粉。结合你的日常生活和学习，利用所给仪器和药品，试一试探究金属镁的性质。
> (1) 拿到题目以后，你想到了什么？
> (2) 你猜想镁具有什么性质？猜想的根据是什么？是否参照了所给的仪器和药品？
> (3) 如实记录你的操作情况和你观察到的现象。
> 活动结束后学生的自我评价如下。
> (1) 你对这次的活动感觉如何？你怎样看待它？
> (2) 活动过程中，你是否感到有困难之处？困难在哪里？你是如何解决的？
> (3) 整个活动过程中，你是否向同学或老师询问一些自己把握不准的问题？问题是什么？你对同学或老师的回答满意吗？
> (4) 你认为这次活动做得怎么样？请你试一试再提出与镁有关的3~5个问题。

建构主义学习理论认为：有意义的学习是反省和自我调整的。本案例老师在课堂教学评价中，引入学生自我反思与评价，让学生评价自己是评价环节中不可缺少的一环。让学生进行自我评价、评判，不仅可以帮助学生认识自己现状与目标的差距，而且可以促使学生逐步学会自我监控、自我调整、自我改造和自我完善，不断提高他们学习的主体意识和自我教育能力，形成独立自主开拓的人格特征。

四、可控性

新课程改革条件下教学评价的目标、对象、时空环境、方法等都要比传统的教学评价复杂。优势的一方面是评价的方式比传统的教学评价丰富，不足的一方面是控制评价的因素比传统的教学评价复杂。新课程改革条件下的教学评价并不是无所不包的一种教学评价，评价活动的进行还要根据一定的目标、情况、模式。以上这些都是可以控制的评价因素，与此同时也是进行新课程改革教学评价的基础。

> **资料卡**
>
> 高中化学新课程标准对化学教学评价提出新的要求：高中化学课程评价既要促进全体高中学生在科学素养各个方面的共同发展，又要有利于高中学生的个性发展。积极倡导评价目标多元化和评价方式的多样化，坚持终结性评价与过程性评价相结合、定性评价与定量评价相结合、学生自评互评与他人评价相结合，努力将评价贯穿于化学学习的全过程。
>
> （摘自：中华人民共和国制定．普通高中化学课程标准［S］．北京：人民教育出版社，2003：35）

第三节　中学化学教学评价的功能

教育部制订的《普通高中化学课程标准（实验稿）》在其评价建议中提出："高中化学课程评价既要促进全体高中学生在科学素养各个方面的共同发展，又要有利于高中学生的个性发展。"新课标倡导目标多元化和评价方式多元化，坚持终结性评价与过程性评价相结合、定性评价与定量评价相结合、学生自评互评与他人评价相结合。基于新课标，对于中学化学教学评价设计的探讨，不仅有助于促使学生通过各种形式的评价和反思来提高自学的能力，帮助化学教师更好地把握教学过程，还可以促进高中化学教育改革，使教育事业真正得到动态的、良性的发展。

一、激励与导向的功能

德国教育家第斯多惠曾经坦言："教学的艺术不在于传授知识，而在于激励、唤醒、鼓舞。"新课程强调"为了每一位学生的发展"，与之相适应的教学评价就应成为学生发展的催化剂和学生参与教学活动的推进器，让学生在各自不同的起跑线上逐步发展自我，完善自我。

教学评价的激励与导向的意义可以让积极主动的学生充满自信，让困惑迷茫的学生充满希望，让聪明敏捷的学生超越自我。具体表现在：促进学生发展、激励学生前进、引导学生成长。

（一）促进学生发展

学生既是现实中的人，又是具有很大发展潜力的"未来"的人，他们是"早晨八九点钟的太阳"，生理、心理处在快速的变化中，知识、技能处在不断的增长中，情感、态度、价值观处在不断的变化中。为此，教学评价应该从学生个人全面发展的角度出发，关注学生的生命成长，重视学生的个性差异，促进学生的全方位发展。根据新课程标准的相关规定，在进行化学教学评价的时候，不仅要重视认知领域目标的评价，还要运用合理科学的方法对学生的情感、态度、价值观给予评价，并予以高度的重视，实施过程与结果并重、方法与技能同评的评价观。只有通过实施这种评价观，才能更好地实现学生的全面发展。

（二）激励学生前进

卡耐基曾经说过："使一个人发挥最大能力的方法就是赞美和鼓励。"特别是孩子们很喜欢被家长或老师鼓励和赞美。教学过程中，教师对学生赞许的眼神、默许的点头、满意的微笑、鼓励的话语等一系列动作和语言，让学生们感受到老师对自己的关心、器重和敬佩，并且体验到成功的喜悦。恰如其分的评价就像是春天的细雨、冬日的暖阳，可以使学生如沐春风，感觉愉悦。

（三）引导学生成长

教学评价就如一个"导航仪"，为教师日常的教学活动"定标导航"。教学评价可以引导学生向理想的目标不断接近，具有导向的作用。课堂上，教师对于学生的评价，可以使学生知道学什么、做什么、怎么学、怎么做、为什么学、为什么做……学生会依照教学评价的要求安排自己的学习和行为，并尽力纠正学习过程中偏离教学评价标准的行为。

> **案例**
>
> 在学习二氧化碳的性质时，实验要求取两根长短不一的蜡烛点燃，放入大烧杯中，将收集好的二氧化碳倒入，观察哪一支蜡烛先灭。"哪位同学愿意上台为同学们演示？"李老师话音刚落，平时不爱发言的小明第一个举了手，于是李老师请小明为大家演示这个实验。小明上台后小心翼翼地将收集好的二氧化碳沿着烧杯内壁倒入，此时全班同学的目光都聚集在了蜡烛上，结果高的那只蜡烛先灭了，安静的教室顿时变得热闹了起来。这跟大家预期的下层蜡烛先灭完全相反，大家都很想知道为什么。这时李老师首先表扬了大家："你们真棒，对知识刨根问底，很多科学家就是抓住实验中的细小问题做出了伟大的科学发现。如果你们能对问题进一步思考，那就更好了！"接着，李老师引导学生分析原因，同学们积极地思考、分析、讨论，最终找出了原因，豁然开朗，都很兴奋。

案例中李老师对学生的肯定与鼓励，激发了学生的探究欲望。教师通过评价，能把对学生及其行为的认知，自觉或不自觉地传导给学生。学生在学习中得到全面客观激励评价，自尊心和自信心增强，他会感到一种自我实现的快慰和成功喜悦，随之而来的是学习干劲渐趋提高，同时唤起更高水平的需要。

二、调控与管理的功能

教学评价的最终结果是一种信息的反馈，它既可以使学生得到学习成功和失败的经验，又可以使教师及时地知道自己的教学情况，从而为教师与学生调整教与学的进程提供依据。

（一）调整教学方向

没有评价的"教"与"学"就像是一盘散沙，教师不了解学生对于知识的掌握情况，学生也没有奋斗的方法和继续努力的动力。因此，教学评价为教师和学生指明了方向。在具体的教学评价过程中，教师要不断地通过一系列的措施如检测、判断对教学方向进行调整，尽快达到教学目标。

（二）调控教学过程

从信息论的角度看，教学是一个信息输入、转换、输出、反馈和调节的过程。在这些环节中，反馈和调节其实就是教学评价的一个部分。教学评价的结果不仅为教师了解教学成果提供了大量的反馈信息，使教师根据教学评价的反馈信息对原来的教学设计做出及时、必要、适当的调整，以取得理想的教学效果，而且也为学生了解自身的学习状况、自己与同学之间的差距提供了直接的反馈信息，学生可以根据教师以及其他同学的反馈信息有意识地、自觉地进行自我反思，并对自己的学习方法、学习态度等不断地进行自我调节、自我完善，最终以达到自身预定的学习目标。

（三）管理教学过程

教学评价是教学过程中必不可少的有机组成部分，不仅能够调控教学过程，而且还能管理教学过程。教学进行前的评价，可以了解学生的预习准备情况；教学过程中的评价，能够检查学生的学习情况；教学完成后的评价，可以为分流、安置学生提供相应的准确信息。

案例

"氯气"自我学习评价表

某老师在讲授"氯气"一课时，课前先给出学习目标，然后在课堂学习结束时，给出一张学生自主评价表（如下），让学生能在课堂内对自己所学知识及时进行自我评价。

学习目标	掌握程度		
	一般	良好	优秀
1. 了解氯气的物理性质			
2. 通过对氯原子、氯分子的结构分析，掌握氯气的化学性质			
3. 培养观察、分析实验的能力及分析问题、解决问题能力			

案例中老师通过课后给学生自主评价表，让学生在进行自我总结、评价的时候，对自己的学习情况有所了解、反思并依据教学评价的结果改变学习策略、改进学习方法、增强学习自觉性。同时教师也能很好地了解学生对知识的掌握情况，依据教学评价的结果修订教学计划、改进教学方法、完善教学指导，以取得良好的教学效果。教学评价有利于促使教学过程成为一个随时得到反馈调节的可控系统，使教学活动愈发地接近预期的教学目标。

三、增强改进与增值的功能

教学评价是为了"改进"，而不是为了"证明"，已经成为人们的共识。与此同时，评价还具有价值增值的功能，它不仅可以帮助学生提高学习效率，还可以督促教师提高自身的素质，促进教育改革。

（一）提高学习效率

教学评价与教学效率有着本质的必要联系，提高学生的学习效率是教师不断追求的目标，只有在学生学习效率提高的前提下，课堂教学质量才能拥有可靠的保障，落实新课标才会拥有教学成果上的动力支持，减轻学生的课业负担才会有望实现。有很多的途径可以提高学生的学习效率，在这其中，行之有效的一条途径就是恰当地对学生进行教学评价。

（二）提升教师素质

恰当的教学评价不仅可以促进学生的进步与发展，同时也能促进教师自身素质的提高。通常情况下，客观、公正的评价能够帮助教师辨别和发现教学过程中存在的问题，为教师自身的发展和对于教学工作的改进提供详实的反馈信息，并达到调动教师积极性、改进教学方法、提高教学质量、促进自身发展的目的。

（三）促进教育改革

教学评价的"导航仪"功能对教师的教学实践产生了相当深远的影响。从一定程度上讲，有什么样的教学评价就有什么样的教学改革。作为教学进程中的重中之重，教学评价无论是在内容上，还是在观念上，甚至是在形式上影响并促进着当代的教学改革。化学课堂教学评价表见表5-1。

表 5-1 化学课堂教学评价表

评价指标		评分栏				说 明
母项	子项	A	B	C	D	
教学目标（12%）	1. 符合课标要求,体现教材特点	4	3	2	1	
	2. 面向全体学生,切合学生实际	4	3	2	1	
	3. 明确三基要求,渗透情感教育	5	4	3	2	
教学内容（20%）	4. 教学容量适当,重点关键突出	5	4	3	2	
	5. 难易把握适度,联系学生实际	5	4	3	2	
	6. 拓展延伸适宜,依据及时调整	5	4	3	2	1. 评估人根据评估要素及要求在评分栏打分(在相应的分值上打√),然后将各分值相加,得出总分,再转换成评估等级。 2. 分数转换评估等级:100～85 分为优,84～74 分为良,73～60 分为合格,60 分以下为不合格。 3. 评估人由专家、教师、学生、家长等多元参与
	7. 是否科学健康,培养健全人格	5	4	3	2	
教学方法（20%）	8. 创设课堂情景,调动学习动因	5	4	3	2	
	9. 教学步骤合理,课堂结构科学	5	4	3	2	
	10. 方法灵活多样,媒体运用恰当	5	4	3	2	
	11. 讲练有机结合,教给学习方法	5	4	3	2	
学习状况（20%）	12. 学习目标明确,学习兴趣浓厚	5	4	3	2	
	13. 实验操作规范,参与探究积极	5	4	3	2	
	14. 善于观察思考,常能提出问题	5	4	3	2	
	15. 愿意交流合作,与人配合默契	5	4	3	2	
教师行为（16%）	16. 授课精神饱满,教态亲切民主	5	4	3	2	
	17. 教学思路清晰,引导点拨得法	6	5	4	3	
	18. 语言生动准确,演示板书规范	5	4	3	2	
教学效果（12%）	19. 学生情绪饱满,思维活动有效	5	4	3	2	
	20. 学生反馈正确,智能活动有效	5	4	3	2	
	21. 设计风格独特,达到教学目标	5	4	3	2	
评估总分		评估等级				

合理的高中化学教学评价不仅能够有效地促进学生在化学学科领域的发展,还能够促进化学教师素质的提高。正常情况下,公正、客观的评价,能够帮助化学教师诊断和发现教学工作中存在的各种问题,为化学教师的自身发展和教学工作的改进提供有效的反馈信息,从而达到调动化学教师积极性、促进自身发展、改进教学方法、提高教学质量的目的。

第四节 中学化学教学评价的设计

要设计一个教学评价方案,我们首先要明确评价的对象,其次按照教学评价设计步骤进行评价方案的设计。

一、中学化学教学评价的对象

传统的教学评价,学生成为了仅有的被评价对象,并且单独地承担着教学结果的责任,这对于学生本身就是不公平的。这个世界本身就是多元化的,仅仅把学生作为整个教学过程中唯一的评价对象,并且单纯地以考试成绩来评价学生的学习成果、能力素质以及人生观世界观也是不合理的。因此，教育部门、学校应该建立公平、公正、公开、合情合理的多元化评价对象体系，把参与到教学过程中的教师和学生都作为评价的对象。

（一）学生是教学评价的核心

学生是教学过程中的关键，亦即教学评价的核心，其他被评价对象则是围绕着这一核心，并对这一核心产生着直接或间接的影响。对于学生的评价除了化学学科考试之外，还应该对学生进行科学、全面的评价。中学化学新课程要求对于学生的评价从三维目标出发，即知识与技能、过程与方法、情感态度与价值观。以人教版高中教材《化学（选修1）》"化学与生活"、人教版高中教材《化学（选修2）》"化学与技术"为例，对于学生的评价除了要检测其对于基础知识的理解与掌握，还应注重考查学生对于所学知识在日常生活与生产中的具体应用以及他们对于实际问题的解决能力和能否拥有一个正确的、健康的、积极向上的生活观念、人生观、价值观。例如，针对人教版高中教材《化学（选修1）》中"葡萄糖是怎样供给能量的"这一内容，为学生设计的评价表见表5-2。

表 5-2 "葡萄糖是怎样供给能量的"学生评价表

学校：　　　　　年级：　　　　　班级：　　　　　姓名：　　　　　时间：

评价项目	具体表现	等级与赋分				得分		
		优	良	中	差	自评	互评	师评
精神状态 （20分）	A. 化学学习兴趣浓厚，求知欲强 B. 学习过程自信心强，与老师关系和谐	19	16	13	10			
学习态度 （20分）	A. 积极主动地配合教师教学 B. 独立思考化学问题 C. 认识到自身的优缺点	19	16	13	10			
知识掌握 （20分）	A. 课前预习 B. 课后对于知识的掌握 C. 知识的连贯性和相关性	19	16	13	10			
知识应用 （20分）	A. 化学知识的综合应用 B. 运用化学知识解决实际问题	19	16	13	10			
情感态度与价值观 （20分）	A. 认识糖类对于维持正常生命活动的重要性 B. 养成良好的生活习惯	19	16	13	10			

注：满分100分；优：95~100分；良：80~94分；中：65~79分；差：65分以下。

上表是依据人教版高中教材《化学（选修1）》中"生命物质基础——糖类"节选的内容来进行设计的。这个评价表遵循新课程标准对于高中化学教学评价和学生评价理念，对学生在学习了某一知识点后进行了多维度的评价。

（二）教师是教学评价的关键

在教学过程中，教师起着关键性的作用。教师教学水平的高低或教学质量的高低很大程度上直接地影响学生学习的成果和身心发展。对教师教学质量进行科学的评价，由此得到教学情况的真实信息反馈，是有效地提高教师教学效果和质量的重要途径之一。

教师作为学生与知识之间的传输者，能够起到指导、促进、协助学生学习知识与技能，习得过程与方法，体会情感态度与价值观的作用。无论是在知识技能层面上、能力方法层面上，还是情感态度层面上，教师具备的经验远远超过学生。因此，在教学活动中，学生需要教师的指导和帮助。而教师已不再是原来单纯地进行知识和道理的灌输，更多的是教师通过各种教学方法、策略、课堂设计来调动学生主动学习知识的兴趣。学生则通过自身的学习驱动力，积极主动地进行知识建构，并且形成自身的经验和信念。因此，对于教师的评价应该是合理的、全面的。评价包括：教师对于教育思想理念的把握情况，对教学材料、学情的了解情况的评价，对于教学目标、教学方法策略、教学过程以及指导学生学习的能力的评价。除此以外，还要在日常的教学工作中，评价考查教师的教学能力、教学水平、教学态度以及其他业务水平。评价的方法有综合量表评价法、分析法、点差法。

以一个教学设计为例，对其进行评价。

"盐类的水解"教学简案

一、新课标要求

"盐类的水解"这一内容选自人教版高中教材《化学（选修4）》。新课标对本节内容的要求是：认识盐类水解的原理，归纳影响盐类水解程度的主要因素，能举例说明盐类水解在生产、生活中的应用。

二、教学目标

1. 知识与技能：理解盐类水解的概念和实质。
2. 过程与方法：通过实验，提高分析问题的能力，学会透过现象看本质。
3. 情感态度与价值观：提高实验技能，养成良好的科学态度和科学方法，树立实事求是的辩证唯物主义世界观。

三、教学重点：盐类水解的实质。

四、教学难点：盐溶液酸碱性的规律及判断。

五、教学过程（见表5-3）

表 5-3　教学过程

教学步骤	设计意图
【引入】运用"侯氏制碱法"引入新课	唤醒学生的民族自豪感，引起学生的认知冲突，引出本节课要讲述的内容。
【讲述】以醋酸钠为例，阐述盐类的水解的定义，并得出盐类的水解的实质。	综合前面知识的学习，让学生对"盐类的水解"有一个概念以及实质上的初步了解。
【提问】是不是所有的盐在水溶液中都能水解？	通过提问引起学生思考，激发学生的兴趣。
【探究】请学生自己动手测定不同种类盐溶液的酸碱性，并尝试总结归纳盐类水解的规律。	学生自己动手，观察、记录实验现象及结果，并在老师的引导下尝试总结盐类水解的规律。
【讲述】总结归纳盐类水解的规律。（口诀）	在学生总结的基础上进行补充、拓展，并总结出盐类的水解规律口诀，使学生容易记忆。
【牛刀小试】明矾[$KAl(SO_4)_2 \cdot 12H_2O$]是一种常见的净水剂，它是如何达到净水的目的？	联系生活实际，使学生运用所学的知识解决生活问题。
【课堂练习】【ppt】判断下列溶液的酸碱性。能水解的判断出发生水解的离子。 （1）$FeCl_3$　（2）NaF　（3）KI　（4）$NaClO$　（5）KNO_3　（6）$CuSO_4$	学生通过判断盐溶液的酸碱性巩固本节课所学知识。
【课后提升】【ppt】1. 若某盐溶液呈中性，能否判断该盐未发生水解反应？该盐可能是什么盐？为什么？（结合CH_3COONH_4 为例思考） 2. 酸式盐的水溶液一定显酸性吗？（结合 $NaHSO_4$、$NaHCO_3$、$NaHS$ 等思考）	这两个问题与前面的课堂练习相比，稍有难度，培养学生独立思考问题、解决问题的能力。同时为下节课要讲的内容埋下伏笔。

对于教师的评价，第一步就是对教师的教学设计方案进行评价。在此，我们可以采用下面的化学教学设计方案评价表（表 5-4）对"盐类的水解"的教学设计进行测评。

表 5-4 "盐类的水解"第一课时教学方案设计评价表

项 目	指 标	等级及赋分		
		A(1)	B(0.7)	C(0.5)
教学目标设计	1. 教学目标的设计体现新课程标准的理念			
	2. 目标因素操作性强，符合学生全面发展的需要			
	3. 目标陈述合理，充分体现化学学科特点			
教学内容设计	4. 教学设计完整，充分整合教材			
	5. 体现新的教学理念			
	6. 抓住教学内容的特点，体现化学学科的教育价值			
	7. 重难点突出，提高学生学习和感受化学的兴趣			
教学过程设计	8. 创设的情景合适			
	9. 课堂活动的有效性			
	10. 教学方法符合化学教学实际			
	11. 教学媒体的选择和设计符合教学的要求和学生的学习特征			

在上表中，针对上述教学设计从教学目标、内容、过程设计三个方面进行了评价，评价内容较为详细合理。

二、高中化学教学评价设计的步骤

高中化学教学评价的主要对象是教师和学生，所以教学评价的过程应该是系统地、有计划地、全面地获取教学评价对象的各种信息，并在此基础上做出科学、合理的评价，而不是在盲目、单方面和琐碎的信息基础上做出评判。所以，在采取教学评价之前就需要对评价方案进行科学、缜密的设计，以此来确保教学评价过程顺利、有效地进行，并能够得到可靠真实的评价结果。

教学评价的设计一般包括以下几个步骤。

（一）确定评价的理由和内容

确定评价的理由和内容，即要确定"为什么要进行教学评价"和"教学评价评什么"。教学评价的对象是一切与教学有关的个体和教学现象，但是具体的教学评价通常是针对某一个具体的教学评价对象的一个特定的方面。因此，进行教学评价设计的第一步就是确定评价的理由和评价的内容。

在传统的教学评价过程中，教师使用评价的原因往往只是局限在依靠对于学生的评价来获取他们课业发展的信息，从而对学生做出评判和决策，并给出具体的等级。其实，分出优劣的等级并不是设计教学评价的唯一目的。教学评价的结果应该是帮助教师了解自身的教学现状，为决定自己和其他老师的教学行为提供依据，并有助于老师们做出相应的教学决定。教师可以通过教学评价获取学生的学业成就等方面的相关信息，同时，据此做出一些相应的调整。例如，调整原来的教学计划、教学安排，调整授课方式，调整与一些学生的交流方法等。因此，在对教学评价的方案进行设计之前，教师要确切地根据学生在化学学科的评价表现而做出一定的调整决策，这直接或是间接地决定了教学评价的相关设计。与此同时，针对于教师的评价也应该这样。

(二) 确定评价的标准和类型

确定评价的标准和类型也就是要确定"怎样进行教学评价"。

在做出教学评价的内容后，就要开始思考怎样进行教学评价了。评价方向不同，进行教学评价的目的和内容不同，据此应该选择的评价标准和评价类型也不同。如果在进行教学评价的时候，评价者对这个问题不进行认真的考虑，选择了不适合评价对象的评价标准和评价类型，其结果就是可能会得到一些虚假的评价结果和信息。那么，这种不合适的教学评价对于评价者的教学管理和教学工作是有很大负面影响的，并且对于评价的对象也是很不公平的。

想要很好地解决"怎样进行教学评价"这一问题，首先应该从以下几个方面进行思考选择。

① 明确教学评价的对象。比如要明确教学评价的对象是人，是物，还是一件事情；是学生，还是教师；是学科成绩，还是综合素质等。

② 针对确定下来的评价对象，还需要对其了解一些信息。比如：对于学生和教师，是了解知识与技能方面，还是能力方法方面，抑或是情感态度价值观方面；若是针对某件事或某些行为，就要首先明确想要了解什么，比如说目的、手段还是结果。这些内容都是在进行教学评价之前需要提前了解的信息，这样才能具有针对性地选择合适的评价方式。

③ 在确定了前面两步的基础上，对于教学评价的标准和类别进行设计和选择。是选择定性的评价还是定量的评价、诊断性的评价还是形成性的评价或总结性评价等。

(三) 设计教学评价的方案

在进行正式的教学评价方案的设计时，前面所述的两个步骤中所涉及的内容一定要包括在内，也就是要求将整个评价方案的设计思路清晰地表现在教学评价设计方案中。这样做不仅能够使设计出的教学评价方案拥有明确的目标和理由，而且能够使教学评价设计方案被更多的人所接受，这就为评价方案在下一阶段的实施过程当中提前做好了充分的准备。不然教学评价的设计方案就可能会让人们觉得是评价者或评价设计团队的主观评判和妄自尊大，从而对教学设计方案产生强烈的抵触和不满情绪，给评价方案今后的实施埋下绊脚石。因为对评价的目的和意图不满意或是不了解，在进行评价的过程中不予以配合或是设置障碍，从而导致教学评价达不到真实可信的结果，误导教学管理层或教师做出错误的决策，这在日常教学评价的过程中也是发生过的。由此可见，在进行教学评价方案的设计之前，应该做好一定的准备工作。

1. 设计教学评价方案前的准备工作

(1) 组织上的准备

组织上的准备包括组建具体形式的教学评价工作组织，成立特定的评价仲裁机构。在实际的操作过程中，可以根据具体情况进行具体的、合适的准备。比如像高考这种全国范围性的大规模评价，需要成立庞大的、专门的评价管理机构，而像化学学科一次小范围的单元测试，就只需要几位相关的任课教师就可以形成本次阶段性教学评价的评价管理机构。

(2) 人员上的准备

人员上的准备包括组织、督促参与教学评价方案设计的有关人员对相关的教学评价理论进行了解和学习，并通过学习使他们更加明确教学评价的目的和意义，提高他们的工作热情和责任感。

在做好上述的两项准备后，就可以对教学评价方案进行设计了。教学评价方案是整个教学评价过程的计划和蓝图，是有效实施教学评价的重要工具。教学评价方案还是评价组织者依据教学评价的目的，严格遵守教学行为的客观规律，在实施教学评价之前制定的有关教学评价目的、评价对象、评价标准、评价方法、评价手段、评价程序和预期结果的纲领。化学课堂教学评价方案的构建思路如图 5-1 所示。

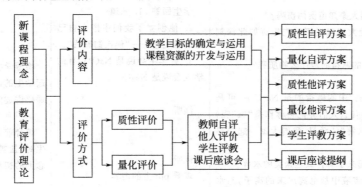

图 5-1　化学课堂教学评价方案的构建思路图

2. 教学评价方案的设计应该遵守的原则

（1）以教学评价标准为核心

教学评价标准是指对教学活动质量或数量要求的规定。教学评价标准一般包括指标体系和评价基准。教学评价标准是在设计教学评价方案过程中的"导航仪"，不考虑任何标准的教学评价是不科学的。

（2）将参与教学评价活动的组织者、评价者以及被评价者的接受程度作为重点

教学评价的作用发挥得怎么样，在很大的程度上取决于教学评价结果的准确性和真实性，并且教学评价的本质就是对教学活动进行评判的一个过程。所以，将参与教学评价活动的组织者、评价者以及被评价者的接受程度体现在教学评价方案中，可以提高评价结果的真实性和准确性。将教学评价过程的科学性、规范性和可操作性作为评价方案的根本。对于教学评价方案的设计是教学评价工作的准备，评价方案的设计必须注重评价过程的科学性、规范性和可操作性，这样就能够使教学评价工作既可以拥有较高的信度和效度，又可以使教学评价的结果具有更高的可比性。

第五节　案例分析

本节以人教版高中教材《化学（选修4）》"盐类的水解"为例，选用教师为评价对象，并对评价方案进行设计。

第三节　盐类水解（第一课时）

一、教学目标

1. 知识与技能：理解盐类水解的概念和实质。
2. 过程与方法：通过实验，提高分析问题的能力，学会透过现象看本质。
3. 情感态度与价值观：提高实验技能，养成良好的科学态度和科学方法，树立实事求是的辩证唯物主义世界观。

二、教学重点：盐类水解的实质。

三、教学难点：盐溶液酸碱性的规律及判断。

四、教学过程，见表5-5。

表 5-5　教学过程

教师活动	学生活动	设计意图
【引入提问】1. 请问大家知道侯德榜吗？ 2. 那是什么原因让大家对侯德榜先生有如此深刻的记忆呢？ 3. "侯氏制碱法"中的碱指的是什么物质呢？ 【讲述】"侯氏制碱法"中的碱指的是 Na_2CO_3，可是 Na_2CO_3 明明是盐，为什么人们会把它称作"碱"呢？通过这节课"盐类的水解"的学习，我们大家一起来寻找答案。 首先，我们大家一起来了解什么是盐类的水解。 【ppt】盐类的水解：溶液中盐电离出来的离子，与水电离出来的 H^+ 或 OH^- 结合生成弱电解质的反应过程，叫做盐类的水解。 【板书】一、定义：课本 P56 【讲述】大家已经学习过 Na_2CO_3（即纯碱）的水溶液是显碱性的，它能使无色的酚酞试剂变红色，这其实是因为 CO_3^{2-} 在水溶液中发生水解造成的。	学生回答．1. 知道 2. 他创立了我们中国人自己的制碱工艺——"侯氏制碱法"。 3. 有学生会说是 NaOH，有的学生会说是 Na_2CO_3。 倾听 倾听 观看 ppt 上的内容 回顾前面所学知识 思考 倾听	唤醒学生的民族自豪感，引起学生的认知冲突，引出本节课要讲述的内容。 综合前面知识的学习，让学生对"盐类的水解"有一个概念上的初步了解。 让学生巩固高一所学钠的化合物的相关知识，引起学生的学习兴趣。
【板书】【讲解】Na_2CO_3 水溶液中 CO_3^{2-} 水解的过程，以及其水溶液显碱性的原因。 【讲述】归纳总结盐类水解的实质。 【ppt】实质：打破溶液中水的电离平衡，促进水的电离。 【板书】二、实质 【提问】是不是所有的盐都会发生水解而呈现出不同的酸碱性呢？ 【ppt】【实验探究】请学生们自己动手用 pH 试纸测定不同溶液的酸碱性（任选一组进行测定）： 第一组：$NaCl$、$NaHCO_3$、NH_4Cl； 第二组：Na_2SO_4、CH_3COONa、$Al_2(SO_4)_3$。 【板书】三、实验结果 酸性： 碱性： 中性： （请学生将实验结果写出） 【ppt】内容补充：在化学中，我们根据形成盐的酸和碱的强弱，将盐分为强酸强碱盐、强酸弱碱盐、强碱弱酸盐、弱酸弱碱盐。 【提问】请同学们分析实验结果，归纳盐溶液的酸碱性与盐类型之间的关系。 【ppt】强酸强碱盐显中性 强酸弱碱盐显酸性 强碱弱酸盐显碱性	倾听 看黑板 回答问题 倾听 回答问题 思考 学生回答是或不是 自己动手做实验 观察并记录实验现象 得出实验结果 汇报实验结果 派代表在黑板上按要求写出实验结果 倾听 理解 分析实验结果 回答问题 倾听 观看 ppt	解释前面提出的问题 "Na_2CO_3 明明是盐，为什么人们会把它称作'碱'呢？" 引出下一个内容。 引导学生分析问题，解决问题。 通过提问引起学生思考，激发学生的兴趣。 让学生通过实验，直观地发现不同的溶液可能呈不同的酸碱性，引发学生进一步思考。 让学生通过观察实验现象，得出实验结果。 内容补充弥补了学生的知识空白；提出问题让学生分析实验结果，归纳总结出一些规律性知识。

续表

教师活动	学生活动	设计意图
【讲述】总结盐类水解的规律 【ppt】水解规律（口诀）： 有弱才水解，无弱不水解， 谁弱谁水解，谁强显谁性。 【板书】四、水解规律 【牛刀小试】【ppt】明矾 $[KAl(SO_4)_2\cdot 12H_2O]$ 是一种常见的净水剂，它是如何达到净水的目的？ 【课堂练习】【ppt】判断下列溶液的酸碱性。能水解的判断出发生水解的离子。 (1) $FeCl_3$ (2) NaF (3) KI (4) $NaClO$ (5) KNO_3 (6) $CuSO_4$ 【课后提升】【ppt】1. 若某盐溶液呈中性，能否判断该盐未发生水解反应？该盐可能是什么盐？为什么？（结合 CH_3COONH_4 思考） 2. 酸式盐的水溶液一定显酸性吗？（结合 $NaHSO_4$、$NaHCO_3$、$NaHS$ 等思考）	与老师一起总结 回答问题 $Al^{3+}+3H_2O \rightleftharpoons Al(OH)_3+3H^+$ $Al(OH)_3$ 胶体吸附水中悬浮的颗粒并沉降，从而达到净水的目的。 思考 回答问题 课后思考 解决问题	师生一起总结，使学生理清知识脉络，掌握盐类水解的规律。 联系生活实际，使学生运用所学的知识解决生活问题。 学生通过判断盐溶液的酸碱性巩固本节课所学知识。 这两个问题与前面的课堂练习相比，稍有难度，培养学生独立思考问题、解决问题的能力。

表 5-6 "盐类的水解"第一课时教学方案设计评价表

项目	指标	等级及赋分		
		A(1)	B(0.7)	C(0.5)
教学目标设计	1. 教学目标的设计体现新课程标准的理念			
	2. 目标因素操作性强，符合学生全面发展的需要			
	3. 目标陈述合理，充分体现化学学科特点			
教学内容设计	4. 教学设计完整，充分整合教材			
	5. 体现新的教学理念			
	6. 抓住教学内容的特点，体现化学学科的教育价值			
	7. 重难点突出，提高学生学习和感受化学的兴趣			
教学过程设计	8. 创设的情景合适			
	9. 课堂活动的有效性			
	10. 教学方法符合化学教学实际			
	11. 教学媒体的选择和设计符合教学的要求和学生的学习特征			

对于化学教师的评价，第一步就是对于教师的教学设计方案进行评价。表 5-6 表格较为全面地对本节课的教学设计方案进行了评价。在将教学设计方案评测结果进行适当反馈和修正以后，并应用于课堂。第二步，就可以通过化学课堂教学反馈表（见表 5-7）对本节课的课堂教学进行评价。

表 5-7　化学课堂教学反馈表（学生用）

评 价 项 目	学 生 意 见
教师的课堂提问是否具有启发性？本节课所讲的内容你都能听懂，并完全明白吗？	
在本节化学课上你有与老师和同学交流的机会吗？	
化学课后你能独立梳理本节课知识，并能单独顺利地完成课后的练习吗？	
教师在课堂上是否对于你和同学的疑问或是回答给予合理的回应？	
你觉得这节化学课的气氛轻松愉快吗？	
教师有没有帮助你通过运用不同的方法使得化学学习更容易？	
在上课的过程中你是否学到了一些化学学习的方法和解决问题的策略？	
你对化学课还有什么期望？	

全新的《高中化学课程标准》指出：积极倡导评价方式多样化。因此，对于教师的评价也应该是多样化的。通常情况下对教师的评价可以采取学生评价与化学教研组评价（见表5-8）相结合的方式，与此同时，老师的自评以及家长、社会的评价也是必不可少的。

新课程标准中指出，学生是教学过程的主体，因此教学效果的好坏将在很大程度上体现在学生身上。学生对于教师在课堂上采用的教学方法、策略以及整体效果的感受是最深的，一堂课结束后，只有学生自己清楚自己到底学会了什么。所以，在对教师进行评价的过程中，学生对其的评价是非常重要的。教师可以通过学生对自身以及课堂教学的信息反馈，发现学生对教学内容存在的问题以及学习上出现的困难，与此同时还可以发现自身在教学过程中存在哪些不足，并及时改进，从而不断地提高教师自身的素质以及教学质量。

表 5-8　化学教师课堂评价表（化学教研组用）

学校：　　　　　年级：　　　　　班级：　　　　　课题：

评价项目		评价要素	等级和赋分				得分
一级指标	二级指标		A	B	C	D	
教学目标 10分	科学性 5分	教学目标全面，充分体现对学生的知识、技能、过程、方法、情感态度价值观的全面培养	9.5	8	6.5	5	
	针对性 5分	1. 教学目标的设计遵循高中化学新课程标准的理念，符合教材特点 2. 以学生为主体，从学生的实际情况出发，满足大多数学生对知识的需求，并兼顾不同层次学生的要求					
教学内容 15分	科学性 6分	1. 正确理解并把握高中化学教材中的知识，理清知识脉络及其内在联系 2. 传授知识、训练能力、培养习惯等有机结合	14.25	12	9.75	7.5	
	实践性 4分	将化学知识与生活、生产、科技、社会等紧密联系，有学生的实践活动					
	切合性 5分	符合学生已有的知识水平，知识内容的密度和难度符合学生的学习实际					

续表

评价项目		评价要素	等级和赋分				得分
一级指标	二级指标		A	B	C	D	
教学过程 30分	结构安排 4分	1. 教学过程紧凑,密度适当,学生没有过度疲劳 2. 有效利用时间,对学生的时间占用少,上、下课准时,不拖堂	28.5	24	19.5	15	
	方法选择 7分	1. 采用不同的教学方法,充分调动学生学习的积极性,培养学生的学习热情和动力 2. 实验设计合理,操作正确,效果明显,有创新,引导学生观察与思维,培养学生的实验能力 3. 从实际情况出发,合理采用多媒体教学手段					
	信息反馈 5分	1. 反馈及时,信息传递方式多样化 2. 根据学生的实际情况合理安排知识内容和教学进度					
	师生关系 4分	1. 师生关系平等和谐,学生之间友好合作 2. 课堂气氛宽松、融洽,教师对于学生适时地进行恰当的评价和鼓励					
	难点处理 4分	1. 教学重难点突出,体现新旧知识的内在联系 2. 突破学生原有化学知识体系中的不足,使学生构建起新的化学知识体系					
	学法指导 6分	1. 指导学生的学习方法,培养、提高学生分析解决问题的能力 2. 及时、恰当地对学生学习过程中遇到的困难进行指导和帮助					
学生活动 15分	参与广度 5分	1. 学生积极参与交流讨论,演示实验操作人数不少于全班人数的80% 2. 师生之间、学生之间的交流活动时间占整节课的50%以上	14.25	12	9.75	7.5	
	参与深度 5分	提出的问题有深度,学生交流讨论有独到见解,演示实验操作有新意的人数不少于20%					
	自主学习 5分	1. 学生有自主学习的时间和空间,能进行自我评价和对自己的学习进行监控 2. 学生之间互相帮助,积极合作					
教学效果 15分	情感态度 5分	学习环境宽松,学生心情愉悦,体现学生主体性,学生主动获得成功学习的愉快体验,有继续学习的愿望	14.25	12	9.75	7.5	
	知识技能 5分	绝大多数学生掌握相对的基础知识与技能,在各自原本的基础上能够获得进一步的发展					
	过程方法 5分	通过学习,学生化学思维能力、探究能力和理论联系实际的意识有所提高					

续表

评价项目		评价要素	等级和赋分				得分
一级指标	二级指标		A	B	C	D	
教学能力 10分	教学设计 3分	层次清楚,过渡自然,符合学生认知规律	4.75	4	3.25	2.5	
	语言表达 2分	语言流畅,条理清楚,表达准确,富于启发性					
	教态板书 2分	教态自然、亲切;板书规范,设计合理					
	应变能力 3分	能够合理、冷静应对教学过程中出现的各种突发状况;正确处理学生问题					
教学特色5分		在发挥学生主体性方面有突出表现或在培养学生创新精神和实践能力方面有突出表现					

注：满分100分。优：90～100分，良：75～89分，合格：60～74分，不合格：60分以下。

"外行看热闹，内行看门道。"对于化学教师的评价来说，学科专家和教师的评价是非常重要的。评价小组应该由化学学科的研究员、专家教师、教研组长以及学校的相关领导等组成。对教师的评价要以诊断和指导教学为目的，定性评价和定量评价相结合。

参 考 文 献

[1] 胡玉涛. 关于新课程背景下高中物理教学评价设计的审视 [J]. 新课程研究, 2011 (05): 51-54.
[2] 李君丽, 祝智庭. 基于新课改的发展性教学评价设计探讨 [J]. 电化教育研究, 2007 (04): 66-72.
[3] 普通高中化学课程标准（实验稿）[DB/OL]. http://www.sqez.org/newsshow.asp? id=866.
[4] 姚便芳. 评价的奥妙 [M]. 成都: 四川大学出版社, 2010: 6-7, 14-15.
[5] 谢利民. 教学设计应用指导 [M]. 上海: 华东师范大学出版社, 2007: 212-214.
[6] Mary McNabb, Noah Central Regional Educational Laboratory, Mark Hawkes, Dakota State University, llik Rouk, Policy Studies Associates, Critical Issues in Evaluating the Effectiveness of Technology [C], National Conference on Educational Technology, July 12, 1999. 144-146.
[7] 陈晓慧. 教学设计 [M]. 北京: 电子工业出版社, 2005: 147-149.
[8] （美）莫里森 (Morrison, G. R.)，（美）罗斯 (Ross S. M.)，（美）肯普 (Kemp J. E.) 著; 严玉萍译. 设计有效教学 [M]. 北京: 中国轻工业出版社, 2007: 190-193.
[9] 林进材. 高效能教师的教学锦囊 [M]. 上海: 华东师范大学出版社, 2007: 98-104.
[10] 王文奎. 现代教育背景下开展有效教学的条件 [J]. 教学与管理, 2011 (03): 54-57.
[11] 王凯. 英国基础教育中学生评价的转向及趋势研究 [J]. 外国教育研究, 2003 (01): 67-69.
[12] 马云荣, 王建平. 美国家长参与学校教育研究动态综述 [J]. 外国教育研究, 2004 (01): 44-46.
[13] 曹莉莉. 新课程理念下课堂教学评价的标准 [J]. 教育科学研究, 2003 (07/08): 34-36.
[14] 丛立新. 评价改革及反思 [J]. 教育科学研究, 2003 (10): 33-35.
[15] 丁朝蓬, 梁国立, Tom L. Sharpe. 我国课堂教学评价研究概况、问题与设想 [J]. 教育科学研究, 2006 (12): 78-81.
[16] 徐玉英. 初中化学课堂实施的现状、问题及对策研究 [J]. 教学研究, 2003 (10): 33-35.
[17] 吴建希. 化学课堂教学学生评价方式改革初探 [J]. 2004, 25 (6).
[18] 周雪春·新课程下高中化学教学评价的探索与实践 [J]. 化学教育, 2006 (5).
[19] 徐秧银·化学教学评价须多样化 [J]. 陕西教育, 2003 (11).

第六章

化学教师素质与专业成长
——让教学锦上添花

> 某中学教师,教学成绩突出,校领导和同事都非常认可他的能力,他在县里和市里的讲课比赛中,多次获得奖项。作为班主任,他把本班级的工作开展得有声有色,获得了县级"红旗团支部"的荣誉称号。这位老师的体育、演讲、计算机、写作等方面也很优秀,在学校的文艺晚会上,他的节目获得了观众的热烈掌声。领导和同事都说他的教师素质非常高。

这位老师被评价为具有良好的教师素质。那么,教师素质指的是什么呢?

人先天性的生理条件是素质的基础和前提,但人的素质主要还是来源于后天习得的生活经验。素质与人的知识和能力同样有关系,但并不是指知识以及能力本身,它是知识和能力在人的内心经过沉淀以后所形成的稳定的心理品质。因此,人的素质是建立在一定的先天性生理的基础之上,在获得后天的习得性经验和知识以后,经过人的心理全面系统内化而逐渐形成的相对稳定的品质。

国内外很多学者从不同的角度对教师素质进行了强调,内容颇为丰富,但提法差异性较大,而且其中多有交叉重叠。国外的学者普遍从教师人格模式入手研究教师的价值观、生活兴趣和工作态度等,他们强调教师素质是涵盖了教师的知识结构、教学技能、生活经验、个性特征、性向和行为的一种综合性的概念。除此之外,有些学者又把教师素质定义为包括了想象力、耐心、同情心、个人威信以及思想道德的一种完整性的综合素质。

在我国,受五千年源远流长的历史文化影响,我们都把教师的信念看得非常重要,把教师素质定义为以教师的先进和优良的心理品质为基础,经过一段正确、认真而又严格的师范教育所获取的品质,是作为一名合格教师所具有的,带领学生进入具体教学情境的信念、知识和能力的集合。从职业的角度来说,有些人认为教师素质所体现的是一名教师的能力,是教师内心品质的体现,因此,教师素质是教师依照相关的规定执行教师职责,承担教育教学任务时所必需的各种素养的本质性的要求以及将这些使用过的素养有机结合在一起的综合能力。教师的先天禀赋非常重要,有些研究者对教师素质进行定义时,则把教师的先天禀赋糅合在其中。他们认为教师素质是建立在人的先天禀赋基础之上,通过教育科学的全面培养以及教师的自我提高而形成的教师内在的一种稳定的职业品质,并且教师素质还要有一定的历史文化知识、能力和思想等方面的职业修为和身心特征。如果我们只从不同主张的定义要素内容分析来看,那么几乎所有学者都一致认为教师知识和教师能力是教师素质定义的基本构成,而其余的构成则正是一些学者的广泛争议所在。总之,对教师素质定义的表述并没有完整而统一的规定，教师素质架构的制定也相对不集中，不是一个完整的系统。

《教育大辞典》中，教师素质是指教师为完成教育教学任务所应具备的心理和行为品质的基本条件。在不同的时代，不同的阶级对各级各类教师素质的要求不尽相同。这个定义把教师素质归结为一种心理和行为品质是相当合适的，从更深层次分析，对教师素质的这种定义，是从事教师这一职业需要拥有的一种群体素质，而不是个别的个体素质。因此，教师素质是一种特殊素质，区别于普通意义上的素质。这是教师后天经过培养获得的素质，而不是一生下来就有的素质。在此基础上，我们不难得出化学教师素质的定义，化学教师素质是指化学教师在化学教学和实践活动过程中所具备的基本品质以及从教能力。

第一节 优秀化学教师具备的素质特征

一、化学教育理念先进

教育理念是指导教师教学工作的根本思想，是指导教师实践活动的基本依据，教育理念怎么样，教育实践就会怎么样，因此，教师教育工作的方向由教育理念来决定。优秀的化学教师往往具有与时代精神相连的教育理念，他们深刻熟知教育的内涵和精神实质，在教学中以学生的发展为本，凸显学生在课堂上的主体地位，旨在培养学生的自主学习能力。他们重视学生实践能力、基本观念和思维技能的形成，以此满足学生的需要，提升学生的学习兴趣，使学生的学习和人格得到全面的发展。

作为一线的化学教师，教育理念的先进性主要体现在以下几个方面。

（一）科学的育人观

化学教师应该经常思考社会发展需要什么样的人才，教育如何促进人的发展，学生需要具备什么素质才能应对未来社会的挑战。基础教育的一个重要目的就是帮助学生获得走向理想生活的基本能力，而适应社会的需要就尤为重要，社会需要的是具有创新精神和实践能力的人才，因此学习和考试成绩并不能完全代表创新和实践的能力。我们知道，人才观决定了教师的育人观，化学作为社会生活中一个应用性极高的学科，化学教师的教学就要秉承以人的发展为本，服从和服务于人的全面健康发展的理念，培养学生化学与生活、生产、社会联系的观念。总的来说，化学教师要关注每一位学生的知识获得、能力发展、心理健康、道德生活和人格养成，重视学生潜能的开发与发展，让每一个孩子都成为有用之才。

（二）合理的学生观

为了每一位学生的发展是新课程的宗旨和核心理念，学生是发展过程中的人，发展过程有一定的规律可循，教师要对每一位学生充满信心。学生又是一个独立的个体，有自己鲜明的个性，教师应该尊重学生的独特性，把学生培养成既有高尚的道德和丰富的知识，又有鲜明个性的人。学生还是具有独立意义的人，有自己的主观能动性，是学习的主体，教师需要给学生独立的空间，让他们学会自己读书、分析和思考事物发展变化的规律。

（三）先进的教学观

教学不仅是课程传递和执行的过程，还是课程创新与开发的过程，教学过程也是课程内容的持续生成和转化、课程意义不断建构与提升的过程。教学是教师的教与学生的学的相互统一，这种统一的实质是师生的交往和师生的互动。此外，化学教师要树立科学全面的质量观，倡导运用多种评价方法和工具来综合评价学生在价值观、创新意识等方面的进步与变化。只有实现评价方式的多元化，才能使每一个学生成为优秀的人，实现学生的全面发展。

> **资料卡**
>
> **"以学生为中心"的教学观**
>
> 罗杰斯（C. R. Rogers）认为：教育的目标是促进变化和学习，培养能够适应变化和如何学习的人。"以学生为中心"的教学模式（又称非指导教学）的基本特征包括：
> (1) 教学过程无固定结构；
> (2) 教学无固定内容；
> (3) 教师不做任何指导。

二、化学专业知识扎实

化学专业知识是中学优秀化学教师从事高质量化学教育活动的基础，又因为知识量急剧增加，知识更新速度的加速，因此化学教师必须不断地更新现有的知识结构。中学各学科之间相互交叉渗透，学生需要全面发展，这就要求化学教师们要很好地致力于拓宽知识渠道，加快信息获取速度，从而形成比较好的认知结构。

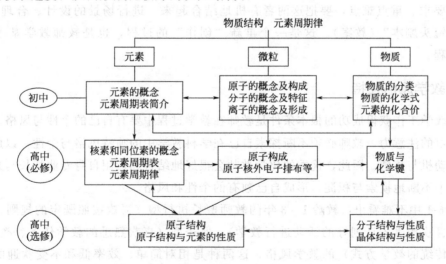

图 6-1　不同学习阶段"知识内涵"的关联

如图 6-1 所示，对于物质结构和元素周期律的教学，在不同阶段的要求大不一样，教师必须对这些知识深入了解，注意各个阶段的良好衔接和承上启下，不能存在知识的断层，以致造成学生认知结构的混乱。

三、教学基本功深厚

优秀化学教师往往具有深厚的教学基本功，这主要表现在合理地选择教学方法并加以运用。他们的语言表达清晰准确,他们的教态优雅,他们更善于创设教学情境,善于不断地革新自己的教学方法,他们更善于掌握和运用现代教学技术。

> **资料卡**
>
> **教师基本功**
>
> 1. 一般教学基本功。包括三笔字、朗读、普通话、简笔画、使用工具书、备课、课堂教学、教学研究、作业设计、考核、批改作业等。
> 2. 学科教学基本功。包括掌握学科知识结构与特点,探索在学科领域中提高课堂效率和质量的办法与途径,发挥与本学科相适应的教学风格与个性,让学生学会学习,调动起学生学习的积极性,对所学知识产生浓厚的兴趣。
> 3. 专业特长基本功。主要指教师除了精通学科知识之外,还应在教育学、心理学知识基础上,具有收集运用各种信息的能力,并能熟练掌握现代化的教学手段,如音像阅览、化学实验设计与操作、计算机操作、教学课件的制作、指导学生进行课外活动等。
>
> ——摘自 http://www.longwenedu.com/2010/0119/6051.html

教师的一堂课好比是连续剧中的一集,要使学生都爱看、都有收获,教师需要做好的第一件工作就是处理好"剧本"(教材)。如果就按照教材内容或者教学参考书来照本宣科,那是绝对不行的。教师要充分考虑学生的现状、个性、情感等特点,要充分研究教材的目标要求、重点难点,要把这两者有机地结合起来,进行场景的设计、合理的安排,写出"分镜头剧本"(教案)。这是一个重新"创作"的过程,也是教师教学基本功充分体现的过程。

四、教学风格独特

教师教学工作获得成功的根本条件是教师在教学过程中要有自己的个性与风格。要想吸引学生学习的注意力,教师必须不断探索自己在学科教学中的独特风格与个性,以此激发学生的学习动机与热情。因此,优秀的化学教师会很好地结合和运用自身专业特长与兴趣,在课堂教学中不断地摸索与积淀,形成自己独有的个性和风格。

从表 6-1 中不难看出:教龄 1~3 年的教师擅长执行型(喜欢按照既定的规则、程序解决问题,喜欢按事先计划好的活动进行教学)、保守型(喜欢熟悉的教学任务、教学情境,喜欢遵从传统的教学方式)的教学风格,这两种是相对简单、效率低和不受欢迎的教学风格。教龄 3~15 年的教师的教学风格为激进型(喜欢超越现有的规则和程序,不喜欢一成不变的教学任务)、评判型(喜欢判断和评价事实、程序和规则,喜欢在教学活动中进行分析或评价任务)、整体型(喜欢面对全局性、抽象性的问题,偏好总体性、概念性、观念性的教学任务)。教龄 15 年以上的教师的教学风格以立法型(喜欢创造和提出规则,依照自己的方式教学,喜欢并鼓励学生创造性地解决问题)和局部型(喜欢细节性、具体性的教学任务,完成工作时能够深思熟虑)教学风格为主。而激进型、评判型、立法型是相对复杂、有创造性、效率更高的教学风格。

表 6-1　不同教龄教师的教学特征

		模仿阶段	创新阶段	成熟阶段
时间跨度		1~3 年	3~15 年	15 年以上
特征		模仿性教学，依赖性和固定化	风格化教学，独立鲜明	个性化教学，独特稳定
层次分析	教学理念	教材中心	自我中心转向学生中心	学生中心
	教学技巧	平实、变化不多	灵活、变化多	灵活、流畅
	教学内容	局限于教科书	根据教学要求有选择性地取舍教学内容	对教材的理解能突破教学参考书，有个人见解
	教学方法	以讲授为主	多样化	将各种教学方法融会贯通
	教学语言	阐释性、指令性语言	启发性语言且生动流畅	探讨性语言且自然流畅
	教学手段	板书居多、依赖教学案、课件	课件、教学案交叉应用	传统、现代教学手段结合使用
	教学流程	变化不多	创造性地变化	独特、稳定
	教学导入与结束	以总结性为主	新课导入、结束语都能按照教学需要适当调整	导入引人入胜、中间波澜起伏、结尾余音不绝
	教学节奏	根据教学参考书要求安排	根据学情和教学进度	起伏曲折
	教学风格	严肃、自信	亲切、大方	亲切、从容
教学亮点		板书	教材处理、教学手段、教学语言	课堂以培养思维能力为核心，教学流程由学生活动决定

五、教学的机智彰显

化学教学是一个处于动态平衡、开放、流动的系统，在其运行过程中，往往受偶发事件即来自系统内部或外部环境因素的干扰，从而打破教学的动态平衡，使教学活动出现"险情"，偏离教学目标。教师若要自如地驾驭课堂，管理班级，顺利地完成教学任务，就必须掌握教育教学过程中的机智。

瑞士教育家裴斯泰洛齐曾经提到"教育机智就是教师对学生身心的敏感的共鸣力"。日本著名的教育家斋藤喜薄则认为，教育机智是教学展开过程中教师及时对学生的反应做出相应的判断和组织的能力。范梅南将机智定义是"瞬间知道该怎么做，一种与人相处的临场智慧和才艺"。《韦氏大学词典》定义是"一种对言行的敏锐感，以及与他人保持良好的关系或者避免触犯别人"。《教育大辞典》中定义是"教师面临复杂教学情况所表现的一种敏感、迅速、准确的判断能力"。如在处理事前难以预料的、必须特殊对待的问题时，以及对待处于一时激情状态的学生时，教师所表现的能力。《教育心理辞典》中定义是"课堂上学生的心理活动是千变万化的，随时都可能发生难以预料的但又必须特殊对待的问题。这种'特殊对待'，心理学认为是一种特殊的智力定向能力，对学生活动的这种敏感性，以及依据学生新的活动，特别是意外的活动，快速做出反应，并能及时采取恰当措施的能力。许多人都对教育机智作了解释，但是大家的角度各有不同。本书认为，教育机智就是在课堂教学中，教师能够根据课堂的需要，灵活地驾驭课堂教学进程，并且对干扰课堂教学进程的情境能够做出迅速的、十分有把握的和恰当的行动的能力。

作为教师，可能经常会遇到这样一些尴尬的情形：走进教室时，发现不知哪个淘气的学生在黑板上恶作剧地画了你的漫画像；提问某个学生时，学生置之不理，以漠视表示向你的公开对抗；讲课正讲得激情澎湃时，某位学生故意出了一个难题，想看看你在众人面前不知所措的窘迫；批评某个学生时，语气稍重了一点，学生就哭得"泪雨滂沱"令你左右为难。此外，教师本人在讲课过程中发生失误而引起的骚动；教学内容较深学生一时理解不了而出现的断裂；外来声音或人物的干扰而造成的教学的中断；使用多媒体教学突然停电而导致兴趣盎然的课堂冷场。面对这些，我们化学教师该如何机智应对呢？

案例

甲烷的空间结构

在讲解甲烷的空间结构时，为了让学生更好地理解甲烷的正四面体构型，王老师让学生根据碳原子最外层四个电子的结构特点，用红、绿两种小球分别代表氢原子和碳原子，用短线代表共价键，画出甲烷的空间结构模型。

师：我们已经对二氯甲烷有了一定的认识，知道甲烷上的两个氢原子被氯原子取代就得到了二氯甲烷。假定甲烷是平面结构，那么二氯甲烷应该有几种构型？

生：两种。

师：但是科学测定二氯甲烷只有一种构型，那么甲烷的空间构型应该是怎样的呢？

生：甲烷应该是立体结构，是正四面体的立体结构。

本节课是有关甲烷结构的科学探究课，教师为了更好地展现甲烷的正四面体构型，采用了探究的方法让学生自己动手探索。面对学生的思维误区，及时引导学生回忆已学知识，激起认知冲突。通过这样的教学过程，学生很轻松地掌握了甲烷的结构，同时也体验了探究的过程和方法，教学气氛愉快和谐。课堂上不是一定会有偶然事件发生，而面对学生的思维误区时，教师若能发挥聪明才智，及时主动地寻求转换之法，激发学生创造性的行动，这也是一种机智教学的彰显。

六、意志品质良好

意志品质是指构成人意志的诸因素的总和。人们常常说的意志品质主要包括自觉性、独立性、果断性、自制性和坚韧性等方面。良好的意志品质是中学优秀化学教师群体所表现出来的最突出的特点。他们性格谦虚谨慎，胸怀宽广，具有强烈的进取精神和团队合作精神，平时善于与其他教师交流沟通，擅长处理人际关系，具有优秀的自我调控能力。

资料卡

我心目中的好老师

有激情：视教学为艺术追求，视上课为精神享受；

有魅力：靠知识的吸引而不是言语的督促，靠人格的影响而不是威严的挤压；

有智慧：让学生由衷钦佩，用智慧启迪智慧，用思想解放思想；

> 有创新：满足喜新厌旧的人性，追求鲜活灵动的课堂；
>
> 有耐心：百问不厌，千讲不倦，能看到并表扬学生的每一点微小的进步；
>
> 有恒心：耐得住寂寞，讲台可站十年冷，文章不写一句空；
>
> 追求高远：著书立说，多施恩惠，虽不说"让中国教育为我改变"，但能保证他的学生们能受益终身……
>
> ——摘自《中国教育报》，佚名

第二节　化学教师素质的结构

对于教师素质的结构，国内外学者有自己不同的看法，表6-2大致总结了当下一些学者的看法。

表 6-2　国内外关于教师素质结构的不同主张

学者	主要观点
叶澜	知识结构；能力结构；专业理念
朱仁宝	心理素质；审美素质；师德素质；业务素质；人格追求
饶见维	学科知能；教育专业知能；教师通用知能；教育专业精神
张燕镜	职业道德素质；思想政治素质；智能结构
艾伦	行为技能；学科知识；人格技能
林瑞钦	教育专业知能；所教学科的知识；教育专业精神
曾荣光	服务理想；专业知识
甄德山等	气质与个性；生理素质；知识结构；能力结构
姚志章	情意系统；认知系统；操作系统
唐松林	专业精神；认知结构；教育能力
师范司	专业技能；专业知识；专业情意
朱小蔓	观念系统；知识系统；伦理与心理人格系统
吴伦敦	能力素质；心理素质；思想素质；知识素质；仪表素质
林崇德	知识水平；教育观念；职业理想；教学监控能力；教学行为与策略
马超山等	知识系统-知识素质；动力系统-思想品德素质；能力系统-能力素质
米歇尔(Mitchell)，鲁宾逊(Robinson)，普朗克(Plake)和殴勒斯(Knowles)	知识；技能；性向
司壮吉(Stronge)和海德曼(Hindman)	经验；个性特征；行为
班尼(Banner)和卡农(Cannon)	同情；耐心；想象；威信；道德等

本章将立足于德、智、体的范本要求，从知、情、意、行的维度，阐述了教师素质结构的内涵。首先，"知"包括科学文化知识，教育学、心理学和化学专业知识。其次，"情"就是对所从事的教师职业的感情，包括热爱教育事业、关爱学生、关注自我发展等。而"意"就是意志品质和心理素质，包括了意志品质、性格特征、情绪表现和自我意识等方面。最

后,"行"当然就是指教育教学的活动,这又被称作能力素质,包括组织教学能力、语言表达能力、教学科研能力和创新实验能力。

一、知识素质

(一)人文知识

化学教师不仅要教书,而且还要育人。如果要想培养学生的全面素质,那么老师就要有高层次的人文素养和科学素养。化学教师被大家广泛称之为"理科人",在外界眼中我们就是科学素养有余而人文素养不足。但是,学生思想活跃、兴趣广泛、求知欲强,就要求化学教师在精通化学专业知识的同时,还要懂得"数、理、化、生"和"音、体、美"等学科知识以及一些相应的文学、写作等技能。在讲述元素化合价的时候,我们可以把常见的元素化合价编成诗歌,这样很方便学生们记忆,这就要求化学教师要有较强的文学功底来完成化合价歌谣的编写。在讲到晶胞时,我们可以引入数学立体几何知识帮助学生理解。

> **案 例**
>
> "碳单质"复习课
> 苏幕遮·范仲淹
>
> 　碧云天,黄叶地,秋色连波,波上寒烟翠。山映斜阳天接水,芳草无情,更在斜阳外。
>
> 　黯乡魂,追旅思,夜夜除非,好梦留人睡。明月楼高休独倚,酒入愁肠,化作相思泪。
>
> 苏幕遮·碳单质
>
> 　碳石墨,灰黑色,平面层状,细鳞片状体。质软滑腻有光泽,铅笔电极,最少润滑剂。
>
> 　金刚石,体最硬,立体网状,正八面体型。钻头刻刀装饰品,雕琢加工,化作万事通。

上述案例中教师把碳单质的性质改编成范仲淹的苏幕遮,学生对这样的学习形式比较感兴趣,也深深被老师的文笔吸引,久而久之,学生也会更喜欢老师。科学性十足的化学课与人文性深厚的古词相结合,对教师素质的要求是很高的,当然这得从一点一滴的积累开始。

(二)教育理论知识

教师不仅要有广博的知识,而且还要懂得如何把这些知识传授给学生,这就要求化学教师有良好的教育学、心理学等教育理论知识,懂得青少年身心健康发展的一般特点、个性和品德形成的一般规律以及如何根据这些规律和特点教育学生。

埃里克森的心理发展八阶段见表 6-3,理论表明,初中阶段的学生正处在发展的关键时期——青春期,在心理学上,我们将青春期又叫做危机期或困难期,这个阶段的孩子正在经历身体和心理机能的第二加速期,他们身体的逐渐成熟与心理的矛盾冲突不平衡。这时候的孩子急切需要表达自己,需要别人关注自己。此刻,教师必须多关注他们的心理健康,帮助他们正确认识自我，顺利度过这个关键期。

表 6-3 埃里克森心理发展八阶段理论

年龄	特定心理冲突	中心问题	积极结果	消极结果
0～1岁	信任对怀疑	我能相信他人吗？	内在好的感觉,信任自己和他人,乐观	坏的感觉,不信任自己和他人,悲观
1～3岁	自主对羞怯和疑虑	我能独自行动吗？	意志训练,自我培养,能做决定	积极严厉,自负怀疑,关注自我,空虚
3～5岁	主动对内疚	我能成功地执行自己的计划吗？	成功的欢乐,主动性,方向性,目的性	对深思的目标和取得的成就感到内疚
5～12岁	勤奋对自卑	与别人相比我是有能力的吗？	能够被生产性的工作吸引,因完成工作而自豪	不适合感和自卑感,不能完成任务
12～20岁	同一性对角色混乱	我到底是谁？	对内在一致性和连续性有信心,生活充满憧憬	角色混乱,没有固定的标准,感到虚伪
20～40岁	亲密对孤独	我为某种关系做好准备了吗？	感情的共鸣,分享想法、工作和感情	避免亲密,关系淡漠
40～65岁	繁殖对停滞	我留下我的痕迹了吗？	能投入工作,有建立亲密关系的能力	失去对工作的兴趣,人际关系贫乏
65岁以上	完整对绝望	我的生命最终是有意义的吗？	有秩序感和意义感	怕死,对生活中已得到的或没发生的事情感到痛苦和失望

（三）化学专业知识

化学教师需要通晓本学科的知识，还要对相关学科的知识有基本的了解；化学教师要了解本学科的发展历史和趋势，了解该学科对于社会和人类发展的价值以及在人类生活实践中的多种表现形态。不仅如此，化学教师还需要了解、掌握本学科的最新发展动态，开阔教学视野。

化学教师的学科知识结构应该是"鸡蛋式"结构，包括核心知识、紧密知识和外围知识。如表 6-4 所示。

表 6-4 化学学科知识结构

化学学科知识	核心知识	中学化学教材中的化学基础知识、基本理论、基本实验技能以及教材的结构安排；主要解决"是什么"
	紧密知识	与教材内容相关的,具有较高层次的化学理论、化学学科的体系框架、化学学科发展史、探究化学学科知识的标准与思维方式、对化学学科及其发展的基本认识和价值判断等；主要解决"怎么样"
	外围知识	与社会、生产、生活紧密相关的知识,包括化学与其他学科的交叉融合、化学学科最新成就等；主要解决"为什么"

化学教师的化学专业知识必须过硬，对核心知识、紧密知识和外围的知识都需要了然于心，并经常温故知新。另外，化学专业知识精深的一个前提是化学教师必须对化学学科充满信心。化学是一门中心科学，专业的知识精深必定能够拓展和延伸化学相关学科的知识，形成一个逻辑网络图，在教学设计和课堂教学中，教师适当穿插相关学科的知识同样能调动学生大脑，打通学生的知识脉络，学生也会由此及彼，更加喜爱化学。

二、情感素质

化学教师要有正确的人生观和价值观,对自己的事业要有热情和感情。教师的职业不能"做一天和尚撞一天钟",我们不再是传统意义上的"教书匠"。教师要凭自己的良心去为学生的发展服务,要全心全意热爱自己的职业,不能被眼前的利益所诱惑,要对教育事业拥有执着的追求,甘心在平凡的岗位上贡献自己的聪明才智,实现自己的人生价值。教师担负的是培养祖国花朵的任务,因此,教师要有强烈的社会责任感以及使命感,忠诚于党和人民,坚定政治方向,坚定政治信念,使用正确的、积极的思想理论引导学生全面发展。

(一)爱岗敬业

在我国,每年的九月十日是所有教师的节日,"教师节"是极少数以职业来命名的节日。教师,是阳光下最伟大的事业!爱岗敬业是教师职业道德的最基本的要求,而不是教师应该有的最终奋斗目标。

爱岗敬业是指人们认真对待自己的岗位,对自己的岗位负责到底,无论在任何时候,都尊重自己的岗位的职责,在自己岗位上勤奋进取。从两个方面来说,就是要做到爱岗和敬业。爱岗就是热爱自己的工作岗位,热爱本职工作。敬业就是要用一种恭敬严肃的态度对待自己的工作,敬业可分为两个层次,即功利的层次和道德的层次。爱岗敬业作为最基本的职业道德规范,是对人们工作态度的一种普遍要求。只有爱岗敬业的人,才会在自己的工作岗位上勤勤恳恳,不断地钻研学习,一丝不苟,精益求精,才有可能为社会、为国家做出崇高而伟大的奉献。

教师职业具有独特的性质,教师从事的是一种培养人、教育人的职业,这一职业对社会文明的进步与发展有着不可替代的推动作用。现代社会教育事业的兴旺发达与否,直接关系到一个民族、一个国家的发展基础。因此教育被多国普遍认为是立国之本,在中国,更是"百年大计,教育为本"。教师职业还关系到教师的自我价值和人生幸福,关系到他们自由和全面发展的程度,关系到个人的切身利益。同时,教师职业也是所有教师实现自我价值、获得个人满足、完成人格升华、实现个人利益的有效社会途径。教师在为他人提供服务、履行社会职责和义务的同时,也拥有了体验自我价值实现和精神充实的幸福感的权利。

社会主义职业道德的基本要求是爱岗敬业,敬业是一种美德,而乐业是一种境界。追求乐业的境界,挖掘工作的乐趣;崇尚乐业精神,让工作快乐起来;点燃工作的激情,快乐工作每一天。同时爱岗要敬业,敬业更要精业。对于教师职业来说,往往是"爱一行,干一行",如果对于教师职业没有爱,那么是做不了一名好教师的。而"干一行,爱一行"则是对所有已经奋斗在三尺讲台的老师最基本的要求。

> **资料卡**
>
> **中小学教师职业道德规范**(2008年修订)
>
> 一、爱国守法。热爱祖国,热爱人民,拥护中国共产党领导,拥护社会主义。全面贯彻国家教育方针,自觉遵守教育法律法规,依法履行教师职责权利。不得有违背党和国家方针政策的言行。

二、爱岗敬业。忠诚于人民教育事业，志存高远，勤恳敬业，甘为人梯，乐于奉献。对工作高度负责，认真备课上课，认真批改作业，认真辅导学生。不得敷衍塞责。

三、关爱学生。关心爱护全体学生，尊重学生人格，平等公正对待学生。对学生严慈相济，做学生良师益友。保护学生安全，关心学生健康，维护学生权益。不讽刺、挖苦、歧视学生，不体罚或变相体罚学生。

四、教书育人。遵循教育规律，实施素质教育。循循善诱，诲人不倦，因材施教。培养学生良好品行，激发学生创新精神，促进学生全面发展。不以分数作为评价学生的唯一标准。

五、为人师表。坚守高尚情操，知荣明耻，严于律己，以身作则。衣着得体，语言规范，举止文明。关心集体，团结协作，尊重同事，尊重家长。作风正派，廉洁奉公。自觉抵制有偿家教，不利用职务之便谋取私利。

六、终身学习。崇尚科学精神，树立终身学习理念，拓宽知识视野，更新知识结构。潜心钻研业务，勇于探索创新，不断提高专业素养和教育教学水平。

（二）爱学生

古人云："亲其师而信其道。"前苏联教育学家苏霍姆林斯基在《把整个心灵献给孩子》的书中写到："我在生活中什么是最主要的呢？我可以毫不犹豫地说：'爱孩子'。"

教育不仅仅是知识的传播，更是爱的传递。教育学生不能只靠语言，必须有情感的投入。抽掉情感的教育是空洞的教育。实践证明，只有学生把教师作为可以信赖的人，师生只有心与心相契，情与情交融，教育才能为学生所接受。教师的爱是教育的推动力。教师的深情厚爱使学生产生自尊、自信、自强的心理，促进学生奋发向上。爱学生要尊重孩子：他们是独立人格的人；爱学生要关心孩子：他们有些是不被大多数人喜欢的，例如调皮、身体残障；爱学生要包容孩子：他们还是小孩子，不会犯错的就不是孩子，父母期望的不是老气横秋的孩子；爱学生要爱他们的缺点：金无足赤、人无完人，从他们的缺点折射来自己的不足。

一项网上调查表明：学生评价教师好坏的标准，排在第一位的是情感。其中"老师对我们好，如同父母一样"，"能在任何时候帮助我们"这两项排在前面。当问及"在中学时最难忘的一件事"时，85％的学生回忆的都是老师对学生那无私的帮助或是无微不至的关怀。这些往事之所以能使学生刻骨铭心，是因为这样的事不经常发生，但这些事确实让学生们感激终生。

小故事

子夏问于孔子曰："颜回之为人奚若？"子曰："回之信贤于丘。"曰："子贡之为人奚若？"子曰："赐之敏贤于丘。"曰："子路之为人奚若？"子曰："由之勇贤于丘。"曰："子张之为人奚若？"子曰："师之庄贤于丘。"子夏避席而问曰："然则四子何为事先生？"子曰："居，吾语汝，夫回能信而不能反，反谓反信也，君子言不必信，唯义所在耳，赐能敏而不能诎，言人虽辨敏亦宜有屈折时，也由能勇而不能怯，师能庄而不能同，言人虽矜庄亦当有和同时也兼四子者之有以易吾弗与也，此其所以事吾而弗贰也。"

——《孔子家语》（第四卷）·六本第十五

这个故事说的是孔子的一个学生——子夏向孔子请教："为什么老师看似很普通，而所有学子都如此崇拜老师呢？"孔子说："颜回仁义但不懂得变通；子贡口才好但不够谦虚；子路勇敢但不懂得退让；子张虽然庄重但与人和不来。他们为人的优点虽然是我不能及的，但是他们的缺点我是没有的，所以都愿意拜我为师，跟我学习。"孔子说得真好啊，人没有十全十美的，都有自己的优缺点，正因为如此才需要向别人学习。作为一代教育大家，能够这样肯定学生，承认自己不足，怎能不引后世敬仰呢？

孔子是我国古代最伟大的教育家，他说："爱之能勿劳乎？忠焉能勿诲乎？"孔子对学生极其热爱，全面关心，堪称爱生典范。他对学生思想品德、专业才能以及日常生活无不关怀备至。他关心学生志向，多次让学生"言志"，并加以指导；关心学生的出路，负责推荐学生的专长；关心学生的学业进步，在教育教学中"无私"、"无隐"，学生家中有困难，他设法给予帮助；学生有病他亲自探望；学生不幸早亡，他悲痛欲绝。孔子对学生的热爱赢得了学生对他的尊敬。学生敬佩孔子道德高尚，学识渊博，教人得法。孔子生病，学生焦急万分，服侍在旁，没有吃的，情愿自己挨饿，也要给老师吃饱；孔子死后，学生守丧三年，决心继承其遗志，传播他的学说。孔子与其弟子尊师爱生的佳话为人们世代流传。

（三）爱自己

教师也是独立完整的个体，把教书育人当做自己的事业来做之余，也要考虑如何丰富健全自己的人格。爱自己，才是真正地爱事业，爱学生。任何职业都有可能产生一定的倦怠，教师这个职业不容教师有任何的不负责任与懈怠，否则轻则误人子弟，重则伤害自己，伤害家庭。所以，调整心态，丰富自己的人格，健全心理就显得格外重要。积极心理品质：6 种美德和 24 种人格力量见表 6-5。

表 6-5 积极心理品质：6 种美德和 24 种人格力量

美德	力量	美德	力量
智慧	创造力、好奇心、开明、好学、洞察力	公正	公平、领导才能、合作
勇气	诚实、勇敢、坚持、热情	克制	宽恕、谦虚、谨慎、自我调节
仁慈	善良、爱、善于交际	超越	鉴赏、感恩、希望、幽默、笃信

任何人都不能完全防止不良情绪的产生，关键在于如何调整自己的不良情绪，不让它随意泛滥和持续时间过长，这样可以防止或减少不良情绪对身体健康造成的损害。当教师受到压力威胁时，不妨与家人亲友或知心朋友一起讨论目前压力的情境，在他们的帮助下确立更现实的目标，以便对压力的情境进行重新审视，一些消极的情感如愤怒、恐惧、挫折等便可以得到某种程度的发泄，这对舒缓压力和紧张的情绪是非常必要的，情况严重的可以进行心理咨询和治疗来争取必要的心理援助。另外，放松也是一种很好的减压方式。放松是指身体或精神由紧张状态转向松弛状态的过程，放松的方式除了日常的游泳、散步、做操、洗热水澡、听音乐等，还可以选择多和家人或朋友聊聊天，去美容院换个发型等松弛方法。如果还是有些抑郁，不妨休假几天，外出旅游，亲近自然，让自然的清新吹走心头的阴霾。

长期的教师职业会产生所谓的职业病，很多老师容易得肩周炎、颈椎病等。坚持体育锻炼可以帮助教师明显地减轻疾病困扰、压力和倦怠，一方面体育锻炼使身体健壮、精力充沛、应付能力增强；另一方面，用于锻炼的时间减少了笼罩于压力情境的时间，某些锻炼如散步、慢跑等也能提供难得的"空闲"机会，可以对问题加以反思，寻找解决问题的策略。体育锻炼要有规律和持之以恒，以适量和娱乐性为原则。过量或竞争性强的运动不但不会减轻压力，其本身也是压力的潜在来源。

> **资料卡**
>
> **教师心理健康的标准**
>
> 1. 能积极地悦纳自我
>
> 即真正了解、正确评价、乐于接受并喜欢自己。承认人是有个体差异的，允许自己不如别人。
>
> 2. 有良好的教育认知水平
>
> 能面对现实并积极地去适应环境与教育工作要求。例如，具有敏锐的观察力及客观了解学生的能力；具有获取信息、适宜地传递信息和有效运用信息的能力；具有创造性地进行教育教学活动的能力。
>
> 3. 热爱教师职业，热爱学生
>
> 能从爱的教育中获得自我安慰与自我实现，从有成效的教育教学中得到成就感。
>
> 4. 具有稳定而积极的教育心境
>
> 教师的教育心理环境是否稳定、乐观、积极，将影响教师整个心理状态及行为，也关系到教育教学的工作效果。
>
> 5. 能自我控制各种情绪与情感
>
> 繁重艰巨的教育工作要求教师有良好的、坚强的意志品质，即教学工作中明确目的性和坚定性；处理问题时决策的果断性和坚持性；面对矛盾沉着冷静的自制力，以及给予爱和接受爱的能力。
>
> 6. 和谐的教育人际关系
>
> 有健全的人格，在交往中能与他人和谐相处，积极态度（如尊重、真诚、羡慕、信任、赞美等）多于消极态度（如畏惧、多疑、嫉妒、憎恶等）。
>
> 7. 能适应和改造教育环境
>
> 能适应当前发展、改革与创新的教育环境，为积极改造不良教育环境、提高教学质量献计献策。
>
> ——摘自李慧生编《教师心理健康六项修炼》

三、心理素质

教师的心理素质是指教师从事教育工作所必需的心理条件，主要包括意志品质、性格特征和稳定情绪等方面。一般来说，教师应具有敏锐的观察力、灵活的思维力、精细的注意力；具有豁达的心境、乐观的情绪、稳定的心态及真挚的情感；在意志品质上，教师应具有坚定的意志、不懈的追求、果断的行为；在性格上，教师应具有执着的工作态度、冷静的行为方式、热情的人际关系和无私的奉献精神等。

（一）坚定的意志品质

生活中人们把意志品质概括为构成人的意志的所有因素的总和，主要包括自觉性、独立性、果断性、自制性和坚韧性等方面。作为教师，坚定了教育作为职业就要把它当做事业来做，没有坚定不移的信念和意志是很难胜任教师这份职业的。与良好的意志品质相反的品质特征是易受暗示性与独断性、优柔寡断和草率决定、任性和怯懦、顽固执拗和见异思迁等，教师如果具有这样不佳的意志品质，很难想象他能在教育的讲台上坚持多久。

案 例

孩子，送你们到希望彼岸
——广西上林县"摆渡教师"石兰松的二十六年

画面中的这位中年人，名字亦如一幅国画——石兰松，是广西南宁市上林县大龙洞村刁望教学点的老师。26年，这撑篙划船的动作，他已做了近4万次，经他摆渡上学的乡村孩子有1000多人。26年，桨声风雨中，小小木船，摆渡人生，承载了多少的爱和梦想……

石兰松的美，在于坚持。26个年头，两公里湖面，往返近4万次，撑坏8艘小船。这数字背后，是一种多么了不起的恒心！凡事贵在坚持，也难在坚持。一个人要抵挡住浮华世界的纷扰喧闹，需要淡泊名利，需要心无旁骛，需要耐得住寂寞。石兰松几十年如一日，风雨不改，不止不息，他的人生只为一件事：坚守大龙湖畔、石山库区，为孩子们传道、授业、解惑。经年历月，始终若初，他的看似平常的点点滴滴，恰好印证了他的人格魅力和高尚情操。

——最美乡村教师，《光明日报》(2011年06月17日01版)

并不是每一个人都能做到像石老师一样的大公无私，他是孩子们的老师、也是渡者，是朋友、也是亲人，最美乡村教师的事迹让所有人心中为之感动，他们坚持的精神值得所有教师共勉。

（二）良好的性格特征

人们往往这样评价某一职业领域的精英为"天生就是这块儿料"，教师这个职业也是这样。有些人天生就是当教师的坯子，但绝大部分教师都是后天自己成长起来的。天生的教师具有哪些"天资"呢？

性格特征主要是指表现在人对现实和周围环境的态度，和他的行为举止中的比较稳定的、不易改变的、具有核心意义的个性心理特征的综合，是一种社会性的人格特征。对于教师职业来说，不同的性格特征可能有不一样的教学方法，没有统一的"性格模式"，但是不同性格的教师都能收到良好的教学效果。总的来说，教师的基本性格特征有这些方面：独立慎思、热情开朗、耐心细致、沉着冷静、诚实正直、温和宽厚等。

资料卡

优秀教师的十大标准

第一，终身从教的献身精神。把教师工作当终身事业；终生献身教育事业；甘为平凡，无悔奉献。

第二，认真执教的敬业精神。教师要有敬业精神；认真执教是敬业精神的最好体现。

第三，爱生如子的园丁精神。新时代的园丁精神的核心就是爱；师爱要面向全体学生；爱还要讲究方法和艺术。

第四，不甘人后的拼搏精神。教师要自强不息，在岗位上拼搏；追求卓越，做学生的榜样；拒绝平庸，做有思想的教师。

第五，不计得失的奉献精神。奉献是教师的天职；师魂在于奉献；把奉献落实在行动上；爱是教师最美的奉献；奉献首先要把本职工作做好；做个无悔的奉献者。

第六，互相合作的团队精神。教师需要团队精神。

第七，与时俱进的创新精神。树立创新教育的理念；教师观念要创新；教学有法，教无定法，贵在得法；与时俱进，做个智慧型教师；教师要有不断学习的精神。

第八，躬身垂范的表率精神。榜样的力量是无穷的，要求学生做到的，教师先做到；表率无巨细，做好小事情即真教育；做好表率，从严格的自我要求做起。

第九，刻苦钻研的钉子精神。时代呼唤钉子精神；刻苦钻研业务是教师专业成长的需要；善钻善挤，学无止境。

第十，勇挑重担的实干精神。多抢挑重担，少推卸责任；实干是事业成功的基础；好学乐教，不计个人得失；实干还要巧干。

——摘自 http://res.hersp.com/content/1657930

（三）稳定的情绪表现

情绪与情感的关系类似天气与气候，情绪往往具有不稳定性、波动性和即时性等，但是作为一名优秀的教师，稳定的情绪表现是必需的。

案 例

化学课上，某老师正在讲评试卷。一位考试成绩极不理想的同学却不太感兴趣，总是东张西望。老师很不愉快地走过来警示他，并拍了拍他的头。本来一切都无可厚非，但一向口无遮拦的老师顺口说了一句"××，就会抄人作业！""××"本是这个学生平时被同学们挖苦打趣的绰号，现在被老师当众挂在嘴上奚落，就有点儿受不了了，于是他就回了老师几句狠话，甚至还带了一句脏话。老师在这么多学生面前感觉自己下不了台面，冲上前扇了学生一耳光。这一下打得很重，学生的半边脸当场红肿了，于是嘴上大骂不停。老师更加控制不了自己的性子，伸手便将学生耳朵拧豁了口……

原本是一件普通的课堂插曲，最后却成了一场教育事故。事情的原因是教师没有注意自己的言语，随口叫出了学生的绰号。如果没有那句随口而出的绰号，即使学生心里不服老师，他一般也不会进行正面"反击"。另外，教师在课堂上恼羞成怒，动手"处理"学生是极不可取的。可见，教师在教学过程中，一定要注重自己的身心仪表素质，言谈举止一定要注意恰当得体。

（四）清晰的自我意识

自我意识指的是对自己身心活动的觉察，即自己对自己的认识，具体包括认识自己的生理状况（如身高、体重、体态等）、心理特征（如兴趣、能力、气质、性格等）以及自己与他人的关系（如自己与周围人们相处的关系，自己在集体中的位置与作用等）。

自我意识在个体发展中有十分重要的作用。首先，自我意识是认识外界客观事物的条件。其次，自我意识是人的自觉性、自控力的前提，对自我教育有推动作用。人只有意识到自己是谁，应该做什么的时候，才会自觉自律地去行动。一个人意识到自己的长处和不足，就有助于发扬优点，克服缺点，取得自我教育积极的效果。再次，自我意识是改造自身主观因素的途径，它使人不断地自我监督、自我修养、自我完善。可见，自我意识影响着人的道德判断和个性的形成，尤其对个性倾向性的形成更为重要。

同样，作为一名教师，完整的自我意识相当重要，不仅仅要意识到自己是什么样的角色，更要意识到自我工作的意义和价值，以及需要完善的不足，避免"不识庐山真面目"。教师自我意识的认识可以有很多途径，这里介绍两种方法。

1. 教学反思

前面几章涉及了大量教学设计的内容，在这些先进的教学理念的指引下，教师构建了科学的教学模式，设计出适合学生特点的教学流程。课前的教学设计大部分根据的是教师已有的经验，这些经验源于教师自身的喜好，以及主观上对学生心理、学习兴趣的假设。教师在行使教学活动时往往会发现"教学是一门遗憾的艺术"，先前的教学设计总是存在这样或那样的问题。因此，每节课后的教学反思是教师对自己课堂教学设计的再一次思考。进行教学反思行之有效的方法有课堂小节（整堂课的总评）、活动效果（某一设计的评价）或者是教案重写（重新书写教案）等。

2. 教学录像

把自己的课录下来，这种录像记录了大量真实的信息。当我们观看录像时，我们就会像自己观看别人一样。跳出了庐山，也就可以识得庐山真面目。最主要的是，教学录像会帮助我们看到自己在教学语言和肢体语言上的不协调。有时候，这种发现都会让我们惊讶，"原来，我如此频繁地说'是吧，对吧'"，"我就这样经常摸鼻子、摸耳朵"，"我怎么总是斜着身子呢"……观看自己的教学录像，可以帮助我们真实地感受到自己的教授活动、学生的学习活动、教材的运用三方面的整合是否达到了自己的期望。例如，我们在传授知识时是否启迪了学生的智慧？是否达到了期望的教学境界？这样的思考会使我们的教学艺术日趋完善。对学生来说，教师的角色是多种多样的。教师清晰的自我意识当然还有教师对自我角色的准确定位。有些研究者罗列了教师的十几种不同的角色：行为的示范者、知识的代言者、学习助手、学生行为的裁判和调解员、班级领袖、代理家长、保姆、教学调研人、亦师亦友、偶像等。当教师扮演的角色十分适宜时，师生沟通就会比较顺利。相反，如果教师固着于某种角色不善转换，师生沟通的效果就会受到影响。

案 例

扫兴的校长

某中学的校长年轻时是个能歌善舞、活泼开朗的语文教师，担任校长多年后，基本丧失了以前的爱好和特长。为了全校师生同庆新年，在几个年轻教师的授意下，同学们在兴奋地又唱又跳后，把平时不苟言笑的校长也硬拉上了台。校长接过话筒，满脸微笑愉快地唱了一首歌后，又恢复了平时的脸色，用四平八稳的声调作起了报告："同学们啊，今天大家都很高兴，我也很高兴。但是，我们千万不能忘记今年我们面临的严峻形势。为了达到这次省里对我校订下的高考指标，大家一定要在思想上引起重视，行动上不能掉以轻心，要……"于是，几个年轻教师都轻轻摇了摇头，全体师生都有点儿拘谨，会场氛围也逐步降温，再也不能恢复到刚才欢乐的气氛中去了。学生们都在心里抱怨："校长可真是一个老古董！"

每个人在社会生活中都要扮演许多不断变化的角色，如一位女教师就可能要扮演教师、妻子、女儿、领导、母亲等多种不同的角色。如果一个人不顾环境、场合等因素，不清楚自己角色的定位，没有清晰的自我意识就会产生沟通的障碍，对于师生关系来说尤为突出。案例中校长大概也不愿意在一个欢乐宽松的场合扫了大家的兴致，但由于长期以来他担任报告者的角色，一旦他面对着许多学生时，就下意识地板起了面孔，换上了四平八稳的声调。

四、能力素质

教师所扮演的多重角色表明其教育职能的多样性，因而也要求教师必须具备相应的多方面的能力。"教书育人"是对老师最基本的要求，而教书和育人都需要依赖相对独立的一系列教育、教学活动来进行。教师的能力素质具有重要的教育意义。一方面，它是实现科技创新人才培养的重要保证；另一方面，它又是学生健康成长的重要影响因素。同时，对于教师自身而言，教师能力也还有自我提高的重要保证作用。教师的能力素质涉及很多方面，主要包括教学组织能力、语言表达能力、教学科研能力和实验创新能力等。

（一）教学组织能力

化学教师需要具备的教学能力有很多，包括语言表达能力、板书技能和实验教学能力等。教师教学语言水平的高低将直接影响到教学效果的好坏。教师教学语言除了应具有科学性和启发性之外，还应该具有生动性和形象性，以便学生理解和接受。板书是教师完成教学任务、教学目标不可或缺的辅助性手段。一副优美科学的板书，既是教师的微型教案，又是教材的浓缩，如果板书是具体的、生动的、形象的，那么学生就很容易理解和掌握知识。

化学学科以实验为基础，化学实验对于激发学生的学习兴趣，形成学生的思想、观点、方法和技能等有着非常重要的作用。化学教师必须充分运用化学实验对学生的教学功能，因此，化学教师应具备实验教学的能力。化学实验教学能力包括进行演示实验教学的能力、设计和改进化学实验的能力以及指导学生实验的能力。化学实验教学与多媒体技术的融合，可以更好地促进学生知识的获取，这是目前的一个发展趋势。

组织教学活动是教师取得理想的教学效果和不断提高教学质量的必要条件，要组织好教学，教师需要关注教室中的全体同学，注意信息的反馈，努力提高学生的注意力，并使其保持在相对稳定的状态，同时要激发学生的情感和愉悦的心境，使学生可以全身心地投入学习活动中。

案 例

化学课上，蒋老师做了红磷与白磷性质对比的实验，讲完白磷与红磷的物理性质后，学生的兴趣慢慢减弱了，变得有点儿蔫蔫的。蒋老师灵机一动，带着自嘲的口吻讲道："说到白磷，我不禁想起一件'羞愧'的事儿。（学生吃惊）那是我在做学生时，学习完白磷这一节课后，我的老师请我帮他拿实验用品，我看着白磷，太喜欢了，于是顺手牵羊，偷偷地藏了一块白磷在兜里，就和同学一起上食堂抢饭去了。过了一会儿，快轮到我打饭了，我很激动地往前挤，意外发生了，我的裤子突然着火了，我旁边的同学都跑开了，都不跟我挤了！我当时的窘相可别提了，恨不得找个地缝钻进去！"学生听了，哄堂大笑，兴趣再次高涨。

课堂上这位教师讲述了自己学生时代的一件事（其实可能是老师自己编的），不仅仅是自嘲，关键在于教师的这件事不仅加深了学生对白磷熔点低这一性质的理解，还活跃了课堂气氛，把学生的注意力再次带到课堂中，继续学习磷的化学性质。这个巧妙的自嘲和教师生动的语言和表情，起到了很好地化解课堂气氛低落的作用，教师的功底不错，对课堂的组织也充满了智慧。

（二）语言表达能力

教师的工作主要是依靠语言的表述进行交流，这是教师劳动的一种特殊方式。语言是人们交流思想情感的工具。但是在教学中，教师的语言就不只是为了交流思想，更重要的作用是为传授系统的科学知识。良好的语言表达能力，有时甚至比专业知识还重要。教师运用语言向学生传授系统的文化科学知识，引导学生进行观察、记忆、注意、思维、想象，与学生交流思想、情感、信息。语言不仅仅是为了让学生听懂理解，还要表达教师的情感，给学生留下深刻的印象。教师的语言在很大程度上决定着学生学习的效果，如果教师的语言表达能力差，即使他知识很渊博，工作责任心很强，也难以取得良好的教育、教学效果。教师的语言不仅仅要做到准确性、科学性，还一定要有逻辑性和系统性。除此之外，教师还要恰当地使用无声语言。无声语言往往能起到"润物细无声"的作用，教学中运用的无声语言主要包括眼神、手势、表情、姿态等几个方面。

资料卡

国内学者总结化学教学语言艺术的表现

(1) 字斟句酌，准确精练，严格遵守教学语言的科学性。
(2) 联系实际，深入浅出，高度重视教学语言的通俗性。
(3) 寓庄于谐，活跃气氛，恰当运用教学语言的趣味性。
(4) 抑扬顿挫，有声有色，善于把握教学语言的声调。
(5) 比喻得体，确切传神，正确增强教学语言的直观性。
(6) 切合时宜，恰到好处，灵活掌握教学语言的时空性。
(7) 善于激疑，巧于解惑，充分发挥教学语言的启发性。
(8) 旁敲侧击，留有余地，适当利用教学语言的含蓄性。

化学是一门很严谨的学科，有专业的术语，化学学科的学习以化学用语为工具。所以化学教师用语的专业性和规范性显得尤为重要。化学教师在平时的课堂中必须规范自己的化学用语，还需要潜移默化地帮助学生不犯错误，不至于在考试中丢分。

（三）教学科研能力

教学科研能力对中学化学教师来说主要是指研究学生以及化学教育教学实践的能力。为了提高学校的教育质量和深入地认识自身的教学行为，教师有必要进行研究。化学教师的研究主要是针对自己的教学实践和教学对象来进行的，对教师而言，教学科研的目的是为了解决教学实践中的问题。教师要对自己的日常工作保持一定的敏感性，不断提升自己的教学能力，使自己的教学实践尽可能上升为理论，理论的指导也会让教师成长得更快。

> **案例**
>
> **科研工作坊的建立**
>
> 浙江奉化市居敬小学教师自主成立"科研工作坊"，自主开展相关研究：①互荐美文，广泛阅读和思考；②关注教育教学实际问题，开展"草根研究"；③编印"教科小阅"，共享成长快乐。
>
> "草根研究"的主要方式有：问题征集，提炼课题；课题招标，团队研究；组织"小课题月"活动，营造科研氛围；专家指导，专题把脉等。
>
> 例如：在2011年上学期的"小课题月"活动中，他们以课题跟踪为重点，组织了"我的科研我做主——小课题研究故事论坛"、"小课题跟踪表"填写、重点小课题中期汇报与研讨等活动，在校园营造了浓浓的科研氛围。

案例中居敬小学针对该校教师教学反思能力不强、对科研存在惧怕心理的现象，在学校领导的支持下，逐步摸索成立了"科研工作坊"，教师可以加入该工作坊，相互交流，提高学术影响，而且确实做得不错，取得了一定的成效，改善了许多教师对科研惧怕的态度，形成了该校较浓的科研氛围。草根研究针对具体的问题，操作可行，效果明显，能够对症下药，解决该校教师教学中的小困境，是很好的教育研究的方式。他们时刻留意日常教学中的问题，在学校能够提供的条件下进行校本研究，其实这也是科研的一个重要步骤。

（四）实验创新能力

化学以实验为基础，作为一名化学教师，实验能力是必不可少的。化学实验能力指的是以化学知识为基础知识，通过化学实验，观察和感知化学现象，进而推断出其反应过程或是生成的产物能力，也包括通过具体的实验方法来求证其结果的能力。创新能力，一言以蔽之就是创造新事物、新思想的能力。百度百科里的定义是这样的：创新能力是运用知识和理论，在科学、艺术、技术和各种实践活动领域中不断提供具有经济价值、社会价值、生态价值的新思想、新理论、新方法和新发明的能力。创新能力是民族进步的灵魂、经济竞争的核心。新课改理念下，把培养学生的创新能力作为一个重点，那么，作为化学教师，我们怎么能墨守成规呢？

化学离不开实验，而教材中的实验我们可以做一定的改进，化学教师的一个基本素质就是对实验的创新性研究及改进。

案例

2011 年东芝杯·中国师范大学师范专业理科大学生教学技能创新实践大赛（西南大学 氨的绿色一体化实验设计）

该装置特点如下。
1. 收集氨气并验满。
2. 完成"音乐喷泉"演示实验并检验氨易溶于水的性质。
3. 通过氨气与氯化氢反应同时进行性质检验和尾气吸收。

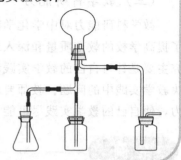

该实验设计体现了现代化学绿色一体化的新理念，实现了实验室"节能、环保、高效、可持续发展"的绿色化合成氨技术。其中，绿色化主要体现在：实验不需要加热、能够快速获取干燥的氨且没有尾气的泄漏。而一体化则体现在：①锥形瓶实现了氨的获取和氨气与氯化氢反应性质检验的一体化，和对残余氨的绿色化处理；②圆底烧瓶实现了氨的收集和氨易溶于水显碱性性质检验以及氨的物理知识和化学知识的一体化；③洗气瓶实现了尾气吸收和验满功能的一体化。这个教学设计充分体现了对化学实验的创新和改进。

第三节　影响化学教师提升素质的因素

一、社会因素带来的影响

（一）公众的舆论评价

公众的舆论评价在很大程度上决定了优秀化学教师素质的提升。改革开放以来，社会上尊师重教之风盛行，这有利于提高化学教师素质。一方面我们要大力褒奖和支持教师职业的崇高伟大、高尚的道德情操、无私的奉献精神，给予弘扬师德。另一方面，社会也要把教师看成正常人，是一个普通劳动者，不仅是道德的表率，还是一个完整的人，是一个处于发展中的人。人性的实现是以最基本的生存需要满足为前提的，在生活中，为了能够生存，人必然会追求自己的物质利益，教师并不是不食人间烟火的"圣徒"，作为普通的公民，他们同样有这样或那样的生活需求。

（二）教育行政政策

教育行政政策对化学教师素质提升的影响是很大的。在教育内部，教学行政和教研部门不应该对优秀化学教师的教学形式和教学方法进行过多的干预，化学教师素质的成长需要具有较大的自主性，因此教育行政政策对优秀化学教师成长的这种负面影响应该是尽量避免的。值得强调的一点是，眼下的教师评价制度对优秀化学教师素质的成长产生了很大的影响，教师的业绩由学生的考试成绩来评价的做法很不科学的，因此，制定新的科学的教师评价机制是非常紧迫的一项任务。

> **资料卡**
>
> 实施绩效考核工作应遵循以下基本原则。
>
> 尊重规律、以人为本。尊重教育规律,尊重教师的主体地位,充分体现教师教书育人工作的专业性、实践性、长期性特点。
>
> 以德为先,注重实绩。完善绩效考核内容,把师德放在首位,注重教师履行岗位职责的实际表现和贡献。
>
> 激励先进,促进发展。鼓励教师全身心投入教书育人工作,引导教师不断提高自身素质和教育教学能力。
>
> 客观公正,简便易行。坚持实事求是、民主公开,科学合理、程序规范,讲求实效、力戒繁琐。
>
> ——摘自《教育部关于做好义务教育学校教师绩效考核工作的指导意见》(教人[2008]15号)

(三)家庭的支持

家庭是化学教师个人发展的强大后盾,化学教师专业素质的发展离不开家人的支持。优秀的化学教师在向我们讲述其成功的经验时,总是会谈到家人对自己的鼓励和帮助。

> **案 例**
>
> **学校工作靠老师的支持　更离不开家属的理解**
>
> 龙潭镇中心小学教师吴常青的丈夫做胆管病切除手术后,造成严重的后遗症,半年来,几乎天天在医院打点滴、更换堵洞口的纱布,需要妻子吴老师照顾。然而,吴老师多次与丈夫商量请假照顾他,得到的结果都是"要以教学工作为重"被回绝了,还要求吴老师保密好,少给学校添麻烦。校长从侧面了解到吴常青老师的困难后,立即做出"更换老师,让吴老师多陪陪自己爱人,使病人能早日康复"的决定。吴老师丈夫得知此情况后,立即冲妻子发起火来,说"中途更换老师,将会给学校、给领导添多少麻烦,给学生造成不可估量的损失,你要马上转告学校领导,坚持上课,我在医院有医生照顾就够了。如果病情有新的变化,也要到放假后再说。"
>
> ——摘自溆浦教育信息网,"学校工作靠老师的支持　更离不开家属的理解". 2012-11-15.

案例中吴常青老师有一个好丈夫,全心全力支持自己的工作,让她的教学工作没有后顾之忧,让人非常感动。作为一名教师,家庭和工作的压力都很大,家属的支持对自己专业的成长至关重要。学校的工作需要教师全身心地投入,教师的工作则需要家人全力地支持和理解。

二、化学教师所在学校的影响

(一)学校内部的组织文化

学校内部的组织文化作为一种育人环境,它包括物质文化、制度文化和观念文化。学校的物质文化包括很多方面，比如学校教室、操场、实验室等，有时还包括教室的设计和布局，它是化学教师专业活动的基本条件，影响着化学教师的活动方式和存在方式。学校的制度文化包括学校内部各种条例、制度、行为规范以及学校的风格或传统等。学校制度文化影响着化学教师教学习惯和教学特色的形成，还影响着化学教师的精神风貌和职业情绪。学校的观念文化由学校组织的思想意识、价值观念等组成，它体现了学校的教育价值观念，其中，校风和学风对优秀化学教师素质的提升影响最大。

资料卡

教师理想中的学校氛围

① 学校人际关系和谐；② 开明、民主、开放；
③ 团结、协作、互助；④ 严而不死，活而不乱；
⑤ 良好的竞争、激励氛围；⑥ 发展性的、充分尊重教师劳动的评估机制；
⑦ 严谨、规范、催人奋进的教风和学风；⑧ 倡导并鼓励教育科研；
⑨ 学习化的学校等。（依据教师回答问题出现的频率排序）
——摘自赵昌木，徐继存．教师成长的环境因素考察——基于部分中小学实地调查和访谈的思考．湖南师范大学教育科学学报．2005 年 03 期

如果学校拥有资料中所示的理想学校氛围，则必然促进教师专业成长。因为良好的学校氛围对教师心理上和感情上都具有凝聚力量，促成教师的凝聚力和集体感。民主参与式的管理能够尊重所有学校成员的感情和人格，造成学校中人与人之间联系密切、相互信任的心理环境，使大家具有一种以校为本的共同的价值取向和整体信念，形成强大的集体合力、奋发向上的群体意识，也极大地激发教师的主观能动性，这样青年教师就会拥有茁壮成长的温房。

（二）化学教师所在的教研组

在教育教学改革和教师的发展方面，教研组都扮演着重要的角色。教研组的主要功能是进行本学科内教学、科研、比赛等的协调和安排，如集体备课、教材分析、公开课的开设、申报本学科的教育科研项目、组织教研组内部的听-说-评课活动等，尤其对新教师的成长来说，教研组的活动必不可少。个人的发展会受他周围直接和间接交往的其他人影响，化学教研组是化学教师的近身环境，化学教师在这里备课、批改作业、讨论问题的同时，还在这里进行人际交往、信息传递和思想交流，教研组是教师在学校里的一个小团体，这里往往决定着化学教师一天的工作情绪与心情。在这个紧密联系在一起的集体里面，一个新手教师也会有机会尽力赶超那些有经验和才干的化学教师，能做出更多和更好的工作。因此，化学教师的素质水平与化学教研组的其他成员的发展水平有密切的关系。在化学教研组里，教师要多向老教师请教问题才能有更快的发展。

资料卡

教研组"师徒结对"新形式

1. "一师多徒式"，即针对学校学科带头人和骨干教师资源不足的情况，严格审查师傅资格，充分发挥优质师资的潜力，让一个师傅带多个徒弟，也可以聘请校外名师带

多个青年教师。

2. "一徒多师式",即为避免青年教师的成长出现"克隆"名师的情况,可让一个徒弟拥有多个师傅。每一位骨干教师都有自己独特的教学风格和丰富的教学经验,青年教师可以在博采众长的基础上加速自身的成长。

3. "亦师亦徒式",即一种新型的"一对一"模式,其较以往的"一对一"的不同之处在于师徒关系的变化,也就是有丰富经验的中老年教师与青年教师不再是绝对的师徒关系,而是互为师徒、相互学习。

——摘自范蔚,廖青.基于教师专业发展的"师徒结对"的内涵及特征.教育导刊,2012(09):45-47.

"师徒结对"是新手教师或者说青年教师快速成长的一个有效途径,在学科教研组里很适用。传统的师徒结对形式通常是"一师一徒"形式。新课改的推行,给所有教师带来新的机遇和挑战,青年教师和年长的教师都有各自的优点和不足,新课程背景下没有绝对的师徒,教师之间更多的时候是"亦师亦徒"的关系。

(三) 学校主管领导

有一句俗话是这样说的:火车跑得快,全靠车头带。学校主管领导对优秀化学教师素质的影响是多层次的,比如校长可以对化学教师进行发展性评估,可以给予化学教师专业素质成长中的满足,可以解决化学教师素质成长中许多困难,可以对化学教师提供专业的教学法方面的支持帮助等。从中国的传统文化出发,学校主管领导的知人善任对优秀化学教师的素质提升显得尤为重要,老话说得好:"知遇之恩难报,士要为知己者死。"

> **案例**
>
> **铁炉教育因你而精彩**
>
> 吴家友,湖北省恩州市鹤峰县铁炉民族中心学校校长。"铁炉教育因你而精彩"是吴家友说得最多的一句话。他鼓舞所有教师积极上进,提高教育教学质量,推动铁炉教育走出鹤峰,走出恩施州。1999年他走上校长管理工作以后,仍然坚守"三尺讲台",冲锋在教学第一线,既抓学校日常事务管理,又抓教学。他辅助青年教师如何上课,如何维持课堂教学秩序,如何管理班级。他手把手教,直至青年教师成长成才。他亲自管理教学,独创教学检查法,独制严密的检查表,以"备、教、辅、考、改、析、评、查"八个方面检查教师教学工作。他还积极推动课改,承担湖北省"九五"立项课题《山区课堂教学优化课题》中化学课堂教学优化研究实验。1999年《构建和谐高效教学模式,全面推行素质教育》一文获湖北省教研室论文一等奖。2003年《农村中学以教育科研促发展的探索和思考》一文获中国教育学会素质教育专业委员会论文一等奖,并在鹤峰县教育科研大会上交流,格外引人注目。1997年,他任职后推行后勤服务社会化改革,切实提高后勤服务质量,增加学校勤工俭学收入,实行校务公开,依法民主理财,精打细算,勤俭建校,有效地解决了教师工资的政策性补差问题,经受住涉农收费清退的考验,为稳定教师队伍,调动教师工作的积极性,保证教育教学工作的顺利完成提供了经济后盾。
>
> 摘自 http://www.jyb.cn/difang/hubei/jyrw/201211/t20121115_518117.html

案例中的吴老师可以说是该校的火车头，在日常教学和课程改革中都以身作则，身先士卒，带领青年教师不断成长。同时作为校长，他推行后勤服务社会化改革，切实提高了后勤服务质量，保障了教师工资的政策性补助。在他的带领下，所有教师没有后顾之忧，都以他为榜样，快速地成长，教学质量也就自然提高。

三、化学教师自身因素

从哲学的观点来看，任何事物的发展都是内外因的共同作用，而内因起决定作用。所以，作为教师，如果个人成长良好的话，必须得有自己的内在动机和驱动力。人人都有自我完善和自我实现的愿望，关键是要找到合适的方法，并一路坚持着。影响化学教师自身素质提升的重要内在因素就包括了动机、态度和需要等。

（一）工作过程中的动机、态度和需要

动机是推动人行为的力量，是人的愿望、兴趣和理想等激励人们活动的主观因素。马斯洛需要层次金字塔如图6-2所示。在化学教师素质发展中，化学教师面临着学生、家长、同事和领导的评价，我们应该把学生的评价放在第一位，以学生的本位价值观作为推动化学教师素质发展的最为稳定的动机。态度是人对具体的对象和主张进行的一种肯定或者否定的内心情感反应，它具有多种心理功能。化学教师要有"知之深，爱之切，意之坚"的工作态度，这是人们对化学教师的期许。

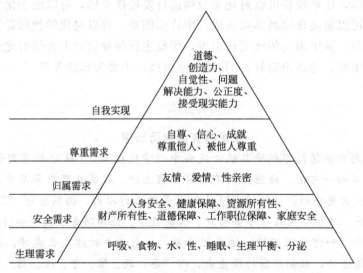

图6-2 马斯洛需要层次金字塔

需要是人在生存过程中对所渴望得到的事物的心理反应活动。化学教师要想在素质提升方面有大的跨越的话，就要对自身工作需要的环境和条件有较大程度的满足，以实现自我的人生价值。

（二）化学反思性教学的要求

伟大的教育家孔子说"学而不思则罔，思而不学则殆"，做学问是这样，教育也是这样。化学反思性教学是指化学教师以自己的化学教学活动为思考对象，审视和分析自己行为以及由此产生的结果的过程，是新手化学教师转变为专家型化学教师的一种捷径。化学教师是实践者，应该拒绝做消极被动的教书匠，而是做积极主动的反思者。化学教师在教学活动中发现问

题以后会结合实际情况解答问题,并加以验证,这种方式会极大提升优秀化学教师的素质。

案 例

"强弱电解质概念"的教学反思

经验性教学流程	反思策略	反思内容	反思性教学流程设计
教师演示 ↓ 教师设问、自答 ↓ 教师解释原因 ↓ 得出结论 ↓ 学生应用结论练习	对教学目的、内容、方式、工具、学生学习效果等进行全面反思。 (1)上课教师反思:研读教材、教参、课标、大纲,仔细琢磨自己上课的录像,对比别人的优秀教案、课件和影音资料,与其他教师个别交流; (2)教研组集体反思讨论; (3)召开上课班级学生座谈会。 最后,教师进行反思汇总,重新修改教案和课件,并进行再次的集体评论和修正,最后进行实验班的教学	教学目的:只完成了基本的知识目标,欠缺能力和情感的培养。 教学方式:平铺直叙的讲授法,缺乏多样性。学生反应:被动接受,机械学习。情感淡漠。 学习效果:只学习了概念的内容,不理解深层次含义,无法提高兴趣,没有"学会学习"	教师提出实验要求,学生动手分组实验 ↓ 学生观察并描述实验现象,并发现新问题 ↓ 教师引导,学生讨论出现的新疑惑 ↓ 学生得出结论,教师对结论进一步提问 ↓ 学生对深化的问题进一步讨论 ↓ 师生共同得出结论,学生情绪高昂 ↓ 教师布置相关课后思考讨论题 ↓ 学生在课后对知识进一步产生疑问和兴趣 ↓ 教师对后续教学中学生的疑问进行释疑 ↓ 学生知识得到完善,思维得到锻炼,能力得到提高

——摘自陈雅芳.反思性教学策略在中学化学教学中的应用研究.宁波大学硕士论文.

该教师通过教研组集体评课后做了修改,减少了上节课中讲解的内容,增加了学生自主讨论的时间,重在对抽象问题的分析。反思后的教学设计在学生原有知识基础上逐步深入,减少思维跨度,增强了学生的探究积极性。同时将演示实验改为学生实验,增加学生的兴趣和课堂活泼性,提高学生的动手能力。反思后的这次教学,课堂气氛产生了很大变化,学生不是处于似乎有疑问但又似乎什么都会了的状态,而是全都"动"起来了,通过他们自己的探究获得了知识,提高了能力。

(三) 终身学习的要求

早在1970年,联合国教科文组织就明确指出:"每一个人都必须终身继续不断地学习","把终身教育作为发达国家和发展中国家在今后若干年制定教育政策的主导思想"。1996年世界教育大会上通过的第80号建议书在谈及教师的继续教育时更是明确指出:"在一个变化迅速的世界中,在职培训已经成为从事所有活动和专业的至关重要的事情。"因此,教师教育的终身化已经成为全球各国的共同选择。

联合国教科文组织在《关于教师地位的建议》中提出应该把教学工作视为一种专门职业,强调教师是具备经过严格训练和持续不断的研究才能获得并维护专业知识及专门技能的人员。因此，继续教育已成为教师职业生涯的一个构成要素。在知识爆炸、快速变化的社会中，教师必须要积极接受继续教育，满足职业生活发展的需要，满足时代需要和教育改革的内在要求，在学习型社会中顺应教育的发展趋势，同时更有效地规划职业生涯，促进专业的成长，继而实现自己的教育理想。终身学习的理念成为了教师自我成长的内在主观动力，教师要学会主动地去理解教育，在实践中研究教育，不断地提升自己的专业发展能力。

资料卡

"终身教育应该是学校教育和学校毕业以后教育及训练的统和；它不仅是正规教育和非正规教育之间关系的发展，而且也是个人（包括儿童、青年、成人）通过社区生活实现其最大限度文化及教育方面的目的，而构成的以教育政策为中心的要素。"

——E. 捷尔比（曾任联合国教科文组织终身教育部部长）

党的"十八大"将加强终身学习制度与体系建设纳入积极发展继续教育的重点工作，提出要积极开展国家继续教育学习成果认证、积累与转换制度的研究与实践。大力发展现代远程教育，以开放大学建设为切入点，建设基于终身学习的远程开放继续教育及公共服务体系。完善高等教育自学考试制度，建设基于终身学习的考试公共服务平台及体系。

第四节　成为优秀化学教师的途径和方法

一、成为优秀化学教师的一般阶段

优秀化学教师的成长是分阶段的，是有其规律可循的。依据教育界的许多研究成果，笔者认为优秀化学教师素质提升可以分为以下阶段：职前师范教育阶段、适应阶段、练就教学基本功阶段、形成经验和技能阶段、徘徊阶段、教师成名阶段、教师成家阶段。

（一）职前师范教育阶段

职前师范教育阶段是指从走进大学到大学毕业这四年的时间。在这一阶段，化学教育师范生要为成为一名优秀化学教师而做准备，他们要完成对自己未来工作性质的探索，试探所学专业是否符合自己的意向，并努力提高自己各方面的素养以适应未来工作的挑战。

（二）适应阶段

刚参加工作的第一年，是化学教师的适应阶段，在这期间，他们要拜师学习，熟悉备课、上课等教学常规工作，使自己大学所学的教学知识转化为教学能力。

（三）练就教学基本功阶段

第三年左右就是化学教师的练就教学基本功阶段。在这个阶段，化学教师要练就自己的书法、普通话、计算机等基本功，要会处理课堂的重难点，要学会了解和管理学生，成为胜任化学教学的教师。

（四）形成经验和技能阶段

到了第五年左右，则是化学教师形成经验和技能阶段，这一阶段的化学教师开始认同自己的职业价值，逐步建立了现代教育观念，有自己独特的一套教学方式，构建了自身的教学经验体系。

（五）徘徊阶段

第五年至第八年这段时间，是化学教师成长的徘徊阶段，是一个高原期，这个阶段的出现是由于化学教师教学业绩不明显导致的，许多教师会因此裹足不前，而只有一小部分化学教师会继续深入对教育理论的学习，反复进行教学反思，以求蓄势待发。

（六）成名阶段

第八年至第十二年左右，是化学教师成名阶段，少数越过高原期的教师，通过自己的努力学习，成为了化学教育专家。

（七）成家阶段

第十二年以后的一段时期，是教师成家阶段。在成名教师中，有些教师不满足自己已有的建树，把研究的方向深入到教书育人的各个方面，最终成为教育名家。

二、优秀化学教师素质提升的途径

（一）岗前悉心学习

岗前培养的对象是即将走向化学教师岗位的师范生，培养任务主要是由师范院校来承接的。化学教师的岗前培养学习是其专业素质发展的起点阶段。研究显示，师范院校近几年培养的毕业生有很多优势，三字一话、外语和计算机能力比较突出，知识视野宽阔，整体素质较好，思想开放程度大，愿意接受和挑战新事物，有些领域的适应能力比在职教师强等。但是他们也存在一些问题，主要涉及没有足够的敬业精神，缺乏组织管理班级和团队的能力，独立设计课件的能力欠缺，需要提高教育理论素养和教学科研能力，心理承受能力脆弱等。这就导致师范生不能马上适应教学工作，因此，需要花很多时间进行职后培养。

> **案例**
>
> 小陈是来自云南的一名少数民族学生，前年考上了某师范院校，由于家乡是少数民族聚居地，发音较特殊，他的普通话很不标准。不仅仅有南方人说话普遍存在无卷舌音和无后鼻音的现象，而且四个音调之分拿捏不准，容易串调、串声。为此，他非常着急。后来，他坚持每天早上在学校树林里大声地朗读报纸、杂志等，每天晚上看新闻联播，把自己读不准的音记录下来，平时只要一有空，就用这些音造句，读出来。另外他还经常找普通话好的同学说话、交流，慢慢地，也改善了自己因普通话不标准而导致的不善交际的窘境。经过两年多的努力，再也没有同学能听出他的"方言腔"，他也顺利地通过了国家普通话考试，得到了二A水平。在今年的学院演讲比赛中，他的激情演讲和不凡的语言表达能力征服了所有的老师和同学。

作为一名教师，普通话必须标准，这是在教师从业之前必须过的一关。案例中的小陈选择了师范院校，但是自身语言条件不足，不具备教师的标准。在走上教师岗位之前，他坚持练习和改正，最终功夫不负有心人，他不仅提高了普通话的水平，也提高了自己的语言表达能力，他的努力收到了回报。

（二）入职初期接受有经验老师的指导

新化学教师适应期指导主要由该教师的任职学校负责实施。对于新教师来说，他们以前是师范生，现在却是正式任职老师，这是一个身份和角色的转换，这其中也有责任的变化，这时新教师会产生一种茫然和不知所措的感觉。他们往往会发现所预想事情与教学实际情况之间有很大的落差，甚至感觉自己不能胜任，这时他们非常需要周围人的支持、理解、鼓励和指导。新化学教师的适应期指导是一个有序安排的计划，时间至少为期一年，以便新入职的化学教师尽快适应教学环境，进入化学教师角色。对新化学教师适应期的指导采取的策略一般是让有经验的老教师进行"传、帮、带"，以优化入职化学教师的敬业态度、教学方法、教材处理方式、教育教学科研等素质。

资料卡

福建师范大学文博附中新老教师"传、帮、带"工作协议（有改动）

老教师具体履行以下职责。

1. 认真完成学校常规教学任务，帮助新教师尽快掌握教学工作的要领；2. 指导新教师钻研课标、教材，分析学生情况；3. 定期检查新教师教案，提高新教师分析、处理教材的能力；4. 指导新教师上好课，定期听课并指出改进意见；5. 帮助和指导新教师正确批改作业和开展课外辅导工作；6. 帮助新教师掌握命题、监考、评卷、进行质量分析工作的要领；7. 指导新教师撰写教学总结、反思、论文。

新教师应具体履行以下职责。

在老教师指导下，新教师应做到：1. 以学期为单位，制订成长提高计划；2. 规范执行学校常规工作的规定，积极参与相关活动；3. 认真钻研课程标准、教材，不断改进课堂教学，提高课堂教学能力；4. 主动请老教师指导备课、教授撰写教案方法并配合老教师的检查；5. 逐步提高批改作业、开展课外辅导工作的能力；6. 逐步掌握命题、监考、评卷、进行质量分析工作的要领；7. 逐渐掌握撰写教学总结、反思、论文的方法。

协议期满，学校将对"传、帮、带"工作的效果进行综合考评，对过程完整、成效显著者，学校酌情对新、老教师进行表彰。

——摘自http://www.fzwbzx.com/wbswc/ShowArticle.asp?ArticleID=448

（三）在整个教学期间接受继续教育

前面优秀化学教师素质提升的几个阶段表明化学教师应该在整个教育教学期间接受继续教育，来提高自己的专业知识。在这个科技迅速发展的时代，每个化学教师都要树立终身教育理念，因为教学内容不断推陈出新，以前旧的知识经验无法适应新课程改革的要求；教学技术手段也在教育领域层出不穷，化学教师需要接受新的培训并很好地加以运用；教育思想也在不断发展，化学教师更要深入地探究和学习。化学教师在职继续教育在国外许多发达国家已经成为制度化，我国的在职继续教育也在发展之中。我国化学教师的在职继续教育有以下几种方式：脱产进修、参加函授学习、收听和收看电视与广播教学课程、参加业务研讨会、经验交流会、到外地或外国考察学习等。

资料卡

一位骨干教师"国培"的反思

合作学习成了新课程课堂教学中应用得最多、最有效的一种学习方式。遗憾的是，现在我们见到的很多小组合作学习往往流于形式，效率不高，出现了走过场的现象。

"如何让学生进行有效的小组合作学习，提高合作学习的效率"这一问题应该引起我的深思。李教授为我们上的一堂"小组合作学习实践活动"课给了我很多思考的方向。这堂课看似简单，但我们所有学员都参与了，个个都发了言，而且个个都当上了"专家"，让我们感受到了成功的喜悦，并基本上掌握了小组合作学习的指导方法，充分认识到采用小组合作学习的学习方式在新课程教学中是必要的，也是可行的。

在教学中组织小组合作学习应注意以下几点。
①学会分工与协作：教师要进行科学分组；宣布合作学习常规；"小组长"轮换制。②学会交流和倾听：包括老师和学生、小组长和组员之间、组员和组员之间的交流和倾听。③学会总结与汇报。④学会欣赏与激励。

国培，其全称为"中小学教师国家级培训计划"，是教育部、财政部于2010年开始实施的旨在提高中小学教师特别是农村教师队伍整体素质的重要举措。国培的实施对中小学教师的继续教育无疑是一个福音，教师可以在国培搭建的平台上和来自各地的教师交流，和各个承办的高校的专家进行面对面的沟通，更快更好地提升自己教师专业成长的速度和能力。

三、优秀化学教师素质提升的措施

（一）外部支持

教师的成长离不开外部资源的支持，教师的成长是社会性的问题，没有制度和资金的保证，教师很难快速成长。目前教师成长还遇到了一些比较现实的问题，比如，师资短缺导致教师没有充足的时间和精力研究教学和进行科研；教师缺乏专业危机感和生存危机感，自我发展意识薄弱；科研环境欠佳，缺少组织者和学术带头人；教师成长相关政策和机制不完善，学校对教师成长不重视等。

1. 严格高校师范生选拔条件

为了提升化学教师的素质，我们应以师范生的选拔作为开端。笔者以英国的 PGCE 教师选拔考试为参照，认为高校在选拔师范生时应严格师范生选拔条件。一名化学教师要想成为一名优秀教师，必须首先热爱教育事业。因此，高校在选拔师范生的时候，尤其是在选拔免费师范生时，应该把是否热爱化学教育事业纳入师范生选拔的条件内，只有热爱教育事业，并且喜欢化学，才能在此基础上成长为一名优秀的化学教师。在录取师范生的时候，高校一定要联系到考生本人，确定其愿意从事化学教育职业后，方可初步录取，否则把该生调剂到其他专业或者其他院校。师范生进入高校以后，先进入农村中小学见习一个月，然后再集中面试。以农村中小学指导教师给出的评价为参考，如果该生仍然坚持喜欢化学教育职业，则可正式录取，否则调剂该生到非师范专业。在读大学本科的四年中，每年最好能组织面试，以判断师范生的意愿。这种做法是有些麻烦，但是我们可以选拔到真正爱岗敬业、热爱学生、有职业幸福感的优良种子教师，这些优良的种子教师可以为我国的国家富强和民族复兴带来百倍的收益。

> **资料卡**

研究生教育证书（PGCE）课程

这一课程面向已取得学科专业学士学位，欲从事教学工作的本科毕业生而开设的师资培训课程，主要为中学培养师资，学制一年，成功完成 PGCE 课程者即可获得研究生教育证书（Postgraduate Certificate in Education），拥有了教师地位的法定资格。

作为英国师资培训课程之主体的 PGCE，其课程内容由以下三个内在相互联系的要素组成：学科研究（Subject Studies）、专业研究（Professional Studies）与教学实践经验（Practical Teaching Experience）。学科研究涉及对某一特定学科知识的理解及其教学，它强调对学科知识的掌握、课堂中的学科教学能力和评定能力。它有点类似我国师范课程中的学科教学法课。专业研究涉及的课题有：学生学习中的个别差异，具有特殊教育需求的学生，教育中的主要问题，作为组织结构的学校，新教师的个人与专业发展。教育实践经验涉及培养课堂教学中新教师的自信心和胜任力，确保他们能从事富有成效的教学工作。这类似于我国师范教育计划中的教学实习课。

就一年制、以本科生学历为对象的大学 PGCE 课程而言，通常有三类课程：面向小学的 PGCE 课程，面向中学的 PGCE 课程和面向义务教育阶段之后继续教育学院的 PGCE 课程。

2. 建立教师专业发展学校

教师专业发展学校（PDS）的概念经由美国霍姆斯小组提出，目的是为了使职前教师获得一个真实的实习环境，使在职教师获得专业发展的相关实践条件。它不是建立一所独立的、真实的专门学校，而是在中小学的建制内完善的一种功能化建设，它是大学的教育学院和中小学合作建设的学校。通过这种合作，可以很好地促进教师专业发展，加强大学教育专家与中小学一线优秀教师的合作。在研究解决现实问题的实践过程中，既可以实现大学教育学院专家和师范生素质的提升，也可以促进中小学教师素质的培养，是一种互利共赢的模式。

> **案例**

开发学校功能　成就教师发展
上海市浦东新区"教师专业发展学校"建设渐入佳境

浦东新区基础教育已基本完成以数量扩充、硬件建设为特征的外延发展，正进入以发展内涵、提升质量为特征的内涵发展阶段。教师队伍提升成为与客观教育物质条件相匹配，与主观教育理念相适应，与实现新区基础教育现代化相融合的题中之义。教师师德、师能的全面优化，基础在学校。浦东新区决定采取以"自培"为主，以"学校"为阵地，以"集体"组团的策略，通过建立浦东新区教师专业发展学校促进教师专业成长。为此，新区于 2006 年初启动了浦东新区教师专业发展学校申报与评审工作，通过一年多的努力与探索，取得了积极的成效。教师专业发展学校建设以促进教师专业成长、提升学校办学水平为宗旨。教师专业发展学校的建设从五大机制入手，即通过教师的准入机制、聘任机制、培训机制、评价机制、示范辐射机制等五大机制的构建与完善，使学校真正成为教师成长的摇篮，从而实现学校、教师与学生三者共同发展。

浦东新区教师专业发展学校的申报与评审，与其说是一项师资培训的业务工作，倒不如说是一项专业发展的开创性探索；它的过程远比结果来得更有实在意义。

3. 广泛开展校本研究和校本培训

校本研究可以解释为以校为本的教学研究，也称为校本教研，它实际上是教育行动研究在我国当前教改一线的代名词。校本研究的立足点是学校，研究主体是教师，对象是学校在教改过程中所遇到的各种具体问题，主要目的是促进学生健康发展，充分发挥教师专业成长。校本研究的主要内容如下：心理健康教育；学校教育及家庭教育；新课程教学改革；学校管理与文化建设；综合实践活动。校本研究的方法包括教学日记、课堂观察、教育叙事、教学案例等。

资料卡

尽管选择目标的过程中涉及科目、学习理论以及对儿童的理解，但是课程目标不能仅仅从科目中推论出来，从学习理论中推论出来，或者从对儿童的理解中感受出来。相反，课程开发应从学校层次的环境入手，因为每一所学校都是不同的，从一所学校获得的环境分析结果不能照搬到另一所学校。只有了解本校的环境，才能开发出适应本校环境的课程。

——斯基尔贝克（Skilbeck）

校本培训把任职学校作为基地，由大学或者师资培训机构提供人员和课程开展师资培训，校本培训在优秀化学教师素质发展中具有不可替代的作用。在这种模式中，任职学校首先在校内外搜索各种信息，然后依据学校的实际情况向大学或者师资培训机构提出校本培训要求，而后再在教育行政主管部门、任职学校与师资培训机构的参与下一起制订培训方案和内容，最后整个过程以协议的形式进行相关的约定。校本培训的具体模式主要如下：邀请教育专家和优秀教师来校讲学；组织本学科和教研组的教师进行交流；本校优秀老教师帮助中青年教师尽快成长；组织本校教师听教学示范课、优质课、观摩课等；组织专门的教学研讨会、教学沙龙等。

结合优秀化学教师的素质特征、影响因素以及阶段性成长规律，化学教育师范生和普通化学教师只要能不断激发出自己的学习动机，不断塑造自我，努力提高自身教师素质，坚持在学习中实践，坚持在实践中学习，把自己的时间和精力放在化学教学和教育科研上面，经过长期的努力拼搏，就一定能成为拥有良好的意志品质、先进的教育理念、扎实的专业知识、正确的认知结构、深厚的教学基本功、独特的教学个性和风格的优秀化学教师。

（二）内在动力

教师有了自我培养、自我发展的愿望，才会有源源不断的精神动力，才能拥有足够的信心和勇气，去克服专业成长过程中的一切困难；才有可能具有视教育事业为己任的社会责任感和不求回报的自我牺牲精神。现实中，许多教师就是因为内部发展动力不足，很难做到终身从教，也有些教师不能做到安贫乐教。

资料卡

教师教育信条摘录

让教育变得更加朴素，做个快乐教书人；
没有追求的生活是黯淡的，只有向上，才能发展；
以无为的心态做有为的事情；
感受教育的芬芳，享受教育的美丽；
因山外有山，故精益求精；
说到不如做到，要做就做最好；
安于平凡，不甘平庸，追求卓越；
失败是成功之母，成功是成功之父；
滋润乡村的田野，染灌灿烂的花朵！

信念的力量是无穷的，有了明确的教育信念，教师就会在自己平凡的岗位上干着原本平凡的工作，最后会达到一个不平凡的人生境界。在强大的信念支持下，参加学习共同体的学习，会让教师成长得更快、更完美。

资料卡

美国教师专业共同体的特征

第一，共享的价值观和愿景。大量研究发现，拥有一个共享的愿景或目标是专业学习的基本特征，特别需要注意的是，这一愿景或目标要始终如一地聚焦于学生的学习上。如果教师过于强调单打独斗而不善于与同事的合作，他的教学效益将会大打折扣。

第二，集体责任感。专业学习共同体的所有成员对学生的学习应有高度的集体责任感。这种集体责任感有助于支持承诺，给那些不愿合作、满足于单打独斗的同事以压力和责任。

第三，反思性的专业探究。它们包括：就新知识的运用等一系列教育问题进行反思性对话和会谈；通过相互观察、案例分析、共同发展和规划课程等方式考察教师的教学行为；通过互动将缄默知识转化成彼此共享的知识；运用新的解决问题的思想和信息以满足学生的需要等。

第四，合作。全体教师集体参与的专业发展活动，其效果比单个人进行的专业发展行为要好很多，因为合作带来的效应将远远超出帮助、支持和协助这类表面的交换。在一个有效的专业学习共同体中，教师之间的差异、争执以及分歧都被视作教师专业成长的基石。

第五，教师个人和集体的学习都得以促进和提高。在专业学习共同体中，每位教师都是学习者。学校浸润在丰富的学习机会中，个人和集体都持续地进行着自我更新。学习以合作而不是孤立的方式进行。通过互动、对信息与数据的对话和深思熟虑，学校及其每个成员都得到了学习的提升。

——摘自《中国教育学刊》2010 年第 7 期

1. 实习期间，参加合作研究共同体

合作研究共同体的参与者是实习教师、实习基地的在职教师、高校课程与教学论专家。实习教师是合作研究共同体的新生力量，他们有强烈的自我发展意识，对自己的职业有较强的认同感。实习基地的在职教师富有一线的教学经验，可以给实习教师指明方向。高校课程与教学论专家是合作研究共同体的指导者，他们可以提供系统的理论支持。在这个平台上，三方可以发挥各自优势，让每一个成员都获得成就感，以达到互利共赢和共同发展的目标。

2. 工作中，加入教师专业学习共同体

学习共同体是由学习者和助学者共同构成的团体，各成员之间在学习过程中进行交流沟通，共享学习资源，一起完成学习任务，在各成员之间形成了相互影响和促进的人际关系。教师专业学习共同体（PLC）就是在学习共同体的基础上形成的一种新型社会群体。加入这个共同体，化学教师可以一起面对教学实践中的难题，可以围绕相关课程展开差异性互动，从而不断完善教育理论，促进教师的成熟。

第五节　案例分析

魏书生，1950年生于河北省交河县，盘锦市教委主任、党委书记。1979年3月，开始第一轮教改实验，成果显著。特级教师、全国优秀班主任、全国劳动模范、全国中青年有突出贡献的专家、首届"中国十大杰出青年"，中国共产党第十四次代表大会和第十五次代表大会代表、全国教育科学规划领导小组成员、全国中学学习科学研究会理事长、全国中语会副理事长。

被誉为教育改革家的魏书生老师平时却常守泰然自若的心态，他秉承的教育理念是"教书先育人，育人先育己"，让人不得不由衷佩服。面对工作他常说，少埋怨环境，多改变自我。人应学会自我更新，今天的我应该比昨天的我有新的认识、新的发现、新的能力。他坚信人一定要勤奋工作，只有这样才能体会到无穷的乐趣。在课堂教学中，他做了很多工作来达到教学的激趣。"兴趣是最好的老师"这句话人人都会说，但并不是所有的老师都能做到。兴趣是一种情绪勃发状态，在这种状态下，人的感知力和理解力以及记忆力都处在最佳发挥的状态，效率也比其他状态下学习高得多。要达到这一目的，就应做到：增加实用的教材内容，开拓学生的视野，活跃学生的思维；使用新颖、灵活的多种多样教学方法，如"六步法"（定向、自学、讨论、答疑、自测、自结）、"发现法"、"情境教学法"等；创设一个竞赛情境，渲染一种和谐、愉悦的氛围，做到"每堂课都要让学生有笑声"。经常让学生体验到成功的欢乐，尤其是创造和提供差生体验、享受成功欢乐的机会。

吴老师，××附属中学化学教师，市骨干教师，多次在市和全国上优质课、示范课并获奖。在《中学化学教学参考》、《考试》等期刊上发表文章多篇。所辅导学生在全国化学奥林匹克竞赛中获一等奖5人，二等奖15人。吴老师在和谐师生关系的建构中有很多自己独到的看法，她和学生的关系一直很好，学生都亲切地叫她"姐"。

她经常说的"最让学生感动的教师用语"很多，现总结如下。

1. 最近怎么有些沉闷？我需要你的热情！
2. 把简单的事做好，就是不简单；把平凡的事做好，就是不平凡！
3. 我们每个同学都很聪明，应该积极发表自己的见解！
4. 努力改正缺点，你就可以做一个堂堂正正的人！

5. 如果你能试着喜欢上那些弱项，一定能成功！
6. 你只要用心做，这些事根本难不倒你！
7. 勇敢点！不要怕，天塌下来，老师替你顶着！
8. 你不是最聪明的，却是最有灵气的，相信你将来一定有所成就！
9. 你是一个很有想法的孩子，你的见解很有创意！
10. 也许你在别人眼里有很多不足，但在我眼里，你是最棒的！
11. 你的潜力很大，对于你来说，只要好好挖掘，没有不可能的！
12. 一个人最大的美德是宽容，如果你懂得宽容，你就会有海一样的胸怀！
13. 也许你现在是贫困的，但老师相信，20年后，你是最富有的！

吴老师的课堂和空间里都充满着许多唯美的语言，她说："在爱的天空下，师生之间犹如交融的水乳，呈现出天使翅膀的颜色，中间闪现着老师诚恳而愉悦的笑容，而孩子们满脸的灿烂更证明着成长的快乐，于是，天堂降临。"由此可见，作为理科教师也同样能有让人折服的文学底蕴。当然这些并不是一蹴而就的，吴老师有她自己的素材收集之道。

① 班主任可以准备一个小本子（工作手册），每天随时随手记录一些自己看到的、想到的、需要在班会课上进行讲解、分析的现象与话题。

② 网络上下载专题课件，例如禁毒、艾滋病预防、安全教育、青春期教育、感恩教育等。

③ 上"优酷"、"土豆"等视频网站，下载适合学生观看的时事、科普、法制、文化、艺术、名人语录等视频材料。

④ 报纸杂志以及网络中一些文章，对学生来讲也特别有教育意义。

⑤ 学校各项活动中寻找素材，发生在学生身边的人和事，对学生来讲是最直接最打动人心的。

从这两位老师身上，我们学到很多，最感动的莫过于他们对学生的爱，有了爱才有夜以继日的素材积累和不辞辛劳。教育不仅仅是知识的传播，更是爱的传递。教育学生不能只靠语言，必须有情感的投入。抽掉情感的教育是空洞的教育。实践证明，只有学生把教师作为可以信赖的人，师生只有心与心相契，情与情交融，教育才能为学生所接受。教师的爱是教育的推动力。教师的深情厚爱使学生产生自尊、自信、自强的心理，促进学生奋发向上。他们做到了！

教师应该经常思考社会发展需要什么样的人才，教育如何促进人的发展，学生需要具备什么素质才能应对未来社会的挑战。基础教育的一个重要目的就是帮助学生获得走向理想生活的基本能力，而适应社会的需要就尤为重要，社会需要的是具有创新精神和实践能力的人才，因此学习和考试成绩并不能完全代表创新和实践的能力。我们知道，人才观决定了教师的育人观，化学作为社会生活中一个应用性极高的学科，化学教师的教学就要秉承以人的发展为本，服从和服务于人的全面健康发展的理念，培养学生化学与生活、生产、社会联系的观念。总之，教师要关注每一位学生的知识获得、能力发展、心理健康、道德生活和人格养成，重视学生潜能的开发与发展。只有教学相长，教师专业发展才会进步更快。

参 考 文 献

[1] 顾明远. 教育大辞典（卷（2））[K]. 上海：上海教育科学出版社，1990：16.
[2] 马克思·范梅南著，李树英译. 教学机智-教育智慧的意蕴[M]. 北京：教育科学出版社，2008：30.

［3］顾明远．教育大词典（增订和编．上）[M]．上海：上海教育出版社，1998：67.
［4］王换荣，陈德坤，陈伟雄．化学教师教学风格的培养和形成——青年教师自我风格化教学调查报告．化学教育．2012（1）：50.
［5］舒荣魏．点点滴滴为育人——教育改革家魏书生访谈录．江西教育．2003（3）：15-17.
［6］http://msgzs.jlthjy.com/jhy/ShowArticle.asp?ArticleID=6438.
［7］赵昌木，徐继存．教师成长的环境因素考察——基于部分中小学实地调查和访谈的思考．湖南师范大学教育科学学报．2005年03期．
［8］范蔚，廖青基于教师专业发展的"师徒结对"的内涵及特征．教育导刊，2012（09）：45-47.
［9］http://www.jyb.cn/difang/hubei/jyrw/201211/t20121115_518117.html.
［10］刘素伟．影响教师成长的因素之我见．北京教育·普教．2008.07-08：81.
［11］朱玲琴．注重中学化学教学语言的锤炼．广西师范大学学报．2002：96-99.
［12］卓晖，教师自建学习共同体："科研工作坊"凸显磁场效应．中小学管理．2011（12）：33-34.
［13］刘知新，王祖浩．化学教学系统论[M]．南宁：广西教育出版社，1996.